中国的经验

改革开放四十年的经济学总结

李稻葵 等 著

上海三联书店

研究团队

李稻葵　厉克奥博　袁钢明　王红领　郭美新
李　冰　陆　琳　伏　霖　冯　明　徐　翔
石锦建　金星晔　龙少波　赵泓宇　胡思佳
陈大鹏　李雨纱　周　迪　张　驰　陈逸凡
王绪硕　周　彭　张　鹤　刘康一　郎　昆

摘　要

中国改革开放四十年创造了人类历史上最大规模也极为特殊的经济增长。历史上可以参照的经济发展历程有五个：工业革命时期的英国，南北战争之后的美国，明治维新之后的日本，十九世纪后期统一后的德国，以及快速发展阶段的"亚洲四小龙"。与这些快速增长的经济体相比，中国过去四十年的经济发展不仅规模巨大而且具有极大的特殊性。中国的特殊性在于，经济发展的起点是一个政府高度管控的非市场经济体制。基于这一重要的特殊性，我们认为中国的经济发展为理解政府与经济的关系提供了宝贵的"实验素材"，将会在经济学原理层面创造新知。更重要的是，认真总结改革开放四十年的经济学经验是进一步深化改革的必修课，也是回应国际社会对中国经济发展道路种种疑问的基础课。

为了从经济学视角总结改革开放四十年的经济学经验，从而得出一些现代经济学的启示，面向国际诠释中国发展的机理，推动深化改革，本课题组多次实地调研，深入访谈改革开放的亲历者，广泛调阅相关学术与政策文献，我们认为中国改革开放四十年在五个方面具有普遍意义的经济学含义，这五条原理全部围绕着政府与经济的关系展开。第一，经济的增长需要新企业的创立和发展，而这需要激励地方政府营造良好的营商环境。第二，快速的土地转换是经济增长的关键，而这需要激励地方政府帮助将土地使用权从农地转换为工业或商服用地。第三,金融深化对于把居民储蓄转化为实体经济投资起着至关重要的作用,而这有赖于长期的金融稳定。第四,开放最根本的作用是学习,而非简单地发挥比较优势或利用外国的资金与技术,有管理的开放是推动学习的基础。第五,中央政府应对宏观经济进行积极主动的调控。当宏观经济处于上升期时,企业一拥而上,进行"抢占先机博弈",导致经济过热、产能过剩;当宏观经济下行时,企业又打"消耗战博弈",不愿意退出。为了解决这个问题,中央政府可以采取市场化手段、行政手段和改革手段"三管齐下"的方法来进行积极主动的宏观调控。

总体而言,中国改革开放四十年最基本的经济学总结是,一个成功的经济体,必须精心调整政府与经济的关系,尤其是政府与市场的关系。各级政府作为经济活动的参与者,他们的激励和行为必须调整到位。只有如此,政府才能和市场经济同向发力,经济才能长期健康发展。

基于对中国改革开放四十年实践的经济学分析,我们认为中国经济应在以下方面继续发力,进一步深化改革。在新企业进入与发展方面,应深化财税体制改革,赋予地方政府合理的财权事权,适度提高地方政府税收比例,充分调动地方政府发展经济的积极性,激励地方政府持续改善营商环境,营造公平开放市场,促进本地经济发展;应放开行业准入门槛,加强相应监管约束;应推进落实降税减负政策。在土地与房地产市场方面,应该改变地方政府单一追求 GDP 的行为,鼓励地方政府更加关注民生与可持续发展,改变"卖地变现"模式,转向"经营长期资产";政府在高房价地区以土地入股参与商业住宅运营,长期持有物业,获取长期资本回报;借鉴德国和新加坡等经验,土地供给向民生倾斜,增加住宅用地供给。在金融方面,应将债券市场作为中国金融体系深化改革的抓手和突破口,推进地方政府基础设施建设投融资体系的改革,将地方政府基建融资从银行体系"剥离"至债券市场;应大力建设和完善股票市场发展所需要的制度基础,强化证券领域侦查、检察和司法力度,对于违法违规行为给予严厉打击;应推动金融服务业有序的开放,同时精心管理资本流动。在对外开放方面,应以开放、成熟、自信的心态继续加快学习世界上一切先进知识、技术、理念,通过"请进来"、扩大开放、促进人员交流等措施推进科技、社会治理、金融法制化建设、对外投资与国际经济治理等领域的学习。在宏观调控方面,应加强宏观调控手段的市场化和法治化,避免宏观调控对民营企业造成不公平待遇;应建立高效的政策反馈机制,提高宏观调控的前瞻性、时效性、针对性和灵活性,避免过度调控和滞后调控;应更加注重财政政策的逆周期调控作用,防止顺周期财政政策放大宏观经济波动。

目　录

第一部分　新企业的创立和发展

一

新企业创立和发展的基本事实　　　　　　　　　13

二

新企业创立和发展的基本历程　　　　　　　　　24

第三部分　金融深化与金融稳定

四

第四部分　以学习为导向的对外开放

一

二

三

引　言

  中国改革开放四十年创造了人类历史上最大规模的经济增长。四十年来,中国的经济快速发展,国内生产总值(GDP,按购买力平价计算)占世界的比重从4.9%上升到18.2%。作为比照,英国在工业革命后的四十年中,GDP占世界的比重从3.8%上升到5.9%;美国南北战争后的四十年中,GDP占世界的比重从7.9%上升至17.3%;日本明治维新后四十年,GDP占世界的比重从2.3%上升至2.6%,二战后四十年从3.3%上升至8.9%;"亚洲四小龙"(韩国、新加坡、中国香港和中国台湾)快速增长的四十年(1960—2000),其GDP占比从0.7%上升为3.5%。从体量上看,中国过去四十年来经历了人类有史以来最大规模的经济增长。

  从中国自身的角度来看,过去四十年更具有重要意义。根据Broadberry、管汉辉和李稻葵等人的研究[①],中国GDP占世界经济总量的比重在1600年达到顶峰(占比为34.6%),此后开始下降。1820年后,随着其

[①] Broadberry, S., Guan, H., & Li, D, "China, Europe, and the Great Divergence: A Study in Historical National Accounting, 980 - 1850," *The Journal of Economic History*, 78(4,2018), pp. 955 - 1000.

他国家陆续开启工业化进程,中国 GDP 占世界比重开始加速下降,至改革开放之初(1978 年)中国占世界 GDP 的比重仅为 4.9%。然而四十年后,中国占世界经济总量的比重又回升至 18.2%。从经济层面看,过去四十年的确是四百多年以来中国的首次复兴。

尽管取得了举世瞩目的发展成就,但是四十年在人类历史长河中是短暂的,为什么有必要基于中国改革开放以来四十年的实践进行经济学总结呢?首先,这是为了中国自己的进一步发展。改革开放以来,中国做了许多正确的事情,实现了有史以来最大规模的经济增长,但是改革的目标尚未完全实现,有很多方面仍需进一步改革。因此,对于中国的经济学家而言,从经济学角度研究、总结改革开放至关重要。此外,国外的经济学家也应当关注中国经济,因为中国已成为世界第二大经济体,贡献了有史以来最大规模的经济增长,经济学理论需要对这一重要经济现象提出解释。

第二个原因是,与历史上其他的四十年相比,中国改革开放以来的经济增长具有极大的独特性,因此我们需要从中提炼出经济学总结。其中最值得注意的一条是,改革的起点是一个政府高度管控的经济体。虽然不同于前苏联的中央计划经济,但不可否认政府对经济的管控涉及生产、交换、分配、消费等各个层面。从高度管控的计划经济出发,中国尝试调整政府与经济的关系。这个过程的独特性不言自明。回看人类探索世界的进程,我们不难发现许多理论突破恰恰是缘起于某些"偶然的特例",尽管这些特例揭示了普适性原理,但在当时的时代背景下都不是惯例的、常见的现象。例如,正是那些源自意外的实验帮助人类发现了放射性现象,发明了治病救人的青霉素与制造汽车轮胎的硫化橡胶。从中国改革开放四十年这一重要的"经济实验"出发,经济学家最容易在政府与经济的关系这一领域获得有价值的、有启发性的结论。同时,这些结论也将具有普遍意义,将与其他经济体的发展息息相关。

在经济学层面总结改革开放四十年的第三个理由是众多的新兴经济体对中国高速发展的经验产生了浓厚兴趣。世界上许多国家的领导人与民众在尝试从中国的经验中学习、总结具有普遍意义的、可复制的政策与制度安排。诚然,中国有许多有特色的政治与经济制度,这些特色也许很难被复制到其他国家,但中国的实践也一定能总结出能被其他国家学习、应用的具有普遍意义的经验。

对中国改革开放以来的高速经济增长,已有研究提出了许多解释。从最宏观的层面看,邓小平同志"解放思想、实事求是"的论述无疑是为人称道的。换言之,最有利于发展的制度与政策需要通过尝试、实践、探索得到,不能从本本出发主观臆想。毫无疑问,这是中国经济改革最重要的经验之一。

理解中国经济腾飞的第二个角度是从经典的经济学原理出发进行分析。这些经济学常识性的知识点的确发挥了巨大作用,毋庸置疑。例如,中国的成功与重视教育密不可分,甚至在改革开放前中国就推动女孩和男孩平等地接受基础教育;中国注重保护产权,推动众多国有企业、集体企业进行所有制改革;中国通过国际贸易发挥了比较优势。这些分析都有其道理,中国在这些领域取得的成就也举世瞩目。

理解中国经济腾飞的第三个角度是从中国特殊的制度因素出发进行分析。例如,一些理论向我们揭示了为什么渐进式改革能够在中国取得成功。[1] 许多研究认为中国的改革是以"省"这一相对独立的单元分散进行的,因此地方政府可以在恰当的激励下进行差异化实验。以这些地方政府发起的实验为素材,中央政府可以识别最有效的措施并加以推广。而在前苏联,各地区只专业化地生产一小部分产品,并由中央垂直管理,因而很难推进分散化的改革实验。还有一些研究从中国的政治制度出发,认为共产党不受任何利益集团控制,因此执政党的决策是中性的,而这种"中性政府"有助于中国经济的持续增长。[2] 这些分析都为我们理解中国特殊的制度体系提供

[1] Maskin, E. , & Xu, C. , "Soft Budget Constraint Theories: From Centralization to the Market," Economics of transition, 9(1,2001), pp. 1 – 27. Lau, L. J. , Qian, Y. , & Roland, G. , "Reform without Losers: An Interpretation of China's Dual-track Approach to Transition," Journal of Political Economy, 108(1,2000), pp. 120 – 143. Bai, C. E. , Li, D. D. , Tao, Z. , & Wang, Y. , "A Multi-Task Theory of the State Enterprise Reform," Journal of Comparative Economics, (1999). Li, D. D. , "Changing Incentives of the Chinese Bureaucracy," The American Economic Review, 88(2,1998), pp. 393 – 397. Qian, Y. , & Xu, C. , "Why China's Economic Reforms Differ: the M - form Hierarchy and Entry/Expansion of the Non - State Sector," Economics of Transition, 1(2,1993), pp. 135 – 170. Berglöf, E. , & Roland, G. , "Soft budget Constraints and Credit Crunches in Financial Transition," European Economic Review, 41(3 – 5,1997), pp. 807 – 817.

[2] Yao, Y. , "Neutral Government: An Explanation of the Success of China's Transitional Economy," Economic Review, (3,2009), pp. 5 – 13.

了有力的分析工具。

与这些已有研究相比,我们的报告采用了不同的视角。我们试图回答以下一些问题:我们是否能够从中国改革开放中总结出一些可以写进教科书的、具有普遍意义的、之前被忽视的经济学原理? 从中国经济高速增长中能否提炼出具有普遍意义的经济学原理,这些原理在其他经济体发展,例如英国工业革命、美国内战后的经济增长以及日本经济腾飞中同样发挥了作用,却被我们忽视了? 这些经济学原理是否能提供可被其他国家学习和复制的政策建议? 这些正是本书要着力分析的问题。

为此,清华大学中国经济思想与实践研究院成立由教授、研究员和博士生组成的专项课题组,进行了为期 9 个月的系统研究。课题组深入基层、奔赴一线,获取了第一手的、内容详实的信息。例如,课题组赴江苏和辽宁做实地调研。江苏省是我国人均 GDP 最高、GDP 总量次高的省份。课题组调研了江苏省两个城市,分别是长江以北的靖江市和长江以南的江阴市(苏南地区历史上是最具经济活力、企业最为活跃的地区之一)。课题组也调研了辽宁省沈阳市。沈阳市堪称"中国'底特律'",在对外开放过程中承受了"转型之痛"。沈阳市曾是我国工业中心,20 世纪 50 年代接受了大部分苏联工业援助,兴盛时期曾有 1 400 多家市属的国有企业,但目前仅剩 26 家。除实地调研外,课题组还与发改委、财政部、央行、自然资源部、住建部、证监会、原银监会和原煤炭工业部等 10 余部委的曾任、现任领导座谈。他们是改革开放的亲历者,为我们提供了关于改革开放具体决策过程的有用信息和深刻洞见。课题组也查阅了大量学术文章和政府文件,以及国家领导人相关论述。

有两点特别需要说明。第一,我们并非认为中国改革开放尽善尽美,在方方面面都取得了成功。实际上,中国经济体系在很多方面亟待进一步改革。在改革开放过程中,有一些政策也不尽合理、甚至是错误的。本书的目的之一即是来讨论中国改革开放的成功之处和需要进一步改进之处。例如,在本书"开放的本质是学习"一章中,我们指出,过去十年中国对外开放的步伐有所放缓。可喜的是,近期国家领导人已经做出针对性的决策,改革开放进程获得新的加速度。第二,我们避免意识形态和地缘政治方面的争论。本书立足经济学的理论和经济领域的具体实践,探讨中国改革开放背后的具有普遍意义的经济学原理。

回顾中国改革开放四十年的历程，我们认为在经济学层面可以总结出以下五点经验。

第一，经济的增长需要新企业的创立和发展，而这就需要完备的市场和良好的营商环境。但是，在现实中市场并不完善，这就需要地方政府在适当的激励下帮助企业解决成长中的问题。中国各级政府尤其是地方政府在土地、用工、协调运输等方面帮助企业解决实际问题，引导上下游产业协同发展，对新企业尤其是民营企业的发展和壮大发挥了重要作用。即使在美国，新企业也会遇到一些问题，需要政府来帮忙解决。诸如，一些企业要引进高技能劳动力，这就需要地方政府放宽移民政策；再如，硅谷的高房价抬高了企业的人工成本，这也需要当地政府帮忙解决。中国改革开放的经验告诉我们，地方政府帮助企业的激励对于企业进入与发展极为重要，这种激励来自于政治和经济两个方面：政治激励主要来自于"政治锦标赛"制度——地方官员晋升很大程度上会参考当地的经济表现；经济激励主要来自于我国的税收制度——地方政府大量的税收都来自于本地企业，同时一些工业园区官员的收入也和当地的税收收入相关联。当然，有时候地方政府由于过度热心，在帮助企业创立和发展的过程中会存在一些非理性决策，因而，也需要有相应的约束制度来规范地方政府的行为。展望未来，政府应以进一步降低市场门槛和不断改善营商环境为抓手，不断促进新企业的创立和发展。

从中国改革开放历程中总结出的第二个普适性的经济学经验是，快速的土地转换是经济增长的关键，而这一点被当代经济学整体地忽视了。一项经济活动需要使用的土地，可能已被其他用途占用了，因此，土地使用权如何从一个经济活动主体转换给另一个经济活动主体至关重要。而这个过程通常成本十分高昂，因为科斯谈判本身的交易成本就是高昂的。在中国，地方政府有激励并且有权限来加速这个土地转化过程。绝大多数用于发展经济的土地从农用地转化为非农用地的过程由地方政府统一代理谈判，而无论是工业园区还是房地产开发商，都是直接再从地方政府手中得到土地使用权：或者通过拍卖得到土地使用权以开发住宅项目，或者政府直接以低价将土地补贴给工业企业。快速的土地转换对加速企业进入也至关重要。

这一点在英国工业革命早期也十分明显:政府会帮助企业消除障碍,更快地得到土地,并促使农民进入工厂工作。但是在现代经济学中,土地转换鲜被提及,仅仅被当作一个隐含的假设。

第三条经验是金融深化和金融稳定对经济增长起着关键作用。此处,金融深化是指居民主动持有越来越多的金融资产,金融资产的增速超过经济增速。金融深化对实体经济增长至关重要,因为金融深化推动居民储蓄通过金融体系转化为实体经济的投资。否则,有多余资金的居民需要自己创业或者单独寻找合适的投资项目,资金周转慢,使用效率低。反映金融深化程度的一个指标是金融资产总量与 GDP 的比值。本书测算,目前我国金融资产总量已经接近 GDP 的 4 倍,而 1978 年仅为 0.6 倍左右。金融深化的前提是金融稳定,否则居民会减少持有金融资产,甚至在银行和其他金融机构进行"挤兑"。为了让金融深化服务于本国经济,还要求金融深化基于本国货币。以本币为基础的金融深化,一方面使得本国企业依赖"内债"而非"外债",避免发生外债危机;另一方面也能避免资金外逃。为了保持金融稳定,中央政府需要积极化解金融风险,尤其是跟银行体系相关的金融风险。银行体系事关大量储户(几乎全部居民)的切身利益,一旦信心动摇,很可能发生恐慌的系统性扩散。我国政府对扰乱银行体系正常秩序的行为给予严厉打击,例如曾对非法集资行为给出"死刑"和"死缓"判决。相对而言,政府对股票市场违规操作的处罚力度就较为宽松。

我们从中国改革开放的实践中总结的第四个经验是,开放最根本的作用是学习,而非简单地发挥比较优势或利用外国的资金与技术。开放迫使一国的经济主体学习国际上最先进的知识、制度、理念,并结合本国实际付诸实践,这是培育经济内生增长能力并逐步实现转型升级的关键所在。为了实现经济的可持续发展,各个经济主体,包括企业家、工人与政府官员,都必须进行学习,而对外开放是最有效的学习途径。诚然,开放的确有利于发挥比较优势,但仅仅发挥比较优势是不够的,它甚至会让经济锁死在低附加值领域。就中国而言,对发达经济体开放而使本国经济主体获得学习机会的例子不胜枚举,他们通过这些机会学习新的商业模式,学习管理技能,学习如何开拓新市场,逐步发展壮大自己。

然而,开放也伴随冲击与风险,经济主体应对外部冲击也将付出不小的代价与艰苦的努力。此时,政府应发挥作用帮助工人、企业家等微观主体应对开放的负面影响。中国的许多城市经历了与底特律相似的困境,但中国的企业家、工人与政府官员共同努力,消解了这些冲击。在这个过程中,中国的中央政府与地方政府做出了很大的努力:一方面为受冲击行业的下岗工人提供基本的社会保障,并促进其再就业;另一方面积极招商引资,借由大企业、大项目的落地提振本地经济。从这一角度看,开放的进程也需要精心管理。

需要指出的是,中国在开放与发展进程中的许多实践并不符合比较优势原理。例如,早在20世纪80年代初,中国就通过与德国、美国企业建立合资公司发展汽车产业。在这一背景下,许多本地企业通过为大型车企配套而发展壮大,带动中国汽车工业做大做强。这些生动的案例再次印证了学习的重要意义——学习是对外开放最根本的作用,是经济转型升级的关键所在。放眼世界各国的工业化进程,我们依旧能得到类似的结论。例如美国在工业化过程中就没有依赖比较优势。在南北战争前后,北方反对自由贸易,希望发展自己的纺织工业,而非继续向英国出口棉花。为了保护本国技术与利益,英国禁止本国纺织工人踏上美国国土。然而,一名年轻的英国纺织厂学徒记下了全套机器设计图纸,冲破重重阻拦来到美国,帮助美国建立了先进的纺织厂。这位英国人名叫萨缪尔·斯莱特(Samuel Slater),被英国人称为"叛徒斯莱特",却被美国总统安德鲁·杰克逊称为"美国工业革命之父"。

从改革开放四十年实践出发总结的第五条经验是,中央政府应对宏观经济进行积极主动的调控。经济增长,尤其是经济的快速增长,会不可避免地伴随着宏观经济的冲击,导致经济时冷时热。就中国而言,当宏观经济处于上升周期时,企业间存在着激烈的竞争和博弈,大多数企业在博弈中急于扩大生产规模抢占先机,他们认为只要能扩大市场份额、取得领先地位就能获得成功。反之,企业若不能获得领先地位,则将遭受重大损失。由于预期收益很高,对于微观企业主体而言,通过"抢占先机博弈"来扩大生产是合理的。但是,所有企业家同时扩大生产规模会导致过度投资,进而带来产能过剩。另一方面,当宏观经济过冷时,现存的企业则不愿意轻易退出。他们认为如果其他企业被迫挤出市场而自己能坚持并生存下来,就能获得价格反弹带来的可观利润。微观经济理论中的"消耗战博弈"描述的就是这个现象。这一微观主体理性博弈的结果是市场出清过程非常缓慢。

从微观层面看,企业在"抢占先机博弈"和"消耗战博弈"中所做的决策是理性的。但是,从整个宏观层面看,市场出清的漫长过程带来经济社会低效率。中国中央政府积极地调控宏观经济,目的是加速市场出清的过程,从宏观层面提升社会效率。当经济过冷时,政府强制产能过剩的亏损企业退出,并通过财政补贴等方式帮助解决失业问题;当经济过热时,政府暂缓批准新项目,并责令商业银行减少对企业的贷款。中国中央政府综合应用包括财政与货币政策在内的市场化手段、行政命令以及改革等多种措施应对宏观经济的周期性波动。例如,在亚洲金融危机期间,政府启动房地产市场改革,使得中国的房地产市场在短短二十年间经历了从无到有、并成为世界第一大房地产市场的蜕变,在一定程度上提振了国内需求。同时,政府启动了"大学扩招",这在短期有助于缓解劳动力供给过剩,在长期也有利于提升人力资本。

总体而言,改革开放四十年最基本的经济学总结是,一个成功的经济体,必须精心调整政府与经济的关系,尤其是政府与市场的关系。各级政府作为经济活动的参与者,他们的激励和行为必须调整到位,只有如此,政府才能和市场经济同向发力、相向而行,经济才能长期健康发展。在经济学的假设中,经济学家往往忽视政府的作用,或"一刀切"式地认为政府不是仁慈的就是邪恶的。然而,现实要复杂得多,政府参与经济活动的行为及其背后的激励是经济实践中极为重要的问题,值得细致研究。就中国改革开放的实践而言,政府很多情况下是助推市场发展的力量。我们认为,中国经济逐步发展成"政府赋能的市场经济",这与"受监管的市场经济"的模式完全不同。在"政府赋能的市场经济"中,政府并不是独立于经济之外的监管者,而是经济重要的参与者。回顾历史,许多国家的政府都在经济快速增长时期发挥了作用。例如,在英国工业革命的过程中政府把乡村的公有地转换成工厂,引导农民在工厂工作,推动了工业化进程。令人遗憾的是,这些早期实践却在一定程度上被现代主流经济学忽视了。

基于对中国改革开放四十年实践的经济学分析,我们认为中国经济应在以下方向继续发力,进一步深化改革。在新企业进入与发展方面,应深化财税体制改革,赋予地方政府合理的财权事权,充分调动地方政府发展经济的积极性,应该适度提高地方政府税收比例,激励地方政府持续改善营商环境,营造公平开放市场,促进本地经济发展。应放开行业准入门槛,加强相应监管约束;应推进落实降税减负政策。在土地与房地产市场方面,应该改变地方政府单一追求 GDP 的行为,鼓励地方政府更加关注民生与可持续发展,改变卖地变现模式,转向经营长期资产。政府在高房价地区以土地入股参与商业住宅运营,长期持有物业,获取长期资本回报。借鉴德国和新加坡等经验,土地供给向民生倾斜,增加住宅用地供给。在金融方面,应将债券市场作为中国金融体系深化改革的抓手和突破口,推进地方政府基础设施建设投融资体系的改革,将地方政府基建融资从银行体系"剥离"至债券市场;应大力建设和完善股票市场发展所需要的制度基础,强化证券领域侦查、检察和司法力度,对于违法违规行为给予严厉打击;应推动金融服务业有序的开放,同时精心管理资本流动。在对外开放方面,应以开放、成熟、自信的心态继续加快学习世界上一切先进知识、技术、理念,通过"请进来"、扩大开放、促进人员交流等措施推进科技、社会治理、金融法制化建设、对外投资与国际经济治理等领域的学习。在宏观调控方面,应加强宏观调控手段的市场化和法治化,避免宏观调控对民营企业造成不公平待遇;应建立高效的政策反馈机制,提高宏观调控的前瞻性、时效性、针对性和灵活性,避免过度调控和滞后调控;应更加注重财政政策的逆周期调控作用,防止顺周期财政政策放大宏观经济波动。

报告正文的结构如下:第一部分探讨有关新企业快速进入的经济学总结;第二部分分析土地快速转换和房地产市场培育与发展的经验教训;第三部分讨论金融深化与金融稳定;第四部分分析对外开放在促进学习并推动经济形成内生增长能力方面的作用;第五部分讨论积极的宏观调控;最后,我们基于以上分析对当下中国的经济发展提出建议。

第一部分

新企业的创立和发展

政府帮助新企业创立和发展是改革开放以来中国经济快速发展的直接动力。新企业尤其是民营企业的发展和壮大很大程度上依赖地方政府"看得见的手"所发挥的作用,各级政府尤其是地方政府通过在土地、用工、协调运输等方面不断帮助新企业解决实际问题,引导上下游产业协同发展。政府过度热心帮助新企业也可能带来一些副作用,包括重复投资、产能过剩和腐败滋生等问题,这些问题在中长期看来是可以通过调整政府激励加以改善的。

为了更好地归纳改革开放四十年来政府在帮助企业创立和发展过程中的基本经验,我们对改革开放四十年中对企业进入影响最大的五个阶段进行回顾梳理:乡镇企业的"异军突起"(1984—1994年),民营企业蓬勃发展、乡镇集体企业民营化改革(1995—2002年),"抓大放小"的国企改革(1998—2000年),各级政府积极招商引资(1992—2012年)和"放管服"改善营商环境(2013年至今)。历程的回顾和实地调研都表明,中国各级政府确实在帮助企业进入和发展的过程中发挥了至关重要的作用。

基于上面的分析与总结,我们在经济学层面提炼出以下两条核心结论:第一,改革开放过程中,政府培养、帮助企业的激励对于企业进入与发展而言极为重要;第二,由于地方政府存在一定程度的盲目性、局限性,在帮助企业进入与发展的过程中会产生一些非理性决策。因而,需要相应的约束制度,规范地方政府帮助企业进入和发展的行为。

在改革开放四十年后的今天,政府的激励和约束需要进一步加强。第一,要进一步调动地方政府发展经济的积极性,深化财税体制改革,推进落实降税减负政策,适度提高地方政府税收比例,赋予地方政府合理的财权事权,激励地方政府促进本地经济发展。第二,要放开行业准入门槛,加强事后监管。第三,要持续改善营商环境,营造公平开放市场,强化统一司法,保证跨区域司法裁决的公平与有效执行。

一、新企业创立和发展的基本事实

政府帮助新企业创立和发展是改革开放以来中国经济快速发展的直接动力。企业尤其是民营企业的发展和壮大很大程度上依赖地方政府"看得见的手"所发挥的作用,各级政府尤其是地方政府通过在土地、用工、协调运输等方面不断帮助新企业解决实际问题,引导上下游产业协同发展。政府过度热心帮助新企业也可能带来一些副作用,包括重复投资、产能过剩和腐败滋生等问题,这些问题在中长期是可以通过调整政府激励加以改善的。

1. 中国经济发展的直接动力是新企业的创立和发展

中国经济改革开放四十年来的第一条重要经验就是各级政府尤其是地方政府持续地帮助和扶持新企业,帮助企业创立、发展、壮大。新企业代表了新的社会生产需求和居民消费需求,代表了经济发展水平提高之后新的生产能力和生产组织形式。发展良好的新企业能够产生显著的上下游效应和产业集聚效应,带动当地经济的迅速发展,创造可观的税收和就业。新企业的创立和发展是改革开放以来我国经济能够迅速发展的直接动力。

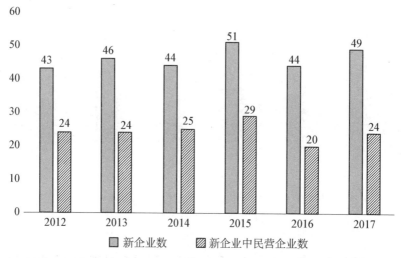

图表 1 百强机械工业企业中 1978 年后创立的新企业数和其中民企数

来源：中国机械工业企业管理协会

中国经济发展的直接动力是新企业的创立和发展的一项重要证据是 1978 年改革开放开始后新成立的企业对于我国经济发展的贡献程度。以中国机械工业企业管理协会、全球制造商集团每年公布的机械工业 100 强为例，过去六年里 100 强企业中于改革开放后设立的企业均占半数左右，且这些新企业的平均排名显著高于在改革开放前成立的企业，充分说明了新企业发展对于中国经济的拉动作用。此外，在这些对于我国工业发展做出突出贡献的新企业中，在大部分年份中超过一半是民营企业。纵观改革开放四十年的发展历程，民营企业无疑在很大程度上推动了中国经济的迅速发展。截至 2017 年底，我国民营企业数量达 2 726.3 万家，个体工商户 6 579.3 万户，注册资本超过 165 万亿元。2017 年一年，民营经济对国家财政收入的贡献占比超过 50%，GDP、固定资产投资和对外直接投资占比均超过 60%，技术创新和新产品占比超过 70%，吸纳城镇就业超过了 80%，企业数量的占比超过 90%。这就说明中国政府对于新企业创立和发展的帮助是全面的，不论是民营企业还是国有企业的发展都离不开各级政府的扶持和帮助。

新企业创立和发展的情况在很大程度上决定了区域经济的发展状况。

图表 2 给出了 2017 年广东、浙江、黑龙江和甘肃四个省份各自 50 强企业中改革开放后创立的新企业数和这些新企业中的民企数。从中可以清楚看出,经济发展比较好的省份的新企业数量和民营企业数量都要高于经济发展水平相对较低的省份,说明新企业的创立和发展可以在很大程度上解释地区间的经济发展水平差异。

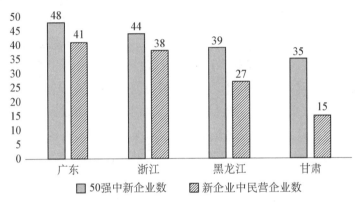

图表 2　不同省份 50 强企业中 1978 年后创立的新企业数和其中民企数

来源:wind 数据

　　除了这里举出的两项证据之外,还有大量国际经验表明,政府是否支持新企业发展在很大程度上决定了一国的长期经济发展是否稳健。20 世纪 80 年代,和中国一样同为社会主义国家的苏联和部分东欧国家面临在重工业和轻工业之间、在旧企业和新企业之间做选择的问题,而这些国家大多选择了重工业和旧企业,花费大量的政策和社会资源救活老企业,优先发展重工业。以苏联为例,在 1985 年 4 月的苏共中央全会上,时任苏联最高领导人戈尔巴乔夫提出,应积极采用经济杠杆支持重工业特别是已有的机器制造业,并据此制定出苏联第十二个五年计划,优先发展重工业。然而,这些救活旧企业的尝试都宣告失败,导致苏联预算赤字进一步增大,消费品短缺愈发严重,进一步恶化了苏联的经济情况,在一定程度上加速了苏联的解体。

　　熊彼特提出,发展是经济生活内部蕴含的质的自发性突破,这种自发性突破就是创新,创新是推动经济发展的根本力量。创新是一个不断破坏旧结构、创造新结构的过程,简单说就是一个创造性破坏的过程,在创新的持续过程中,具有创新能力和活力的企业蓬勃发展,一批批老企业被淘汰,一批批新企业在崛起,促进生产要素实现优化组合,推动经济不断发展。每一次大规模的创新都会淘汰旧的技术和生产体系,并建立起新的生产体系。如果将这一理论运用到政府的经济决策上,因为新企业能够更好地抓住有限的市场机遇,在企业转型上受到的限制更小,没有旧企业难以回避的各种"包袱",各级政府为了能够最大化地促进本地经济发展,就应该将有限的规划、行政、政策和金融资源配置到新企业的创立和发展上,通过促进新企业创立和发展,实现经济发展和生产体系升级。这种政府对于企业创立和发展的支持与一国政治制度和意识形态无关,具有很大程度上的普适性。

事实上,即使是高度崇尚经济自由主义的美国,各级政府尤其是州政府在帮助新企业创立和发展上也是不遗余力。2014年末,被各州竞相争抢的电动汽车制造商特斯拉,选择内华达州作为其超级电池工厂(Gigafactory)的所在地。内华达州之所以能够最终获得特斯拉的青睐,主要是因为其提供的低税率政策。为了吸引特斯拉落户内华达州,除了减免个人所得税和企业所得税以外,内华达州还颁布了一系列税收优惠政策,包括创造就业和投资的可退还信贷、销售税减免和财产税减免。此外,美国的主要科技企业几乎都获得了来自各州政府的各类补贴,谷歌母公司自2000年以来从美国政府一共获得了7.62亿美元的政府补贴,特斯拉公司在2007年成立以来更是获得了超过35亿美元的补贴。

美国各级政府对于企业创立和发展的鼓励措施并不仅限于美国本土企业。以互利互惠的共赢目标为出发点,威斯康辛州与iPhone制造商富士康科技集团签署协议。一方面,威斯康辛州政府在未来的15年内为富士康集团提供高达30亿美元(后提至31亿美元)的收入和销售税收减免;另一方面,富士康集团有希望为威斯康辛州带来13 000个高薪工作以及100亿美元的投资资本。该州州长表示这笔交易是一个"千载难逢的机会",对威斯康辛州来说将是一次"变革"。我国医药企业艾兰得和美国阿肯色州谈判商议建厂,阿肯色州政府提出如果艾兰得能够解决400个就业机会,政府将提供1500亩地,并且由政府帮助完成厂房建设。此类政府帮助企业(包括外资企业)创立和发展的例子在我国改革开放四十年的历程中并不罕见。

2. 政府有很强的激励帮助企业创立和壮大

改革开放以来的四十年里,我国各级政府对于新企业创立和发展提供的帮助远超过传统意义上的产业政策的范畴。在这一不断探索的过程中,各级政府采取积极措施为新企业的创立和发展创造条件,积极开展与市场主体的密切互动,创造健康、有效的竞争环境,在企业发展的关键节点予以支持。政府通过这些实践积累了更多帮助新企业创立和发展的关键经验,因势利导,顺势而为,促进整个国民经济进入良性循环。政府帮助新企业创立和发展的方式包括创造良好的经商环境,积极招商引资以及帮助企业转制升级,实现制度创新。

(1) 创造良好的经商环境,积极招商引资

政府通过"看得见的手"为新企业的进入和发展创造良好的经商环境。一方面,政府制定适合新企业创立和发展的宏观和区域层面的战略规划,营造良好的营商环境。另一方面,为企业提供或帮助企业协调所需的关键生产要素。

就地方政府层面而言,在城市整体经济布局规划和调整中发挥调控作用,为新企业的创立和发展创造有利条件。一个突出的案例是沈阳铁西区的"东搬西建"。

2002年初,具有"东方鲁尔"称号的沈阳市铁西区陷入严重的发展困境。区内许多大型国有企业举步维艰,而企业中大量产业工人不得不面临着下岗的悲剧。其实,铁西区的衰退始于20世纪末期,当市场化改革的浪潮在全国范围内掀起滔天巨浪时,铁西区的企业仍然是清一色的公有制企业,经济结构也同样是清一色的工业经济。在铁西区,国有经济和集体经济的占比达到99%,工业经济占比达到90%以上。随着沈阳防爆机械厂、沈阳拖拉机厂、沈阳冶炼厂等老牌国有企业相继宣告破产,铁西区改革刻不容缓。在沈阳各级政府的共同规划和统一支持下,铁西区240余家企业陆续从铁西老城区搬迁至沈阳经济技术开发区。在这一过程中,铁西区拆迁面积达到595万

平方米,拆迁后的土地绝大部分被用于发展服务业。政府在搬迁过程中不仅仅起到了指挥者的角色,同时还承担了超级开发商的角色。对于拆迁企业,政府相应地给予合理补贴,土地价差达到260亿元。随后,铁西区政府合理规划,推动搬迁后的企业进行设备升级与技术改造,盘活了老化的国有企业和土地资源,也引入了新的发展机制。

与沈阳相比,同样可以被看作老工业基地的美国底特律在应对外来冲击时做出了不同的选择。20世纪七八十年代,伴随着日本汽车大量出口到美国,底特律这座美国"汽车城"遭遇巨大冲击,一些汽车以及汽车零部件制造企业相继外迁。面临外在压力,底特律政府并没有采取有效措施支持新企业创立和发展,而是加大力度支持已有大企业和老企业(如福特、通用、克莱斯勒等汽车公司)。这一选择并没有改变底特律经济持续下滑的态势,从1970年到1980年失业率从5.7%上升到11.7%,到了1990年还是高达8.9%。2013年12月,底特律市政府正式宣布破产,缺少新企业进入的底特律经济的衰落还在继续。

此外,政府从宏观政策层面对企业进行扶持,吉利汽车的发展就是一个例证。2003年,习近平同志时任浙江省委书记,上任伊始就抽空视察了吉利的临海汽车基地,在听取了吉利集团董事局主席李书福和CEO徐刚的汇报后,对吉利汽车的成就表示了充分的肯定,并对吉利在人才培育、技术创新、独立开发和坚持为老百姓造买得起的好车的战略理念等方面大加赞赏。习近平指出,像吉利这样的企业,如果我们不加以大力扶持,那我们还去扶持谁呢?吉利作为浙江省唯一的汽车企业,能够在中国激烈的竞争中成为"3+6"成员,并取得阶段性的成就,十分难得。今后,更要继续加大对民族汽车企业的政策性支持,为民营企业创造一个良好的投资环境。①

在对新企业的创立和发展进行宏观规划的同时,政府采取多种手段帮助企业克服包括土地、劳动力在内的各类生产要素上存在的短缺和不足。华晨宝马合资公司在辽宁沈阳创立初期,宝马方面对企业管理十分严格,企业配套采购都由宝马方面控制,以标准化考试录用员工。在调研中,一位老

---

① 习近平:《像吉利这样的企业不扶持,还扶持谁?》,http://people. com. cn/GB/jinji/222/2174/2956/20030108/904079. html,2003年1月8日。

领导对我们表示:"进宝马,市长的条子都不管用!"同时,宝马方面对建造工厂的土地提出了细致、严格的要求,为了保证修建厂房所需要的平整土地,沈阳市政府使用行政手段和财政支出在拟建厂地区削平山头平整土地、加设红绿灯,为新工厂配建了铁路专用线,开通公交通勤,并在一天之内为工厂扩建办妥了涉及土地、税务等证照,给了宝马全方位支持。2005 年之后,华晨宝马连续 12 年成为沈阳市最大纳税企业,直接创造了超过 1 万个工作岗位,在当地带动了相当规模的上下游行业发展。据了解,2016 年沈阳汽车及零部件产业完成产值 2018.6 亿元,年产整车 106.1 万辆。此后 3 年,沈阳还大力发展新能源汽车和汽车零部件产业,加快推进一批重大项目建设,到 2020 年新能源汽车产能将达到 20 万辆,打造 3 000 亿元的沈阳汽车及零部件产业集群。以沈阳名华模塑科技有限公司为例,母公司是位于江苏江阴的模塑科技,为了更好地给华晨宝马做配套服务,模塑科技在沈阳建厂生产,公司占地面积 9.5 万平方米,现有员工 700 余人。公司专业从事汽车保险杠及其他塑料饰件的开发、生产和销售,拥有世界一流的喷涂流水线设备,年保险杠生产能力达 60 万套。

地方政府积极帮助企业解决用工困难。在广东东莞,制造业企业在春节之后面临严重的招工难问题。为了解决这一问题,东莞市政府人力资源局搭建统一招工平台,满足企业节后的用工需求,缓解企业招工压力,同时为企业提供人才支撑。具体采取的方式包括在辖区内若干地区建立招聘点,长时间开展定点招聘活动,通过线上线下多渠道发布招聘信息,组织企业到外省、外市进行招工,还包括和其他制造业劳动力供给相对充足的地区的相关部门开展劳务对接工作等。广东省内相当数量的地方政府采取了东莞模式进行招工,有效缓解企业招工难问题。

除此之外,地方政府还为企业提供包括税收、行政审批、人才培训等在内的诸多优惠政策。首先,在税收优惠政策方面,不同于传统"一刀切"的方式,靖江市政府采取动态考核的方式。具体而言,地方政府以企业每年的销售额或税收贡献等动态指标为衡量标准,针对排名靠前的企业给予一定的优惠奖励政策,目的在于吸引企业进入,带动当地经济的发展,从而为当地未来的发展带来更多税收收入。其次,在行政审批制度改革方面,针对鼓励企业上市的发展目标,靖江市政府特别设立上市办。上市办的设立一方面为地方企业做大做强创造竞争环境;另一方面也为企业在上市过程中面对的审批手续问题提供信息帮助和指导。另外,值得一提的是,江阴市政府创新性地设立"审批店小二",为企业在行政审批方面提供便利。此外,在人才培训方面,地方政府为企业人力资本的建设提供学习和培训的机会。以江阴市政府为例,早在 20 世纪 90 年代,江阴市政府就曾带领企业走出去参观华为企业的经营发展模式。

(2) 帮助企业转制升级

为保证企业健康发展,给当地带来活力,政府一方面营造良好的环境,另一方面,充分利用自身资源帮助企业转制升级。对于这一帮助手段,我们分别举江阴模塑科技、江苏亚星锚链、东北制药、澄星集团、农开公司五个案例进行说明。

江阴模塑科技成立于 1988 年,主要从事汽车保险杠等零部件、塑料制品、模具、模塑高科技产品的开发、生产和销售,年汽车保险杠生产能力达 300 万套以上,是中国高端汽车外饰件系统服务供应商,入围中国制造业企业 500 强,对于江阴经济的发展而言具有举足轻重的作用。在该公司发展的关键时期,面临购买设备所需外汇不足问题。为了帮助企业购买设备扩大市场,江阴市政府大胆使用全市外汇额度为该企业作担保,帮助模塑科技从银行贷款 253 万美元外汇用于购买进口德国设备。此外,江阴市政府领导还积极为模塑科技引荐提供市场机遇,亲自陪同模塑科技来到上海会见时任上海经贸委领导和上海大众集团,为企业扩大市场创造了良好机遇。

江苏亚星锚链在 2007 年面临重大税收政策调整,出口退税从 18% 降低到 5%,企业利润面临极大下行压力。地方政府领导为了帮助企业发展和财政部税政司积极开展沟通,亚星锚链解释了企业所在行业的重要性和高附加值,为政府调整政策提供有力依据。2008 年 1 月,财政部、商务部和国家税务总局发布《关于老长贸合同适用出口退税政策的通知》,对 2007 年 7 月 1 日以前已经签订的长期贸易出口合同适用原有的退税政策,保证了亚星锚链的稳定发展。

东北制药的混合所有制改革也恰是政府在企业发展的关键时期发挥作用。此轮混合所有制改革始于 21 世纪第一个十年,最初,老厂区搬迁地方政府财政拨款 8.7 个亿,远远不足以完成任务。2017 年沈阳市政府重新提出启动战略投资者引入。2018 年政府在政策方面实现突破,决定战略投资者可以作为第一大股东。在这一政策引导之下,东北制药决定引入方大集团,由方大集团作为第一大股东,占股 26%,派驻两名执行董事,推荐两名独立董事。在此轮混合所有制改革中,沈阳市通过产投间接持股,打破了一级企业的限制,为企业的发展提供有利空间。

澄星集团是苏州地区第一个技术支撑的企业,在其上市的过程中,地方政府提供了很多支持,如"为了赶上省委开会时送到文件,江阴政府开会开到晚上十点,半夜送文件到宜兴签字,凌晨赶到南京在省主管领导办公室门口等,7:45 签字,省委开会决定批准交易","宜兴、省里的领导都是江阴领导帮助打招呼、引荐"。2001 年,为改变"厂长负盈,企业浮亏"的现象,江阴市提出企业改制。可是,由于所需资金数额巨大,企业动力不足。为此,市里奖励 2 400 万,员工自筹 30%,其余的五年还清,为澄星集团的成功改制提供了直接的资金支持。

此外,政府也采取创新性的手段为企业提供帮助。河南省农业综合开发有限公司自成立以来,始终定位于"政府农业投资领域投融资功能完善的专业化大型农业投资集团、省委省政府现代农业大省建设的投融资综合服务商",目前已发展成为一个功能手段完备、投资 2000 多亿的大型农业投资控股集团。河南省按照"政府引导、社会参与、专业管理、市场运作"的原则,采取"直接变间接、无偿变有偿、资金变基金"的方式,即政府提供财政资金,借助农开公司的力量,变分散为集中,变资金为资本,变行政化为市场化,对资金进行集中使用,引导撬动社会资本,引入央企和省外大型金融资本、知名机构支持河南农业,改变了以往财政资金行政化分配的方式,减少了政府对资源的直接配置,实现了政府职能的转变。在吸引社会资本的同时,实现了财政资金的引导放大作用。据了解,其目前已经设立基金规模 452.025 亿元,撬动社会资本 820.53 亿元,实现了财政资金 7.73 倍放大。

产业基金通过市场的手段支持企业,扶强带弱,提高了企业的融资能力,规范了企业运营管理,帮助企业引进战略资源,有效提升了企业发展的内生动力和发展质量。同时,农开公司以完全市场化的标准选取、投资项目,同样以市场的方式在适当时期退出项目,不仅帮助了企业,同时实现了资本的增值。例如,农业综合开发基金 2017 年带动被投资企业自身社会投资 6 亿元,其中,投资三木绿源后,带动其他社会资本直接投资 7 000 万元,有力促进了企业产业链建设和快速发展。此外,农开公司把投资支持龙头企业作为投资拉动产业的"牛鼻子",综合运用多种投融资手段,重点扶持包括种植加工、棉花纺织、制造业细分领域等在内的产业龙头企业。同时,建立集团协作平台和协作机制,聚合资源实施龙头项目投资。

以莲花味精的发展为例,2004 年起莲花味精经营出现困难,面临倒闭风险,企业数万名职工面临失业,给社会造成很大的不稳定因素。2004—2016 年按照省政府救助莲花味精要求,农开公司对莲花味精实施派驻人员及注入资金救助,实施多项全方位救助措施,目的在于充分发挥政府投资主体的作用,保护企业品牌,保持企业稳定发展。从某种程度上说,农开公司在莲花味精发展最困难的时候开始入股莲花味精,为企业提供了大量资金支持,避免了企业破产的局面,并通过资产重组整顿,保证了企业的稳定经营,充分发挥了政策性投资公司的作用。

3. 地方政府可能对地方经济增长过度热心

从总体上看,政府帮助新企业创立和发展对于我国的经济增长有着直接的拉动作用,通过政府"看得见的手"极大地促进了中国经济的迅速发展。我们也需要认识到的一点是,政府帮助新企业创立和发展的过程中无疑也存在一些非理性决策,政府对于经济发展过度热心也造成了一些无效的资源配置,对于经济发展造成了一些副作用。这些副作用中比较突出的包括重复投资、产能过剩和腐败滋生等问题。

首先是重复投资和产能过剩的问题。地方政府在规划地区经济发展、选择行业企业进行支持的决策过程中,往往会以当前宏观层面的经济热点和政策导向为重要判断依据,对于其他同级别地区是否会选择相同的行业和发展规划考虑较少,这在国家层面上就可能反映为不同地区对于同一个行业或同类企业的过度和重复投资,在宏观经济整体上会出现产能过剩、产业集中度的问题。有很多现实例子,过去四十年出现了若干次全国范围内炒热点的现象,问题比较突出的行业包括早期的煤炭和钢铁行业,后来的太阳能和汽车行业,以及最近一段时间对于云计算和大数据的大规模投资和相应的政府扶持。这种重复投资从整体经济的角度来看是相对低效的。目前我国 34 个省市自治区中有超过一半都有电解铝企业,随之而来的低产业集中度可能会造成资源浪费和技术进步速度缓慢等问题。

政府过度热心的副作用还包括地方保护主义、干预司法和滋生腐败等。20 世纪八九十年代,我国纺织行业发展迅速,但同时也出现市场竞争过度、产品滞销、企业亏损等一系列问题。由于恶性竞争,1992 年起国有纺织企业出现全行业亏损,1996 年时全国国有纺织企业亏损额已达 106 亿元,直到1999 年才实现全行业的扭亏为盈。为了帮助企业、维持地区经济增长,地方政府阻挠司法判决和执行的现象直到现在仍屡见不鲜。此外,由于地方政府对新企业的帮扶力度是相对有限的,而希望进入的新企业数量庞大,在地方政府制定规划战略、分配其行政资源和选择企业给予各方面支持的过程中,即使政府的目的是帮助新企业、促进地方经济发展,在实际操作的过程中难免出现一定程度的腐败和权力寻租。需要强调的一点是,中国的腐败和一些国家如印度和俄罗斯的腐败是不同的。不同在于,由于同时存在政治激励和经济激励,地方政府领导人有提高地方经济发展水平的切实动机,腐败会在一定程度上影响但不会完全扭曲地方政府对于新企业的帮助,因此腐败对于经济发展的负面影响相对较小。

二、新企业创立和发展的基本历程

为了更好地归纳改革开放四十年来政府在帮助企业创立和发展过程中的基本经验，从而在经济学层面做出总结，本部分我们对改革开放四十年中对企业进入影响最大的五个阶段进行回顾梳理：乡镇企业的"异军突起"（1984—1994 年），民营企业蓬勃发展、乡镇集体企业民营化改革（1995—2002 年），"抓大放小"的国企改革（1998—2000 年），各级政府积极招商引资（1992—2012 年）和"放管服"改善营商环境（2013 年至今）。我们的回顾和考察表明，中国各级政府确实在帮助企业进入和发展的过程中发挥了至关重要的作用。

1. 乡镇企业的"异军突起"（1984—1994 年）

乡镇企业的"异军突起"是改革开放四十年来中国经济的一个重要特征：20 世纪 80 年代在中国的农村大地上出现了一批乡镇企业，对地区和国家的经济发展起到了重要的拉动作用，在长三角和珠三角地区，乡镇企业已经在当地 GDP 中"三分天下有其一"。到 20 世纪 90 年代，乡镇企业在全国出口创汇中"三分天下有其一"。

乡镇企业的前身是社队企业,即由人民公社、生产大队或生产队创办的集体所有制企业。1978年以来随着家庭联产承包责任制的推行和农业劳动生产率的提高,大量的农村劳动力从土地的束缚中解放出来,为了吸收农村劳动力,同时增加集体收入、提高社员生活水平、加速我国工业发展,1978年党的十一届三中全会上提出"社队企业要有一个大发展",1979年7月国务院发布了《国务院关于发展社队企业若干问题的规定(试行草案)》,提出了计划、基建、运输、科技等部门要积极扶持社队企业发展,并对社队企业实行税收优惠政策。[1] 在此背景下,社队企业在全国各地广泛兴办,这些企业大多数由乡村个体企业家创办并注册为集体所有制。1978年至1983年,乡、村两级企业的就业人数由2 821万人增加到3 235万人,产值由493亿元增加到1 017亿元。[2]

1984—1988年乡镇企业进入了一个发展高峰期。1984年中共中央四号文件[3]中将"社队企业"更名为"乡镇企业",同时将乡镇企业定位为"广大农民群众走向共同富裕的重要途径、国家财政收入新的重要来源",并要求各级政府和部门像支持国营企业一样支持乡镇企业的发展,认为"随着乡镇企业的发展,乡镇企业上缴的税金将会越来越多,这是国家建设所需要的,但是,我们的着眼点要放在扶持乡镇企业的生存和发展上,这样,才能源源不绝地、持久地增加财政收入"。[4] 在随后的1985年中央1号文件、1986年中央1号文件和1987年中央5号文件中,都围绕乡镇企业发展制定了一系列新政策,创造了一个宽松的外部环境。

---

[1] "各行各业必须把扶持社队企业的发展作为自己的一项重要任务,制订规划,提出措施,为社队企业的大发展作出贡献。""社队企业所得税按现行的百分之二十的比例税率征收。"北大法宝:《国务院关于发展社队企业若干问题的规定(试行草案)》,http://pkulaw.cn/fulltext_form.aspx?Gid=555&Db=chl,1979年7月3日。

[2] 周叔莲、郭克莎:《中国城乡经济及社会协调发展研究》,经济管理出版社,1996年,第12页。

[3] 即《中共中央、国务院转发农牧渔业部和部党组关于开创社队企业新局面的报告的通知》。

[4] "各级党委和政府对乡镇企业要在发展方向上给予积极引导,按照国家有关政策进行管理,使其健康发展。对乡镇企业要和国营企业一样,一视同仁,给予必要的扶持。""各级计划、物资、财政、银行和交通部门,要把社队企业上户头,给予指导和支持。"中国网:《中共中央、国务院转发农牧渔业部和部党组关于开创社队企业新局面的报告的通知》,http://www.china.com.cn/guoqing/2012-09/12/content_26747631.htm,1984年3月1日。

在宽松的政策环境和各级政府的推动下，各地乡镇企业发展迅速，涌现出了"苏南模式""温州模式""珠江模式"等不同的乡镇企业发展模式。以"苏南模式"为例，1983年底，社会学家费孝通在对苏南地区（苏州、无锡、常州地区）进行深入调研后，在其文章《小城镇，再探索》中首次提出"苏南模式"，将其解释为"以发展工业为主，集体经济为主，参与市场调节为主，由县、乡政府直接领导为主的农村经济发展道路"。其主要组织形式是由乡镇政府出面组织土地、资本和劳动力等生产资料，并指派能人担任企业负责人。斯坦福大学的戴慕珍（Jean C. Oi）教授在考察了苏南地区乡镇企业的发展过程后，将这种由政府直接参与经济运作、介入企业运行的做法归纳为"地方政府公司主义（Local State Corporatism）"模式，认为中国地方政府有公司的许多特征，地方官员也像董事会经营公司一样管理地区的经济①。在计划经济向市场经济转型的初级阶段，这种地方政府直接动员组织生产的方式，可以快速度低成本地把各种生产要素组织起来，加速了企业进入市场的进程，实现了苏南乡镇企业的"异军突起"。在这种模式下，也培育出了一大批行业龙头企业："天下第一村"之誉的华西村（2012年村总收入524.5亿元），中国最大的精细磷化工生产企业澄星集团，中国最大的轿车保险杠生产企业江阴模塑集团，中国最大的金属制品企业法尔胜集团，中国最大的精毛纺生产企业阳光集团，中国最大的软塑包装基地申达集团……

早期由政府主导的乡镇企业发展是从计划经济向市场经济过渡初期特定历史条件下的产物，客观上说也加速了乡镇企业的进入和发展。1987年，乡镇企业产值首次超过了农业产值。邓小平在会见外宾时说："我们完全没有预料到的最大收获，就是乡镇企业发展起来了。"②截至1988年，我国乡镇企业数量达1 888万个，从业人数达9 546万人，总收入达4 232亿元。③

---

① "Local government have taken on many characteristics of a business corporation, with officials acting as the equivalent of a board of directors." "By local state corporatism I refer to the workings of a local government that coordinates enterprises in its territory as if it were a diversified business corporation." *Oi, J., "Fiscal Reform and the Economic Foundations of Local State Corporatism in China," World Politics*, Vol. 45(1,1992), pp. 99-126.
② 邓小平：《邓小平文选》，人民出版社，1993年，第3卷，第238页。
③ 国家统计局：《乡镇企业异军突起》，http://www.stats.gov.cn/ztjc/ztfx/xzg50nxlfxbg/200206/t20020605_35964.html，1999年9月18日。

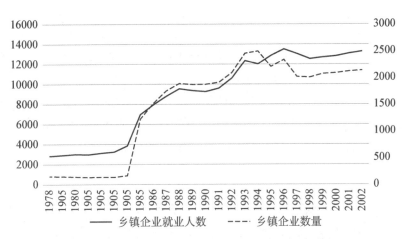

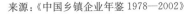

图表 3　1978—2002 年乡镇企业就业人数及企业数量（单位：万）

来源：《中国乡镇企业年鉴 1978—2002》

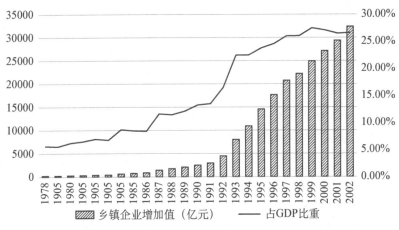

图表 4　1978—2002 年乡镇企业总增加值及占 GDP 比重（单位：亿元）

来源：国家统计局，《中国乡镇企业年鉴 1978—2002》

　　1989 年至 1991 年，乡镇企业进入三年治理整顿阶段，这一时期国家控制了乡镇企业贷款，减少了税收优惠措施，压缩了基建规模，关、停、并、转了一批经济效益差、浪费能源原材料、污染严重的企业。1992 年邓小平同志南巡讲话后，乡镇企业迎来了发展的第二个高峰期。这一时期国家陆续出台了一系列支持乡镇企业发展的政策措施，国务院〔1992〕19 号和〔1993〕10 号文件充分肯定了乡镇企业的重要作用，并提出"从中央到地方的综合部门和有关业务部门,在为国有大中型企业服务的同时,要积极为发展乡镇企业服务","税务部门要对中西部乡镇企业实行优惠的税收政策,'放水养鱼',培育税源"。① 良好的外部环境,加上企业自身管理的强化,使得乡镇企业迅速发展,出口创汇也大幅上升:1994 年比 1992 年总产值增长 1.4 倍,纯利润增长 1.3 倍,每百元固定资产实现利润提高了 48.6%,每百元资金实现利润提高了 25%,每百元营业收入占用的流动资金降低了 16.8%,人均创利税提高了 1 倍多。②

2. 民营企业蓬勃发展、乡镇集体企业民营化改革(1995—2002 年)

1992—2002 年我国民营经济进入一个蓬勃发展的阶段,这一时期国家更加重视保障、引导非公有制经济发展。1992 年党的十四大提出我国经济体制改革的目标是"建立社会主义市场经济体制",1997 年党的十五大把"公有制为主体、多种所有制经济共同发展"确立为我国社会主义初级阶段的一项基本经济制度,第一次明确提出"非公有制经济是社会主义市场经济的重要组成部分",出台了《股份有限公司规范意见》等一系列改革举措,为民营经济蓬勃发展注入了巨大活力。全国掀起了一场以体制内人群下海经商为特征的创业浪潮。民营经济表现抢眼,为经济发展注入了强大的动力,这一时期,全国个体工商户增长了 54%,从业人员增长了 92%;私营企业达到243.5 万户,增长了 16.5 倍,税收贡献 976 亿元,增长了 243 倍。③

伴随着民营经济发展,90 年代中后期一场由政府主导的乡镇企业民营化改革也拉开序幕,大量由原来政府所有的企业被以各种形式出售和转包给个人。这一时期,随着对外开放的深入和市场竞争的加剧,加上亚洲金融危机的冲击,不少乡镇企业生存困难,政府放开对企业的控制成为必然选

① 商务部:《国务院关于加快发展中西部地区乡镇企业的决定》,http://www. mofcom. gov. cn/article/b/bf/200207/20020700031377. shtml,1993 年 2 月 14 日。
② 国家统计局:《乡镇企业异军突起》,http://www. stats. gov. cn/ztjc/ztfx/xzg50nxlfxbg/200206/t20020605_35964. html,1999 年 9 月 18 日。
③ 人民网:《中国民营经济发展进入新的历史阶段》,http://theory. people. com. cn/n1/2017/0331/c40531-29182845. html,2017 年 4 月 1 日。

择。① 1997 年 3 月 11 日《中共中央、国务院关于转发农业部〈关于我国乡镇企业情况和今后改革与发展意见的报告〉的通知》发布，把产权改革放在首要位置，并提出了改革的三条原则。② 这一时期，乡镇集体企业民营化的模式主要有以下三种：大型企业多实行股份制，中小型企业多实行股份合作制，而小型、微型、亏损企业则通过租赁、拍卖、联合、兼并、破产等办法进行要素重组。根据农业部统计，到 2006 年全国 168 万家乡镇集体企业中，95% 实行了民营化产权制度改革，其中 20 万家转成了股份制和股份合作制企业，139 万家转成了个体企业和私营企业。③

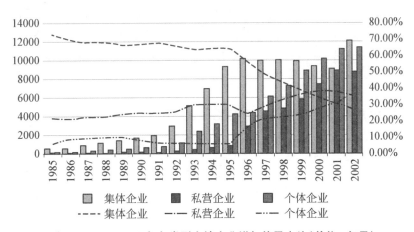

图表 5   1985—2002 年各类型乡镇企业增加值及占比（单位：亿元）

来源：《中国乡镇企业年鉴 1978—2002》

---

① 原农业部乡镇企业局副局长卢永军这样描述当时的情况："由于乡村集体企业产权不清、政企不分，和外资企业和个体私营企业相比，在决策机制、用人机制、经营机制、分配机制以及市场应变能力上都明显缺乏竞争力。所以，那时候有的企业负债（过高），有的企业甚至亏损倒闭，使得乡村集体企业整体陷入一种困境。为了提高竞争力和走出困境，只有对乡镇企业从根本上进行改革。"新浪财经：《乡镇企业的前世今生》，http://finance.sina.com.cn/g/20070424/13483534098. shtml，2007 年 4 月 24 日。

② 《中共中央、国务院关于转发农业部〈关于我国乡镇企业情况和今后改革与发展意见的报告〉的通知》提出了乡镇企业民营化改革的三条原则："一是政企职责分开，政府从直接管理生产经营转向宏观规划、指导、管理、监督、协调、服务，使企业真正成为自主经营、自负盈亏、自我约束、自我发展的市场主体。二是优化企业内部的经营机制和激励机制，使所有者、经营者、劳动者能够充分发挥积极性，主动为企业的发展多做贡献。三是确保企业集体资产保值增值，不得流失。"

③ 央视国际：《乡镇企业的"前世今生"》，http://www.cctv.com/program/cbn/20070424/102108_ 3.shtml，2007 年 4 月 24 日。

仍以苏南地区为例,20 世纪 90 年代中期以前,该地区的乡镇企业以政府主导的集体企业为主,1995 年私营个体企业就业人数和增加值仅占全部乡镇企业的 11.02％和 4.01％。而占比较大的集体企业则面临大面积的亏损和高负债,以江阴市(县级市)为例,当时全市 30 家大型集体企业中 70％破产,促使政府下决心进行所有制改革。随着中央对私营经济的政策逐步放开,江苏省也把发展私营个体企业作为加快区域经济发展的重要举措,各地方政府简化审批程序鼓励个体私营进入市场,同时帮助集体企业完成所有制的改革。一大批后来的行业龙头企业诸如红豆集团、模塑集团、澄星集团等都是在这一时期完成了所有制改革。到 2001 年底,苏南地区乡镇企业所有制构成中,私营个体企业占全部企业数的 92.65％,年末人数占 64.91％,增加值占 54.39％。据不完全统计,江苏省现有企业八成以上都脱胎自乡镇企业。

3. "抓大放小"的国企改革(1998—2000 年)

在改革开放以前,国家对国有企业是计划统一下达,资金统贷统还,物资统一调配,产品统收统销,就业统包统揽,盈亏都由国家负责,国有企业没有经营自主权,长期处于低效率的运行状态。1993 年十四届三中全会后,中央提出建立社会主义市场经济体制,我国开始由计划经济向社会主义市场经济转型。与此同时,传统国有经济也开始经历脱胎换骨的阵痛,面对来自外资企业和乡镇企业的竞争,国有企业生存困难,到 1997 年甚至出现了国有企业三分之一亏损、三分之一盈利、三分之一保持平衡的局面。1997 年亚洲金融危机,这对原本已十分困难的国企,更是雪上加霜,亏损问题更加突出。

在这样的背景下,1998 年 3 月 19 日新任国务院总理朱镕基提出,"用三年左右的时间使大多数国有大中型亏损企业摆脱困境进而建立现代企业制度","国企三年脱困"由此开始。在这一时期,"抓大放小"成为国企改革的基本原则,即一方面集中力量抓好一批国有大型企业和企业集团,另一方面放开放活国有中小企业。其主要方式为通过债转股、技改贴息、政策性关闭破产等一系列政策措施,减轻企业负担,推动企业技术进步和产业升级,促进国有企业的优胜劣汰。

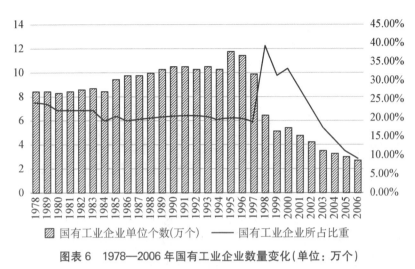

图表6 1978—2006年国有工业企业数量变化（单位：万个）

来源：《中国统计55年》和《中国统计年鉴》2006、2007年

1998年至2002年，国企改革在三方面实现了突破：通过国有中小企业改革，上百万家国有、集体中小企业改制退出公有制序列；通过国有大中型困难企业的政策性关闭破产，5 000多家扭亏无望的困难企业退出市场；通过再就业中心和基本保障线政策，托管、安置了近3 000万下岗职工，建立了国企职工可以流动的机制。

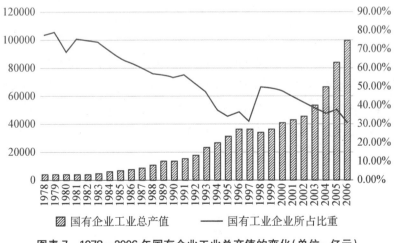

图表7 1978—2006年国有企业工业总产值的变化（单位：亿元）

来源：《中国统计55年》和《中国统计年鉴》2006、2007年

4. 各级政府积极招商引资(1992—2012 年)

1978 年到 1992 年是我国招商引资的探索起步阶段。这一时期以吸收外商直接投资(尤其是港澳台投资)为主,投资规模较小,且主要集中在几个经济特区和沿海开放的港口城市,地方政府普遍对招商引资工作持怀疑态度。

1992 年到 2002 年是我国招商引资的快速推进阶段。在这一阶段,地方政府逐步取代中央成为各地招商引资的主力军。伴随着“财政包干制”和“分税制”的改革,地方政府经济管理的权限和财政压力都有所加大,在政治和经济双重利益的激励下,招商引资成为各级地方政府的主要工作之一:不少地方政府把招商引资当作“一把手工程”来抓[①],组织政府官员参加招商引资讨论会和学习班,并定期将招商引资的成绩登报公布,甚至把招商引资金额和干部收入及其升迁直接挂钩;各地也相继设立各类经济园区,出台各种优惠政策,并成立了招商局、投资促进中心、经济发展局等机构专门负责招商引资的政策制定和组织实施工作。

在这一时期,各类经济园区成为招商引资的主要载体,投资规模也大幅上升。从 1984 年中央批准建立第一个经济园区开始,到 2002 年,中国已经有大约 5 000 个经济园区,包括开发区、高新区、出口加工区、保税港区、物流产业园区和高等教育园区等,这些园区利用各种优惠政策,在不同的领域引领着地区的招商引资活动。以苏州工业园区为例,到 2002 年该园区共引进外资企业 105 家,外商直接投资总额 161 亿美元,园区生产总值 252 亿人民币。2002 年我国实际使用外商直接投资 527 亿美元,是 1991 年的 12 倍。

---

① 武汉晚报:《招商引资密诀是什么？13 个区委书记、区长讲招商故事》,http://hb. people. com. cn/n2/2017/0217/c194063-29727829. html,2017 年 2 月 17 日;中国铁岭网:《借力招商引资,构筑开放格局》,http://www. tlqh. gov. cn/tlqhq/xwzx59/tlxw/480400/index. html,2018 年 6 月 14 日;伊宁市新闻网:《我市招商引资结硕果》,http://www. sohu. com/a/257487807_183787,2018 年 10 月 2 日。

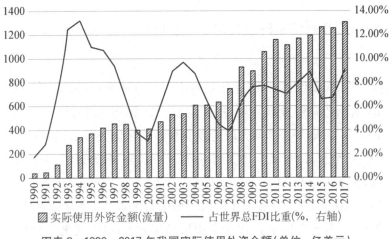

图表 8　1990—2017 年我国实际使用外资金额（单位：亿美元）

来源：CEIC 数据库（中国数据），UNCTAD 数据库（世界数据）

2003 年开始，我国招商引资工作进入了优化调整阶段。前一阶段的工作中，地方政府为吸引企业和项目落户本地，争相以更多的税收返还和更低的土地价格吸引投资者，出现了恶性竞争行为，造成了重复投资、产能过剩、环境污染和资源浪费等问题，针对这些问题，2003 年国务院发布了《国务院办公厅关于清理整顿各类开发区加强建设用地管理的通知》，开始对地方设立的各类经济园区进行清理整顿，把经济园区数量压缩到 2065 个，总规划面积减少到 1.4 万平方公里，引导地方政府在有限的土地供给下更加注重招商引资项目的质量和效益。

时至今日，招商引资依然是各级地方政府的重要工作之一，但与先前粗放型的招商引资不同，今天的地方政府在招商引资更关注项目的"亩均投资""亩均 GDP""亩均税收"，看重引资项目的质量和效益。同时招商引资也从吸收外资为主到同时吸收内外资，从吸收第二产业投资为主到同时吸收第三和第一产业，招商引资的载体也不只局限于各类经济园区，并产生了产业链招商、以商招商、PPP 等招商引资新模式。

5. "放管服"改善营商环境(2013年至今)

党的十八大报告提出要"深化行政审批制度改革,继续简政放权,推动政府职能向创造良好发展环境、提供优质公共服务、维护社会公平正义转变"。2013年以来,中央和地方政府以转变政府职能为核心,推进"放管服"改革(即简政放权、放管结合、优化服务),采取了多项措施建设服务型政府,改善营商环境。

以对标国际先进、打造一流营商环境为目的,2013年来我国先后在上海、广东、海南等省市设立了12个自由贸易试验区,赋予其更大的改革自主权,试点改革创新,带动营商环境优化。在上海,自贸区实施市场监管领域优化营商环境的"二十条"措施,聚焦企业痛点难点;在广东,自贸区率先发布"市场违法经营行为提示清单"等多张清单,事前为企业明示禁区;在四川,自贸区创新推出了"首证通"审批改革试点,让企业从起跑线上就跑出"自贸区速度";在辽宁,自贸区推行行政服务"单一窗口",涉及企业的246项行政服务事项均可在一个窗口完成。

"放管服"改革推行五年来成效显著:大幅削减行政审批事项,国务院部门累计取消和下放行政审批事项618项,彻底清除了非行政许可审批;大幅减税降费,由点到面推行"营改增",取消、停征、减免1100多项中央和省级政府行政事业性收费,累计减轻市场主体负担超过3万亿元;催生了大量新的市场主体,五年来各类市场主体数量增加近80%,目前已经超过1亿户,其中企业3100多万户,很多个体工商户也在朝着企业化方向发展。[①] 大幅改善营商环境,根据世界银行发布的《2019年营商环境报告》,中国大陆营商便利度在全球190个经济体中的排名从2018年的第78位跃升至第46位。

通过"放管服"改革,政府把大量不该管的事交给市场或社会,工作重点和行政资源从以审批发证为主转向创新宏观调控、加强事中事后监管和提

---

① 中国政府网:《李克强在全国深化"放管服"改革转变政府职能电视电话会议上的讲话》,http://www.gov.cn/xinwen/2018-07/12/content_5305966.htm,2018年7月12日。

供公共服务,与此同时,地方政府的激励和行为也发生了变化。李克强总理在 2018 年 1 月 3 日国务院会议上曾这样描述:"这几年我到一些地方考察,一个最显著的变化是,许多地方负责人不再急于'要项目',而是更多希望中央'给政策',帮助他们破除制度障碍,优化营商环境。中央各部门也不再像从前仅仅盯着几个项目,而是更多围绕体制机制做文章,优化营商环境。"不少地方政府开始把"GDP 竞赛"改为了"营商环境竞赛",北京和上海就对照世界银行的评价指标一项项找差距,并出台各项举措改善营商环境。

三、新企业创立和发展的经济学总结

基于前述企业进入与发展的基本事实与历程,我们在经济学层面总结出以下两条结论:第一,改革开放过程中,政府培养、帮助企业的激励对于企业进入与发展而言极为重要;第二,由于地方政府存在一定程度的盲目性、局限性,在帮助企业进入与发展的过程中会产生一些非理性决策。因而,需要相应的约束制度,规范地方政府帮助企业进入和发展的行为。在改革开放四十年后的今天,政府应以进一步放开市场门槛和不断改善营商环境为抓手,不断促进新企业的创立和发展。

1. 政府帮助企业进入和发展的激励极为重要

政府培养、帮助企业的激励直接影响着政府在企业进入和发展过程中的行为方式以及所产生的效果。总结改革开放四十年的企业进入与发展历程,我们认为政治激励和经济激励是理解地方政府促进企业进入与发展的两个重要维度。其中,政治激励与官员晋升直接挂钩,经济激励与税收直接挂钩,而两者均对企业的进入与发展有重要影响。

(1) 政治激励使地方政府主动帮助企业进入和发展

政府帮助企业进入和发展的政治激励源于地方政府官员持续不断的晋升动力。晋升带来的权力扩大以及个人成就感的提升,往往使其竭力保住位置,甚至争取一切可能的机会,实现不断晋升。因此,地方政府官员往往以晋升考核指标为行动指南,探索如何在考核中脱颖而出,获得竞争优势。而我国在改革开放以来的很长时间里,地方官员晋升的一个关键因素在于政绩,即地方 GDP 增长。因此,主动帮助企业进入和发展就成为地方政府的一项重要选择。

第一,政治锦标赛是促使地方政府帮助企业的重要原因。

20 世纪 80 年代初以来,我国地方官员的选拔和晋升标准由过去的纯政治指标转变为经济绩效指标,比较突出地体现在地方 GDP 增长上,而地方官员晋升的一个关键因素是政绩,因此导致地方官员对 GDP 的追求。地方官员基于政绩的考虑,以各种可测的指标评价作为标准,从基层开始一级一级地在竞争中寻求突破,实现向上晋升。与此同时,根据周黎安教授所建立的地方官员政治晋升博弈模型,地方官员依赖于对地方经济尤其是国有企业的影响力,通过恶性的经济竞争达到政治竞争的目的。[①] 因此,为了在政治锦标赛中获得优势,地方政府竭力帮助新企业进入与发展。

美国则有很大的不同,美国地方政府帮助企业进入和发展最重要的原因在于为了让百姓满意,从而获得选票。如为了挽留本地体育俱乐部,大量补贴新建棒球场、橄榄球场、篮球馆、冰球馆。另外,着力解决当地就业问题。2017 年 9 月,亚马逊宣布计划在北美地区寻找一个城市建立自己的第二总部,预计投入 50 亿美元,同时提供超过 5 万个就业机会。消息一出,众多北美城市纷纷投标,希望能招徕亚马逊,其中不乏波士顿、华盛顿、亚特兰大、达拉斯和丹佛等知名城市。这些城市为了最终获胜,给出各种优惠政策。如美国新泽西州州长就曾表示,如果亚马逊选择了该洲的城市建设第

---

① 周黎安:《晋升博弈中政府官员的激励与合作——兼论我国地方保护主义和重复建设问题长期存在的原因》,《经济研究》,2004 年第 6 期,第 33—40 页。

二总部,未来 10 年里可享受 50 亿美元的税收优惠。[①]

第二,政府在城市整体经济规划布局和调整中发挥宏观调控作用。

在特定的背景下,政府通过宏观调控,对城市整体经济规划做出相应的布局和调整,使城市摆脱困境,重塑发展活力。从某种程度上说,此举是地方政府获得政治锦标赛中竞争优势的来源之一,因而成为重要的政治激励。同时,政府以城市整体经济发展规划为抓手,为企业发展创造新的动力。相比于企业,政府能够从更宏观的角度统筹城市经济的发展方向,为企业的发展提供指引和航标。在帮助企业发展的同时,进一步增加了政治锦标赛中的竞争优势。江苏省企业改制中,地方政府在资金、用地等方面给予企业大量的帮助就是一个例证。

政府在城市整体经济规划布局和调整中所发挥的宏观调控作用在东北地区得到明显表现。其中,最具代表性的事件当属第一部分中提到的铁西区的东搬西迁。铁西的复兴得到了中央的高度肯定,胡锦涛总书记在视察铁西时,激励铁西人民战胜困难,走出一条中国式的老工业基地振兴道路。2007 年 6 月 9 日,国家发改委、国务院振兴东北办授予沈阳市"铁西老工业基地调整改造暨装备制造业发展示范区"称号。对于铁西而言,意味着国家对过去 5 年老工业基地调整改造和装备制造业发展成果的肯定,同时也意味着一个新时代的开始。[②] 从某种程度上说,中央的肯定能够成为地方政府的重要政治激励,推动其进一步为企业的进入和发展提供帮助。

(2) 经济激励促进政府与企业互利共赢

地方政府帮助企业进入和发展的经济激励与税收直接挂钩。一方面,税收的多寡关系着地方政府能否获得自主支配的资源,实现各项政策的顺利推进;另一方面,当一个地区经济发展状况良好,给地方带来较多税收的时候,政府官员的收入可能与税收挂钩,这一机制对政府的行为往往产生很强的经济激励作用,这也是地方政府竭力帮助企业进入和发展的重要原因

---

① 百家号:《2017 亚马逊要建第二总部,美国这些城市为招徕它,几乎快疯掉了!》,https://baijiahao.baidu.com/s? id=1581421217844812515&wfr=spider&for=pc,2017 年 10 月 17 日。
② 和讯新闻网:《沈阳铁西复兴》,http://news.hexun.com/2009-07-14/119593001.html,2009 年 7 月 14 日。

之一。钱颖一教授提到,80年代实行中央向地方放权和财政包干制对地方政府的行为和它们所管辖的地方经济产生了影响。财政包干制在加剧地方保护主义,导致中央财政收入下降的同时,给予地方政府很高的边际财政留成率。也有实证研究发现,在财政包干制期间,地方政府的边际财政留成率越高,其财政激励就越高,进而表现出更愿意帮助和支持本地有活力的企业。这与90年代的俄国有很大不同,俄国地方财税收入与本地的经济发展几乎不挂钩,地方政府没有经济激励发展本地区经济,相应地也就没有激励帮助企业进入和发展。①

此外,就税收收入和来源结构而言,整个间接税收入(包括间接税特征明显的其他税种)在全部税收收入中占比超过70%,来自企业所得税、个人所得税等直接税收入占比仅为26.2%;2013年,在全部税收收入中,由国有企业、集体企业、股份合作企业、股份公司、私营企业等企业所缴纳的税收收入占比达90%。总体而言,中国现行税制格局中,70%以上的税收收入来源于间接税,90%以上的税收收入来源于企业。② 其中,企业缴纳的流转税是地方政府与企业之间的牢固纽带。与中国不同的是,美国等西方国家更多依赖个人所得税。以美国为例,从联邦政府财政收入构成来看,个人所得税的贡献份额一直很高,在大多数年份,美国个人所得税占联邦财政收入比重都高于45%。即便在全美财政总收入中,个人所得税贡献率也高达30%,名列各类税收榜首。而我国个人所得税在中央和地方财政收入中所占比重很低,几乎可以忽略不计。③ 可以说,美国等西方国家更依赖个人税,而我国更依赖企业税。因此,税收所带来的经济激励推动地方政府主动帮助企业进入和发展。

当然,税收目标的实现并不是政府或者企业单方面努力的结果,而是源于政府基于自身战略规划,为企业进入和发展提供优质的环境,关注企业发

---

① 豆瓣网:《钱颖一:理解现代经济学》,https://www.douban.com/note/369127038/,2014年7月10日。

② 海外网:《中国税收结构的改革方向未来去向何方》,http://tax.rednet.cn/c/2017/06/16/4325716.htm,2017年6月16日。

③ 搜狐网:《中美税制结构及税负比较》,http://www.sohu.com/a/124772907_126158,2017年1月20日。

展动态,与企业实现互利共赢,互惠互利。

第一,政府官员收入与税收挂钩是重要的经济激励。

当政府官员收入与来自企业的税收直接挂钩的时候,政府就有足够的激励帮助企业进入与发展。以开发区为例,在改革开放后很长一段时间里,由于开发区经济效益好,发展快,因此政府抽调专门的人到开发区,创新性地设立了专门的行政架构——管委会,并将管委会人员的收入与引进企业所带来的税收直接挂钩。正是这样一种模式,驱动着政府通过各种方式为企业的进入创造优质的环境,提供各种优惠条件,一切都以帮助企业进入和发展为目的。甚至为一些大企业提供一对一服务,帮助其解决包括报税困难、检验检疫困难、用工困难等在内的各种问题。尤其是电子信息化产业,由于产业本身的特点,能为政府带来较高的税收收入,而管委会人员有限,因此收入就会相应增加,进而产生较强的企业服务驱动力。

第二,政府竭力帮助企业进入和发展,与企业互惠互利。

地方政府帮助企业进入和发展的经济激励很大程度上来自于税收,而税收的多寡往往与企业发展状况直接相关。当企业发展状况较好时,能为地方政府带来更多税收,使其获得更多自主支配的资源,从而保证各项工作的顺利开展。因此,地方政府在经济激励的驱动下,大力鼓励企业发展,竭力引导上下游产业协同发展,与企业互利共赢、互惠互利。

华晨宝马在沈阳的落户和发展是政府引导上下游产业协同发展,政企互惠互利的典范。沈阳政府大力引进宝马,在很大程度上带动了当地经济的发展。首先,在地方政府的财政税收方面,华晨宝马极大地拉动了沈阳地区的财政税收,仅华晨宝马一家企业就为沈阳市总共600多亿税收贡献了其中的近200亿。与此同时,华晨宝马落户沈阳还带动了上下游相关企业的协同发展,进一步促进财政税收的提高。

地方政府在大力引导上下游产业协同发展的同时,往往提供一定的优惠政策,如税收优惠、行政审批便利(如靖江市的优惠奖励政策,江阴"审批店小二")以及为企业人力资本建设提供学习和培训机会等,竭力为企业创造优质的发展环境。一方面,因势利导、顺势而为,帮助企业进入和发展;另一方面,帮助通过企业更好地发展,为自己各项政策的顺利推进争取到更多的资金支持。

新企业的创立和进入是地区发展的重要动力。无论是以美国为代表的发达国家,还是仍然处在兴起阶段的发展中国家,通过给予适当的优惠政策和有效引导来吸引有发展潜力的企业落户,都是政府发展地方经济的重要手段。

政府对于企业的帮助和引导不仅在于吸引企业进入的阶段,在企业的后续发展过程中,尤其是企业发展的关键转折点,政府同样要给予相应的关注。应该说,模塑科技、亚星锚链、东北制药、澄星集团的发展都离不开地方政府的关注与支持。此外,"像吉利这样的企业,如果我们不加以大力扶持,那我们还去扶持谁呢?"时任浙江省委书记的习近平总书记的这句话同样直接体现了政府对企业发展的关注。政府如此关注吉利汽车的发展,一方面在于汽车工业回报率高,规模效应大,能够带动当地经济的快速增长。另一方面,此举体现了浙江省委省政府对民营企业的政策倾斜,为企业的发展提供了坚强的后盾。

在经济激励的推动下,政府往往竭力为企业提供帮助,时刻关注企业的发展动向。这其中,除了前面提到的政策优惠、引导上下游产业协同发展等以外,不乏一些具有创新性的模式。如河南省按照"政府引导、社会参与、专业管理、市场运作"的原则,创新性地采取"直接变间接、无偿变有偿、资金变基金"的方式。在这样一种模式下,扶强带弱、扶点带面,增强了企业发展的内生动力,提升了企业效益和产业层次,进而为地方政府带来税收收入,成为帮助企业的经济激励。

以互利互惠的共赢目标为出发点,美国政府有同样的做法。威斯康辛州与 iPhone 制造商富士康科技集团签署协议。一方面,威斯康辛州政府在未来的 15 年内为富士康集团提供高达 30 亿美元的收入和销售税收减免;另一方面,富士康集团有希望为威斯康辛州带来 13 000 个高薪工作岗位以及100 亿美元的投资资本。

2. 政府帮助企业进入和发展需要一定的约束制度

改革开放四十年来,我国各级政府采取多种手段帮助企业进入和发展。

从总体上看,政府帮助企业进入对于经济增长有着直接的拉动作用,通过政府"看得见的手"极大地促进了中国经济的飞速发展。然而,由于各方面的原因,地方政府存在一定程度的盲目性和局限性,在帮助企业进入和发展的过程中往往产生一系列问题。因此,需要相应的约束制度,规范地方政府帮助企业进入和发展的行为。

具体而言,地方政府决策的过程中,由于各个地方只在乎所辖区域的发展,同时容易以当前宏观层面的经济热点和政策导向为重要判断依据,对于其他同级别地区是否会选择相同的行业和发展规划考虑较少。又由于与周边的省市进行比较,地方政府也经常存在羊群效应,同样去追寻眼下回报比较可观的一些项目,或是眼下有政策支持的一些行业。再加上前文所提及的腐败问题,地方政府有时会存在权力寻租的问题,做出一些对自己有利的决策。在这些因素的共同作用下,地方政府往往出现重复投资或无效投资,导致产能过剩等问题。同时,地方政府在政治激励或经济激励的推动下,往往通过"政策洼地",打造竞争优势,吸引新企业进入,导致不同地区地方政府之间出现恶性竞争的问题。

鉴于此,一方面,需要建立统一完善的市场体系,通过市场的力量对产品、资金等进行合理配置和管理,用有效的市场力量对地方政府的行为进行约束,有效规避恶性竞争、过度投资等问题。另一方面,需要通过中央宏观调控有效应对地方政府"过度热心"所带来的副作用。由于中央政府相比地方政府具有一些天然优势,能够凭借更多的信息统筹全局,因此,来自中央政府的宏观调控是十分必要的。如20世纪90年代末,针对纺织行业大面积亏损和产能严重过剩的局面,朱镕基总理启动了国有企业中关于纺织行业"压锭"去产能,到2000年实现全行业扭亏为盈,为实现纺织工业的产业升级和振兴奠定了基础。此外,需要采取一定的措施有效应对当前的腐败和"变相腐败"问题。当前,地方政府除了在制定规划战略、分配行政资源和选择企业给予各方面支持过程中存在的一定程度的腐败和权力寻租问题以外,还出现了为官不为、懒政怠政问题。随着贯彻中央"八项规定"力度的加强和反腐倡廉建设的深度发展,各级政府的实际工作中出现了"不想作为、不敢作为"的现象。这样一种变相的腐败,同样对地方的发展带来了负面影响。因此,需要采取相应措施,有效应对地方政府的腐败和变相腐败问题。

当然,法制约束对于规范地方政府帮助企业进入和发展的行为而言同样是必不可少的。需要建立完善的法律制度,理顺政府和市场的关系,防止政府在宏观调控中越位、缺位和错位等行为,有效地解决异地司法和执行问题,促进经济的健康发展。

四、深化改革的方向

十九大报告中,提到企业一词多达11次,在多个章节中都对与企业发展有关的问题进行了深刻阐述,并提出"继续深化商事制度改革,促进营商环境持续改善,支持民营企业发展,激发各类市场主体活力"等要求。前面提到,企业的创立和发展是改革开放以来我国经济能够迅速发展的直接动力,而在新时代背景下,如何保持这一效应,或者说使其得以更充分、有效地发挥,是政府和企业都需要关注的问题。

第一,进一步调动地方政府发展经济的积极性,深化财税体制改革,推进落实降税减负政策,适度提高地方政府税收比例,赋予地方政府合理的财权事权,激励地方政府促进本地经济发展。政府需要进一步减轻企业税收负担,降低企业生产经营成本,让企业有更多"获得感",从而出现政府与企业合作共赢的良性互动关系;同时,提高地方政府在税收份额中的比例,改善中央和地方政府之间的财政关系,为地方政府的发展提供更大的激励。第二,放开市场准入门槛,加强事后监管。政府从政策角度为企业进入创造有利的市场环境,尤其对一些特定行业应降低准入门槛;同时,采取有效的监管约束措施,让企业在宽松却又不乏约束的环境中成长。第三,持续改善营商环境,营造公平开放市场,强化统一司法,保证跨区域司法裁决的公平与有效执行。政府需要营造简洁透明的营商环境,提供开放公平的市场,减少不必要的行政审批,保障司法裁决的公平有效执行,从而激发企业的创造力和活力,为经济注入新的发展动力。

具体而言,政府应放开市场准入门槛,尤其对一些特定行业应降低准入门槛。当然,放开准入门槛并不意味着任其发展,而是需要投入更多精力进行相应监管。正如李克强总理在 2017 年夏季达沃斯论坛中提到的那样,在推动大众创业、万众创新过程当中,作为政府,要砍掉自己既得的利益,降低市场准入的门槛,同时要用更多的精力来进行事中事后监管,使这个市场的竞争是公平的,是不允许假冒伪劣、坑蒙拐骗、侵犯知识产权发生的。这对政府转变职能是一个重大的考验。① 在减税降费方面,中国企业部门承担的广义税负占 GDP 的比重达到 30%,占宏观总税负的 90% 左右,而且中国的绝大部分非税政府收入是由企业部门承担的。② 除了税收负担之外,企业还承担了诸如社保缴纳在内的费用压力。在新时代背景下,改善市场环境其中很重要的一方面就在于良好税费环境的营造,即需要进一步减轻企业税收负担,而减少收缴的税费可以通过更多地划拨央企利润来弥补,如此能够降低企业生产经营成本。此外,在中央和地方政府财政关系之间存在着一定的收支不平衡,中央与地方收入比重为 45∶55,而支出比重则为 15∶85③。在收入方面,全国收入超过 1 万亿的税种包括国内增值税、企业所得税、进口货物增值税、个人所得税和国内消费税。其中,进口货物增值税和国内消费税全归中央,企业所得税 64% 归中央,个人所得税 60% 归中央,国内增值税 50% 归中央。因此,在保持现有中央和地方财力格局总体稳定的基础上,需要进一步理顺中央和地方收入划分,按照事权划分相应的支出责任,提高地方政府在增值税等税种中的占比,用激励来调动地方政府发展的积极性,促进地方经济持续发展。

---

① 中国新闻网:《这 5 年,外国企业家最爱问李克强总理这些问题》,http://www.chinanews.com/gn/2017/06-28/8263865.shtml,2017 年 6 月 28 日。

② 金陵财经:《中国企业税负到底有多高,竟超过其它新兴经济》,http://www.sohu.com/a/127616650_496464,2017 年 3 月 1 日。

③ 数据来源:CEIC 数据库——中国经济数据库。

第二部分

房地产市场培育和快速的土地转换

1998年第九届全国人大宣布深化城镇住房制度改革,住房建设成为中国经济新的增长点,福利分房政策开始向商品房政策转化。房改序幕的拉开,开启了中国二十年的房地产市场发展史。

二十年来,中国从无到有地培育出了房地产市场,并取得了重大的成绩。2016年,中国房地产市值据估算已经达到280万亿人民币,超过了美国房地产市值规模。此外,房地产市场的发展从根本上改善了居民的居住环境:中国城市人均住房面积从改革开放初期的6.7平方米上升至2017年的36.9平方米。与此同时,房地产市场的发展也产生了大量问题,房价上涨过快过高,住房资源分配不均,房地产市场的经济功能与民生属性之间失去平衡,等等。

房地产市场并非一个孤立的市场,其与土地和城市化等均有密切的联系,一个致力于经济发展的政府应该在土地使用方式转换过程中发挥积极作用。在中国改革开放四十年来土地转化和房地产市场发展过程中,我们认为可以总结出以下三条经验。

第一,土地转换是经济发展过程中的一个至关重要的因素,而现代经济学重视程度严重不够。绝大多数经济活动的展开都离不开土地,尤其对于广大尚未完成工业化的发展中国家而言,如何快速地将土地从农业用地置换成非农业用地,对于工业化和城市化进程有着重要影响。现代经济学假设土地转换过程通过科斯谈判自发完成,然而现实中,科斯谈判的交易成本往往非常高昂,因此土地转换的过程一旦自发进行,将会高昂且缓慢。

第二,一个致力于经济发展的政府应当有激励降低土地转换过程中的交易成本。在中国,地方政府而非单个开发商本身跟土地的原使用者展开科斯谈判,极大地降低了土地转换过程中的交易成本。改革开放以来,中国城市建设用地面积扩展迅速,2016年城市建设用地面积是1981年的8倍,大量土地由农业用地转化为非农用地。此外,快速的土地转化对于企业的快速进入也有促进作用,同时也有利于基础设施建设的展开。需要注意的是,土地作为经济发展的要素是普适性的,与土地所有制无关,即使在美国、德国和日本等土地大量私有的国家,以城市规划和空间规划为主要形式的土地使用方式管理也非常普遍。美国联邦和州政府更是掌握了一定比例的国有土地以开展基础设施建设。

第三,房地产市场的发展必须受到政府的调控。中国房地产市场的快速发展也造成了一系列相关问题,如房价的快速上涨。目前中国的房价收入比已经高居世界第二,甚至超过了发达国家的水平。此外,如何在政府代理的谈判中保障农业用地所有者的权益也是一个值得关注的问题。虽然地方政府参与谈判的土地转换进展迅速,但是可能牺牲了农民的利益。最后,由于地方政府有激励将更多的土地供应给工业发展,在当前自上而下的土地使用方式规划机制下,住宅用地供给不足成为推高房价,尤其是大城市房价的重要原因。

基于中国改革开放四十年来房地产市场取得的成绩和面临的问题,我们对房地产市场的发展有以下两点建议。

首先,房地产调控不能简单依赖行政手段,限购限售,要从土地供给的角度入手,解决供需不匹配的问题。如上文阐述的,中国地方政府在过去四十年,有更多的激励优先满足工业发展的土地需求;未来应当给地方政府提供更与时俱进的激励,使得地方政府更能平衡工业和住宅的用地需求。可以鼓励政府在高房价地区以土地入股参与商业住宅运营,长期持有物业,以获取长期资本回报,从而改变地方政府通过卖地获得一次性收入的现状,增加住房供给的同时为政府提供长期可持续的财政来源。

其次,中国应当进一步协调好房地产市场和政府的关系,协调好房地产市场的促进经济发展功能和民生功能,学习国际上的先进经验。我们认为,德国严格管制的房地产市场和新加坡的公共住宅与私有组屋的双轨制是中国未来可以借鉴的方向。

一、房地产市场的基本事实

1. 中国通过土地转换从无到有培育出了房地产市场

改革开放以来,中国通过快速的土地转换,将大量农业用地转换成建设用地,城市化和工业发展进程迅速,40 年后的今天,已经形成了世界上最大的制造业规模。随着 1998 年房改释放了中国房地产市场的增长动力,中国更是从无到有培育出了房地产市场。据统计,2017 年中国房地产总市值约为 280 万亿人民币(约 39 万亿美元),同期美国房地产总市值为 31.8 万亿美元,中国房地产总市值已超过 GDP 总量的 300%。在房价方面,中国大城市的均价高于美国大城市,以 2016 年 7 月的房价数据为例,深圳(7 768 美元/平米)、北京(6 836 美元/平米)、上海(6 446 美元/平米)位列中美城市房价排名中前三位,旧金山(4 888 美元/平米)、洛杉矶(4 023 美元/平米)位列第四、第五位[①]。

[①] Aaron Terrazas:"Viewed from Beijing, Even Silicon Valley Housing Looks Affordable",https://www. zillow. com/research/china-united-states-housing-costs-14795/,Apr. 12,2017.

	美国 Zillow①	英国 Savills②	ACCEPT③
中国		2016 39.4 万亿	2017 36.5—39 万亿
美国	2017 31.8 万亿	2016 34.1 万亿	

图表 1　房地产市值估算　（单位：美元）

数据来源：机构预测和 ACCEPT 计算

过去 20 年，房地产业迅速发展成为支柱产业，1998—2017 年期间，中国房地产市场生产总值从 1998 年的 3 434.50 亿，持续增加到 2017 年的 53 850.7 亿，增长约 14.6 倍，平均年增幅为 15.6％，由此可见中国房地产市场一直处于高速发展状态。与此同时，房地产对于 GDP 的占比从 1998 年的 4.03％稳步增长到 2017 年的 6.51％，可见房地产对于国民经济的带动作用④。此外，除考虑房地产业本身外，还应考虑其上游（水泥、玻璃、钢铁等）以及下游（家电、装饰等）对于经济的拉动效应。

2. 房地产市场的发展从根本上改善了居民住房条件

改革开放之前，中国执行计划经济背景下的公有住房实物分配制度，居民住房由单位统一分配。这一制度虽然能够满足居民的基本住房需求，但是住房建设投资不足，导致居民居住面积小，人们的住房需求长期被压制。改革开放以来，中国政府高度重视居民的住房问题，持续开展住房制度改

① Zillow Research，"Total Value of All U. S. Homes：$ 31. 8 Trillion. How Big Is That?"，https：//www. zillow. com/research/total-value-homes-31-8-trillion-17763/，Dec. 28,2017.

② Paul Tostevin，"The 10 most valuable real estate markets in the world"，https：//www. savills. com/blog/article/219340/international-property/the-10-most-valuable-real-estate-markets-in-the-world. aspx.

③ 根据国家统计局公布，2016 年全国人均住房面积 40.8 平米，城镇人均住房面积 36.6 平米，农村人均住房面积 45.8 平米。2016 年，我国城镇常住人口 8 亿 1 347 万人，农村常住人口 5 亿 7 661 万。城市：2016 年住宅商品房平均销售价格 7 203.00(元/平方米)，据此估算为 215 万亿元。农村：2016 年农村农户竣工住宅造价 866.69(元/平方米)，据此估算为 26 万亿元—30 万亿之间。城市加上农村，再加上 2017 年与 2016 年相比，房价一定增幅。全国总市值在 36.5 万亿—39 万亿美元之间。

④ 数据来源：国家统计局，http：//data. stats. gov. cn/easyquery. htm? cn=C01。

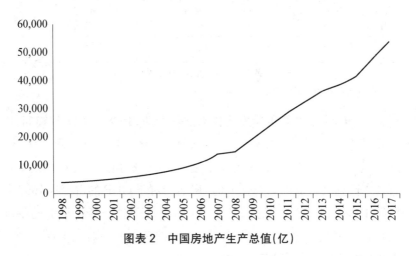

图表 2 中国房地产生产总值(亿)

数据来源:wind 数据库

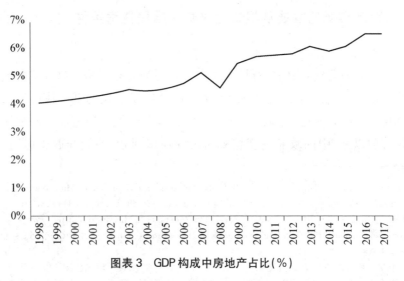

图表 3 GDP 构成中房地产占比(%)

数据来源:wind 数据库

革。在改革进程中,最重要的转折点是 1998 年的"住房分配货币化"改革。自此之后,中国取消福利分房制度,房地产市场正式建立。在政府的引领和市场的推动之下,我国房地产业迅猛发展,住房供给飞速增加。

下图展示了中国人均住宅面积的历史变化。1978 年,中国城镇人均住宅面积仅有 6.7 平方米,农村人均住宅面积也仅为 8.1 平方米。改革开放四十年来,随着房地产市场的不断发展,中国人均住宅面积逐年提升。2017 年,城镇居民人均住宅面积已达到 36.9 平方米,农村人均住宅面积达到 46.7 平方米。根据关柯在《现代住宅经济》中提供的数据,20 世纪 90 年代以来,美国人均住房面积为 61.3 平方米,英国为 36.6 平方米,德国为 35.5 平方米,日本为 31 平方米[①]。由于上述国家城市化完成较早,房地产市场发展业已进入成熟阶段,从国际比较中可见,我国居民住房条件已经实现了巨大的改善,和发达国家的差距日益缩小乃至消除。

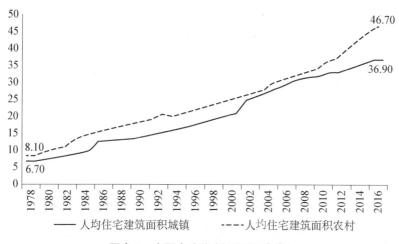

图表 4　中国人均住宅面积(平方米)

数据来源:国家统计局

房地产市场建立后,商品房住宅的销售也呈现高速增长的趋势。根据国家统计局发布的数据,2016 年我国住宅商品房销售额已达到 99 064.17 亿元,较 2001 年的 4 021.15 亿元增长了近 24 倍;2016 年住宅商品房销售面积高达 13.75 亿平方米,较 2001 年的 1.99 亿平方米增长近 6 倍。

---

① 关柯:《现代住宅经济》,中国建筑工业出版社,2002 年。

改革开放以来,房地产业的快速发展还推动了我国的城市化进程。改革开放初期,我国城镇化率仅有 18%。截至 2016 年,城镇化率已提升至 57%,距离世界发达国家的差距约为 20%(美国 82%,英国 83%,德国 77%)。在人口流动、城市崛起的过程中也涌现出许多新的经济增长点,为改革开放以来的经济发展作出了重要贡献。

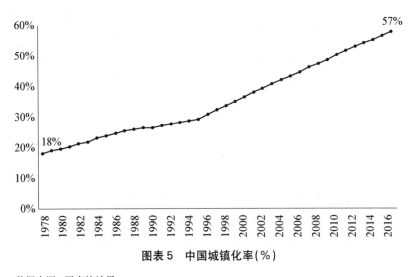

图表5　中国城镇化率(%)

数据来源:国家统计局

3. 中国房地产市场存在房价高和住房资源分配不均等问题

尽管房地产市场的发展提高了居民的住房条件,但在市场运行过程中也产生了房价高、住房资源分配不均等问题。2013 年以来,中国房地产价格持续上涨,引起了社会各界的广泛关注。根据国家统计局发布的住宅销售价格指数同比变动情况来看,2016、2017 等年份房价上涨尤为明显。2016 年 5 月—2017 年 2 月,新建住宅销售价格指数同比增长连续处于 20% 以上,二手住宅销售价格指数同比增长连续处于 30% 以上。

考察房地产市场的发展历程中住宅商品房平均销售价格的年度增速数

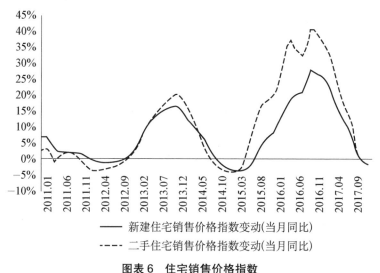

图表 6　住宅销售价格指数

数据来源：国家统计局

据可以看出，房价猛涨的现象并非近期才有，而是多次出现。2004 年住宅平均价格增长 19％，2009 年增长 25％，2016 年增长 11％，均超过了城镇居民人均可支配收入的增速。房价上涨导致房地产市场出现资源错配，随着房价一路飙升，真正需要买房的年轻人无法支付起高昂的房价，只能租房或者到其他城市谋生；而另一方面高房价刺激了资本投机，催生了诸多炒房乱象，偏离了"房子是用来住的"的定位。

图表 7　住宅销售价格与人均可支配收入增速比较

数据来源：国家统计局

目前,我国多个城市已经出现了房价严重高于收入水平,居民难以承受购房负担的问题。根据中国房地产报发布的《2017 年全国 35 个重点城市房价收入比报告》,我国 35 个重点城市的房价收入比全部高于国际上较多采用的 3—6 的合理区间(35 城中房价收入比最低为长沙,数值为 6.67)。其中,排在前 5 位的深圳、三亚、上海、北京、厦门的房价收入比均高于 20,深圳更是以 39.64 的房价收入比位列榜单之首。根据 NUMBEO 全球数据库发布的 2018 年各国房价收入比排名,中国大陆 2018 年上半年的住房收入比高达27.17,中国香港更是高达 46.89,总体上说中国的房价收入比已经高居世界第二。和其他发达国家相比,日本房价收入比为 11.66,法国为 11.51,英国为 8.89,德国为 8.48,美国仅为 3.44,均远低于中国的水平。在我国的主要城市中,北京房价收入比为 44.34,上海为 44,深圳为 39.86,广州为 23.10,分别位居世界第 3、4、5、11 位,再加上排在第二位的中国香港(房价收入比46.89),可以说中国城市几乎包揽了榜首。和发达国家相比,伦敦一直是国际知名的高房价城市,但房价收入比为 20.58,远低于北京、上海和深圳。在其他国际大都市中,纽约的房价收入比为 11.93,东京的房价收入比为12.97,巴黎的房价收入比为 18.51,柏林的房价收入比为 10.38。相较之下,北京、上海、深圳的房价收入比已经数倍于其他国际大都市,可见以现有的收入水平来说,这些城市的居民购房压力过大。

在应对房价上涨的问题上,政府虽然出台了限购、限贷等许多调控措施,但效果仍然不甚显著。例如,2018 年上半年,为了稳定房价,多地陆续实施"摇号买房"政策,强制压低新售楼盘价格。但是,由于二手房价格由市场交易决定,不直接受到限制,目前多地出现新房比二手房便宜的价格倒挂现象。这种价差的存在使得房地产市场存在套利空间,无数投机者趋之若鹜,而真正有住房需求的人其需求却无法得到满足。

总的来讲,中国的房地产市场发展取得了瞩目的成就,但也存在不少问题,政府、企业和学术界仍需要认真总结,仔细探索,寻求房地产市场更好的发展路径。

二、中国土地制度和房地产市场 发展历程

1. 中国土地制度演变史

改革开放以来,中国土地制度经历了几次转变。1982年宪法第一次正式提出"城市的土地属于国家所有",为后来有政府调控下的房地产市场发展奠定了基础。

1987年起,由于改革开放的需要,土地制度开始向以协议为主的土地有偿出让制度转变。改革开放之后外资和民营企业对于土地使用的需求催生了土地有偿使用制度,1987年深圳市率先实行国有土地有偿使用制度,开了土地有偿使用的先河,1988年4月我国宪法增加了"土地使用权可以依照法律的规定转让"条款,土地所有权和使用权分离,土地使用权可以进行转让,从法律上确立土地的有偿使用制度;1988年12月《土地管理法》规定通过征收土地使用费、开展土地使用权有偿出让等形式将市场机制引入到土地供

应机制。

这一时期国家相关法律制度对土地产权的界定推动了土地有偿出让制度的形成。1990 年，国务院通过了《城镇国有土地使用权出让和转让暂行条例》，明确规定对国有土地的使用权可采取"协议、招标和拍卖"等市场交易方式进行出让，在此基础上确立的市场出让制度开始对土地资源的利用和配置效率发挥作用。这一历史时期的主要工作是界定和明晰土地产权，主要是通过土地使用权和所有权分离，界定土地使用权的价值和功能来实现的。如：1992 年《划拨土地使用权管理暂行办法》对传统的行政审批用地进行新的规范；1994 年《中华人民共和国城市房地产管理法》，对城市土地使用权的取得方式、房地产转让抵押时土地使用权随之转变等作出了详细的规定；1995 年通过的《中华人民共和国担保法》允许把国有土地使用权作为抵押物。这一时期土地供给制度不健全，存在较大的制度漏洞，因此造成了 20 世纪 90 年代初房地产圈地热，社会中普遍存在多头供地、低价出让、圈占土地、资源浪费、寻租猖獗、炒卖之风盛行等现象。

1999 年开始至今，随着房改的推进，中国也进一步确立了地方政府主导的土地供给制度和招拍挂出让制度。2001 年 4 月国务院发布的《关于加强国有土地资产管理的通知》规定，土地市场要建立六项基本制度：市场建设用地统一供应制度、建设用地总量控制制度、土地使用权入市交易制度、基准地价更新和公布制度、土地登记公开查询制度和集体决策内部会审制度。在中央政府的推动下，至 2003 年底，全国城市土地收购储备机构达 1 300 余家[1]，大部分城市都已成立土地储备机构，建立了土地公开市场。

2. 中国房地产市场发展历程

回顾中国房地产发展的 38 年，房地产从初期到成为支柱产业再到成为长效机制调控的对象，历经多个发展阶段，每一历史时期对于房地产均有不同的定位与发展思路，在这个过程中逐步形成以货币、信贷、税费以及土地

---

① 郎聪：《土地储备评价研究》，同济大学博士学位论文，2007 年。

等调控政策为主的调控工具。中国房地产市场在摸索中不断发展,形成了 8 个发展阶段。

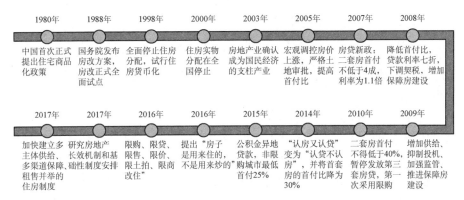

图表 8　中国房地产发展关键节点

数据来源:中国自然资源部

改革开放前。这一阶段住房严重缺乏。在城市,采用福利化分房与低租金公房制度解决住房问题,国家以及单位负责房屋的投资、建设、分配、管理与维修,住房是通过单位自上而下的分配而获取,住房属于典型的福利品;在农村,1962 年通过《农村人民公社工作条例修正草案》,确立一宅两制、公地私房的农村宅基地产权模式,确认宅基地为公社集体所有,社员不得进行买卖,社员可在宅基地上建设房屋并出租和变卖,在这一时期,基本形成了农村宅基地的集体所有权、农户无偿获得使用权的制度。

1980—1998 年:房地产初始阶段。1980 年首次正式提出住宅商品化,并推动了中国的房改与土改,中国房地产开启了第一轮发展。1988 年,成立海南省,大批青年人赴海南创立房地产企业,其中包括万科、绿地、万通等一批知名房地产企业。1991 年,国务院在全国 24 个省份进行房改,大大激活了房地产市场。虽然此后,为防止房地产泡沫破裂,一批政策出台遏制了房地产的发展,但这一阶段仍然为住房商品化打下了基础。

1998—2002 年:房改带来发展。1998 年受亚洲金融危机影响,国务院发布《关于进一步深化城镇住房制度改革加快住房建设的通知》以拉动内需,开始建立城镇住房商品化制度,人民可以购买具有产权的房子①,促使住宅业成为新的经济增长点,为住房制度改革奠定了坚实的基础。此后,银行信贷、土地管理等配套政策相继出台。出台住房信贷政策,购买者只需支付首付即可购房,并全面推行住房公积金制度。在土地方面,建立经营性土地的招标、拍卖和挂牌方式的转让制度。在这一阶段,房地产投资对 GDP 实现了 1.2% 拉动效应,房价涨幅低于 5%,实现了房地产市场稳定增长的目的。

2002—2007 年:房地产成为支柱产业。2003 年 8 月,国务院发布《关于促进房地产市场持续健康发展的通知》,第一次提出"房地产业已经成为国民经济的支柱产业",2003 年全国房地产开发投资增速超过 30%,房地产市场开始呈现过热的趋势,相关政策出台以促进房地产市场持续健康发展,包括从严土地管理与控制房地产开发,对高档商品房与别墅提高首付比例。但由于抑制了供应端,导致了房价上涨。随着城镇化比例的提高,人民对于房子的需求进一步释放。2005 年 3 月,国务院发文强调稳定住房价格的重要性。2005 年是我国房地产市场的首个宏观调控之年,在住房供应上,要求90 平米以内的住房需要占到总开发面积的 70%,在金融政策上开始提高首付比例,在土地政策上严格土地审批。这一阶段虽然政策密集调控,但是房价一直保持上涨的趋势。

2008—2009 年:重启房地产刺激政策。2008 年受国际金融危机的影响,为稳定经济发展,开始刺激房地产消费,国务院发布《关于促进房地产市场健康发展的若干意见》,再次把房地产作为重要的支柱产业,积极支持房地产市场的发展。从信贷角度,中国人民银行发布《关于扩大商业性个人住房贷款利率下浮幅度等有关问题的通知》,提高自住型和改善型住房的信贷支持,降低首付比,并且提供贷款利率的折扣,使货币政策处于宽松状态。与此同时,在税收上给予优惠,财政部发布《关于调整房地产交易环节税收政策的通知》,减免营业税,契税下调至 1%。这一阶段刺激政策效果明显,房价保持快速上涨势头。

---

① 我国房屋制度规定土地和房屋具有不同的所有权。房屋所有权是永久的,没有期限限制,而土地所有权根据用地性质不同期限也不同,住宅类为 70 年,工业、科教文卫等为 50 年,旅游商业等为40 年,住宅类产权期满后可自动续期。

2010—2013年：抑制房价过快上涨。2009年年底，国务院出台"国四条"，要求综合利用土地、金融、税收等手段抑制房价过快上涨，2010年4月，国务院出台《关于坚决遏制部分城市房价过快上涨的通知》，史上第一次采取了限购的政策，并提高首付比例至30%，营业税免征期从2年恢复到5年。这一阶段，房价整体上得到了抑制。

2014—2016年9月：去库存再度刺激。在"去库存"以及实现经济增速换挡的背景下，房地产再度成为激活经济增长的重要引擎。2014年9月，央行、银监会公布《关于进一步做好住房金融服务工作的通知》，调整房贷政策，二套房认定从"认房又认贷"变为"认贷不认房"，并将首套房的首付比降为30%，贷款利率变成七折。2015年12月的中央经济工作会议上提出要化解房地产库存。这一阶段房地产市场迎来了暴涨。

2016年9月至今：建立房地产长效机制。由于房价暴涨，2016年7月政治局强调"抑制资产价格泡沫"，2016年9月30日至10月6日，各地区房地产政策密集出台，北京、天津、深圳等16个城市先后发布房地产调控政策。2016年12月中央经济工作会议首次提出"房子是用来住的，不是用来炒的"。2017年2月总书记首次提出"研究房地产长效机制和基础性制度安排"，标志着中国房地产从短期调控向长效机制和住房制度的转变。2017年十九大报告中强调"加快建立多主体供给、多渠道保障、租售并举的住房制度"。在"限购、限贷、限售、限价、限土拍、限商改住"等一系列政策推行下，房地产市场过热得到抑制，其中"限售"是本轮调控的创新政策。"租售并举"作为住房制度的核心内容被提出，共有产权房作为创新的制度已在北京、上海等一线城市开始试点。这一阶段政府开始探索住房制度的建立，关注长效机制，对于中国房地产调控具有突出的意义，对于其他国家的房地产的发展具有借鉴意义。

三、中国房地产市场发展的经验
教训及经济学总结

1. 土地转换对经济发展至关重要,但是现代经济学忽视了这一点

在工业革命早期和古典经济学时代,经济学家对土地和地租问题进行了较为深入的探讨,如大卫·李嘉图的级差地租理论。但是随着主要发达国家完成工业化和城市化、形成成熟经济体后,在当前主流经济学教材中较少探讨土地对经济的影响。当前的基本假设是,只要界定好土地的私有产权,根据科斯定理,资源会自发配置达到最优。但是在现实中,科斯谈判的成本往往十分高昂,如果完全放任市场自发地进行土地转换谈判,这一进程将昂贵且缓慢。土地不仅与经济活动的地理分布密切关联,更涉及城市化等社会经济发展进程;而政府作为经济活动地理分布的规划者,通过引导土地使用方式的转换来引导土地资源配置至关重要。

首先,农业用地和非农用地的转化影响城市化进程。一旦农用地无法

顺利转化成建设用地,城市化和工业化的进程都将受到阻碍。其次,城市建设用地的具体使用方式会严重影响一个地区的经济活动,土地在工业用地和商住用地之间的转化直接影响当地经济发展轨迹。最后,大量的公共建设和基础设施的建设和分布,包括公共交通系统,都和土地资源的配置息息相关。

我们以印度和巴西为例子说明自由放任的土地政策对经济发展的不良影响。印度在殖民时期确立了封建土地私有制,独立后始终未能就这一体制进行彻底改革。大量土地集中在地主手中,对印度的工业发展和城市化进程都形成了较大的阻碍。从城镇化率的角度来看,1978 年印度和中国的城镇化率均低于 30%,印度还领先中国接近五个百分点;但是到 2017 年,印度城镇化率仍然只有 33%,跟中国有很大差距。从产业结构的角度来看,中国第一产业对 GDP 的占比已经下降到 8%,并且开始了二三产业的转型升级过程,而印度对农业还有较大的依赖度,且工业占比仍然低于 30%。

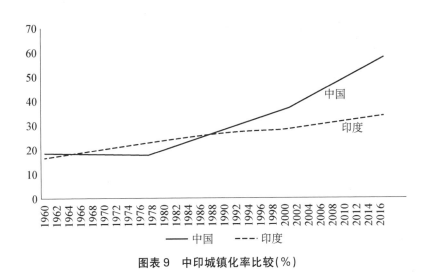

图表 9　中印城镇化率比较(%)

数据来源: WDI

巴西和印度的发展状况有所区别,但也是政府放任土地资源自行配制对经济产生的不利影响的另一种状态。巴西的土地制度是在拉丁美洲殖民时期的大庄园制基础上演变而来的。19 世纪末巴西开始现代化进程,但是

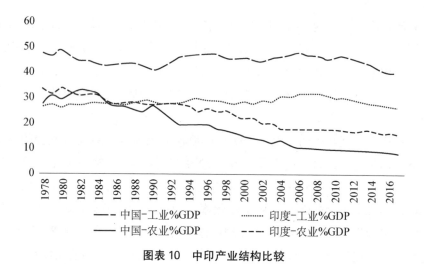

图表 10　中印产业结构比较

数据来源：WDI

土地集中程度不但没有降低反而有所提高。到 20 世纪 50 年代①，巴西仍然有 78% 的农民没有土地；而大庄园的平均经营面积能达到 2000 平方公里。2003 年，面积超过 2 000 公顷的庄园占农户总数的 0.8%，但他们的土地占全部土地的 31.6%②。在土地高度集中于庄园主所有的土地制度下，巴西的城市化出现了非正常发展。由于大量失地农民涌入城市，巴西在 80 年代业已完成城市化，2005 年城市化率更是上升至 84.2%。但是正规房产市场容量有限，涌入城市的贫困农村劳动力也没有买房能力，供给和需求两端的制约导致巴西的城市化进程缓慢，贫民窟不断增长，遍及巴西所有大中城市。据 2000 年的人口普查，巴西有贫民窟 3 905 个，比 1991 年增加 717 个。里约热内卢市城区人口 585 万人，其中有 150 多万人住在不同规模的 513 个贫民窟里③。20 世纪 70 年代中期，巴西制造业就业人口占总就业人口的

---

① 韩俊、崔传义、赵阳：《巴西城市化过程中贫民窟问题及对我国的启示》，《中国发展观察》，2005 年第 06 期，第 4—6 页。
② 李瑞林、王春艳：《巴西城市化的问题及其对中国的启示——兼与中国城市化相比较》，《延边大学学报（社会科学版）》，2006 年第 02 期，第 58—62 页。
③ 韩俊、崔传义、赵阳：《巴西城市化过程中贫民窟问题及对我国的启示》。

20%,而城市人口却占总人口的 61%,工业化与城镇化严重脱节[1]。

其次,土地作为经济发展的重要要素,其使用方式的转化对地区经济发展有着全方位的影响,包括企业进入、产业转型升级等。如果政府能够合理地引导土地资源配置,将能极大地促进企业进入和地区产业转型升级进程。

相较于许多国家自下而上的城市规划,中国政府通过自上而下的规划,主导了城市建设用地在不同使用方式之间的分配,保证了工业发展能够得到所需要的土地供给,并通过不同土地使用方式之间的转换,促进了企业进入和经济的转型升级。

我们在沈阳市调研过程中所了解的铁西区"东搬西建"的案例就很好地说明了这一点。2002 年,铁西区国企改革面临困境,1 100 多家国有企业资产负债率达 90%以上,30 万产业工人半数濒临失业。在这样的背景下,铁西区政府提出"东搬西建"方案,通过合理的土地开发利用,成功重新盘活了老工业区。铁西区政府通过将城市中心企业所在的工业用地置换成商业用地,将土地资源配置给更有需求的一方,与此同时,利用土地差价的收入来开展老城区城市环境建设,又在西部开发区为迁出企业重新设厂。截至 2005 年,铁西区已经基本渡过国企改革的难关:土地置换的 140亿收入中,50 亿解决了国企的历史遗留问题,55 亿用于支持西迁的企业新建发展,35 亿用于老城市中心的改造,30 亿内债得以偿还,15 万职工得以安置。2002 年国企改革的困境部分说明,此时铁西区的土地资源已经存在错配:一方面老城区已经无法为工业企业提供工业进一步发展所需的要素,企业发展面临困顿;另一方面多年建设聚集了大量人口和需求的老城区对商业开发投资者具有极大的吸引力,但是受限于当前规划而难以进入。铁西区政府对土地使用方式的大胆置换,顺应了资源合理分配的需求,成功偿付了国有企业的改革成本,同时完成了老城区的产业转型和新开发区的建设。

---

[1] 曾宪明:《工业化、城市化中的土地问题——以巴西为例》,《生产力研究》,2001 年第 1 期,第 4—6页。

2. 政府可以在土地使用方式的转换过程中发挥积极的作用

中国房地产市场 20 年的发展经验表明,无论土地所有制如何,一个致力于经济发展的政府都可以对土地资源的配置施以一定程度的管控和影响,无论以直接还是间接的方式,不可放任自流。

首先,地方政府应当有激励协助降低土地转换的交易成本。在中国,由地方政府直接参与跟农业用地使用者的谈判,而非由开发商和农户直接展开一对一交涉。这极大地加速了土地从农业用地向非农用地的转换。首先,政府的协调谈判能力远远大于单个开发商,同时能够跟片区内土地使用者以集体的形式展开谈判,提高了片区内土地完整地转换使用方式的可行性。其次,政府谈判的灵活性比个体开发商强,在现金补偿之外,还能通过资源的综合使用,提供多种非现金补偿手段,如解决就业等,极大地降低了谈判成本。

此外,中国政府通过统筹这一农地向非农地转化的过程,密切跟踪耕地面积的保有量。中国政府高度关注耕地面积变化,严格执行十八亿亩耕地红线,为国家的粮食安全提供了较大的保障。

改革开放以来,中国城市建设用地面积快速上升,1998 年房改和房地产市场启动更是促进了城市化进程。1981 年,全国城市建设用地面积仅 6 720 平方公里,2016 年这一面积已经达到 52 761.3 平方公里。

其次,经济发展要求政府有一定自上而下的整体规划,包括区域规划和城市规划,无论土地所有制如何。除了中国政府在土地资源配置方面扮演着重要角色,世界上许多经济体政府都曾经直接或者间接引导了土地资源的配置。

在中国,有国土资源部门和城市规划部门对土地使用方式的分配进行整体统筹规划。在美国和欧洲,尽管土地产权私有,政府仍然有相关部门对土地使用方式进行管理。美国在各个层级的政府中都有发展规划的部门[①],其中联邦政府进行全国性的发展规划与调整,而城市或者县一级的地方政

---

① 石坚、徐利群:《对美国城市规划体系的探讨:以圣地亚哥县为例》,《国外城市规划》,2004 年第 4 期,第 49—50 页。

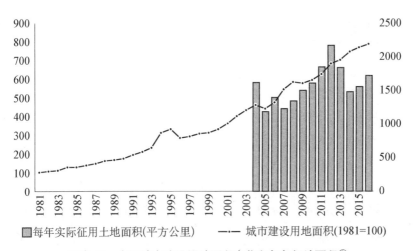

图表 11　中国城市建设用地面积变化和每年征地面积①

数据来源：国家统计局

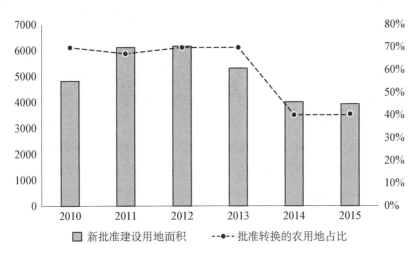

图表 12　批准转换的农业用地在每年新批准建设用地中占比

数据来源：中国国土资源公告

府则直接参与具体城市规划。地方的城市规划部门出具有效期限 20 年的
《城市总体规划及发展指导纲要》，以说明居住、商业和工业用地的目标及位

---

① 按：每年批准征用土地面积和实际征用土地面积有较大差异，当年批准指标可待来年实际征用。

置。在这个基础上,各个社区的规划部门在指导纲要的基础上,具体确定各个分区的详细建设目标,包括土地利用、交通和公共服务设施等。此外,美国的城市规划委员会对某一区域内的房屋楼层、容积率乃至外观进行要求。特朗普在纽约筹建特朗普大厦时①,为了在一片较矮建筑群中建设容积率21.6的高楼,与当地的城市规划委员会进行了长期的谈判和沟通,诉诸媒体多方运作等,才最终通过了委员会的投票,在筹建芝加哥特朗普国际大厦时更曾因公共交通问题与当地城市规划委员会展开了拉锯战,可见美国对土地使用方式管理之严格。在德国②,城市发展参议部以法律形式发布城市建设规划,规定所有开发项目的可能性用途。该建设规划的管理范围包括具体某个居民区是否被允许建设部分办公或工业建筑,以及划归公共设施和道路的用地范围内不可建造其他任何建筑③。

二战后,在美国的引导和当地政府的配合下,日本、韩国和中国台湾地区都曾展开过降低农业用地集中度和垄断性的有偿土地改革。此外,19世纪以前,美国由于对城市发展和土地利用缺乏规划,出现了拥挤和卫生条件低劣等一系列问题;1916年纽约州通过"区划条例",至1926年美国各州都有了自己的区划法规,对土地使用方式进行规划和引导④。

除了区域经济发展和城镇化,政府直接或间接引导土地资源配置还有助于重要公共设施和基础设施的建设。在中国,由于城市土地为国家所有,政府比较容易开展道路交通等基础设施建设。在美国,在土地私有制的基础上,联邦政府和州政府各自拥有一部分土地所有权,以便开展重要的基础设施建设。以圣地亚哥为例,联邦政府所有的土地占比27.7%,州政府所有的土地占比27.1%⑤。此外,美国的《重要空间法》也保证了政府在涉及国防、水利和交通等公共设施问题上可以合理地有偿征用土地⑥。

---

① 唐纳德·特朗普、托尼·施瓦茨:《特朗普自传:从商人到参选总统》,尹瑞珉译,中国青年出版社,2016年,第112—113页。
② 王甜、姜瑶、隋承泉:《德国城市规划与建设》,《城市发展研究》,2009年第6期,第134—135、147页。
③ 王晓川:《德国城市规划公众参与制度陈述及案例》,《北京规划建设》,2005年第6期。
④ 孙施文:《美国的城市规划体系》,《城市规划》,1999年第7期,第44—47页。
⑤ 石坚、徐利群:《对美国城市规划体系的探讨:以圣地亚哥县为例》。
⑥ 鲍东海:《美国如何防止滥用拆迁特权》,《中国房地信息》,2004年第2期,第58页。

3. 地方政府应当有激励去解决市场化的房地产市场带来的社会问题

中国房地产市场经过 20 年发展,极大地改善了居民的居住条件,并形成了中国最大的资产市场。虽然政府对土地资源的引导很好地促进了经济的发展,但是对房地产市场的合理调控仍然有待进一步完善,中国房地产市场也因此面临许多问题。

首先是房地产市场的供需失衡和房价的过快上涨。由于中国政府有激励通过引导土地资源配置来促进经济发展,此外,吸引投资带来的长期税收收入远优于一次性出让土地带来的财政收入(考虑到拆迁补偿等问题,政府实际上能够通过土地出让得到的收益有限),中国政府在决定土地的使用方式时,倾向于增加工业用地的比重。在以追求经济增长速度为导向的地方土地出让制度下,工商业用地在城市建设用地中所占比重高居不下,居住用地供给严重不足。这虽然极大地促进了中国经济的快速发展,却是以大量土地消耗和住房用地高价格出让为代价。从增量上看,每年新增供应的土地中,住宅用地所占比例不到 30%,一线城市的住宅用地新增供给更是常年居于 20% 以下。从存量上看,2010 年初,中国国际金融公司曾发布了一份中国建设用地供给潜力的分析报告。[①] 按照这份报告列出的数据,日本城市用地中,76% 是居住用地。纽约居住用地占建设用地比重为 42.2%,首尔为 62.5%,伦敦为 46.7%。而在我国的城市中,这个指标仅为 30%。居住用地供应不足是城市房价高速上涨且居高不下的重要原因之一。

另一方面,虽然房地产市场整体取得了较快的发展,人均住房面积提升迅速,但是住房资源的分配出现了严重的不均衡,房价的持续上涨使中低收入人群的住房无法满足,这一现象在北京等大城市尤其严重。如果不能有效缓和这一矛盾,中国的城市化将面临和巴西相似的考验。

最后,在土地由农业用地向非农用地转换的过程中,由于政府拥有较强

---

① 中金公司:《房地产——土地并不稀缺,中国建设用地供给潜力分析》,2010 年 1 月 12 日。

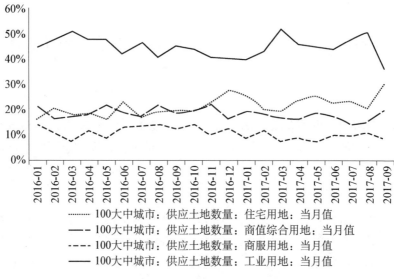

图表 13 新增土地供应比例：按用途

数据来源：国家统计局、wind 数据库

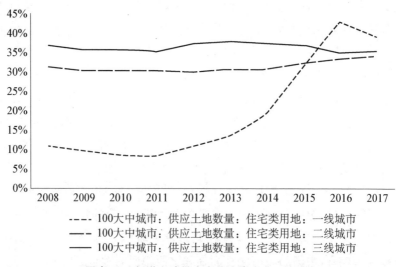

图表 14 新增土地供应中住宅类占比：按城市

数据来源：国家统计局、wind 数据库

的谈判能力,农业用地所有者的利益受到了损害。中国关于拆迁补偿和"钉子户"处理方式的规定虽然一直在不断完善,但是仍然有待进一步明晰。此外,在不同的经济发展阶段,政府对土地使用方式的引导也应当有不同的思路。当前,随着城市化进程已经发展到较高的水平,中国正在对农地征收工作进行改革,部分地区开发商开始和农民直接进行谈判。

中国房地产市场自起步阶段,就同时担任着促进经济发展和改善居民住宅的双重定位。在过去的 20 年中,房地产市场的整体定位更偏向其经济功能,如 1998 年房改其中目的之一就是应对 1998 年亚洲金融危机,而 2008 年全球金融危机之余,中国更是加大了对房地产市场的开发投资力度。面对上述问题,中国房地产市场面临着从经济功能为主向民生功能为主的转化。中国应该向国际上发挥房地产市场民生功能较好的国家和地区学习,做好房地产市场在两大功能之间的平衡和转型。

四、对于房地产市场进一步发展的政策建议

1. 改善政府激励,从单纯追求 GDP 逐步转为民生改善、生态建设、可持续发展

当前,为了稳定房价和应对房地产市场快速发展同时带来的社会问题,政府主要通过行政手段予以调控,如多地陆续实施"摇号买房"政策,强制压低新售楼盘价格。但是行政手段的调控只是暂时性的,难以长期性根本性地解决这一问题。因此,我们建议,要给地方政府提供足够的激励,促使他们增加住宅类土地供给,从而长期地稳定房价。

目前,地方政府的激励仍然以经济发展为主,各地为了追求更高的GDP,通过低价大量提供工业用地,展开招商引资的竞争。为了从根本上改变这一现状,我们认为对地方政府的激励可以逐步调整,从单纯的以经济发展为考核标准,向服务民生、建设生态和可持续发展等多项标准并行。通过

对激励的调整,促进地方政府增加住宅类土地供给,从而根本性长期性地缓和房价上行压力。

2. 向国际经验借鉴,鼓励地方政府从"卖地套现"到"经营长期资产"

十九大报告中提出,房子是用来住的,不是用来炒的。因此,在未来房地产市场的发展中,要更兼顾房地产市场的社会民生属性,采取更全面的调控措施。

我们认为,可以通过适当的激励,创造条件让地方政府长期持有物业。在房价较高的地区,可以鼓励地方政府通过房地产投资基金(REITS)等途径,通过土地入股参与商业住宅运营,从而长期持有住宅和物业。建立相关的渠道,把当前地方政府通过卖地获取一次性收入的操作,调整为通过长期持有和经营物业来获得可持续的财政收入。要对地方政府提供有利于长期发展而非单纯的任期内激励,促使地方政府改变对资产变现的依赖,提升资产长期增值的管理能力,为下一届乃至多届的长期可持续发展做考虑,不透支未来的发展潜力。

通过这样的激励机制改革,既可以促进地方政府增加土地供给,长期性地稳定房价,还能改变地方政府的财政收入结构,将一次性的非稳定的财政收入来源转化为长期性的稳定的财政收入来源。

目前,德国和新加坡的房地产发展模式,可以作为中国未来房地产市场发展的借鉴。

(1) 德国模式:严格管制住房市场

德国住房价格一直比较稳定,近十年来没有出现较大幅度波动。在 20 世纪 90 年代之后欧洲各国走出房地产市场泡沫破裂经历房价新一轮增长之时,德国住房价格却"岿然不动",异常稳定。如下图所示,在 2008 年经济危机之前的七八年时间里,同一时期的英国、法国和美国房价收入之比不断扩大,平均上浮了 30%,而德国房价收入比不仅从数值上看是这四个国家中最低的,而且趋势异常稳定,甚至在不少年份小幅下跌。在经济危机期间,其他三个国家经历了房地产市场泡沫的破裂,房价出现了不同程度的断崖式下滑,与之相反,德国住房市场则是安然稳定地度过了该危机,并为经济危机之后欧洲乃至是世界经济复苏做出了贡献。

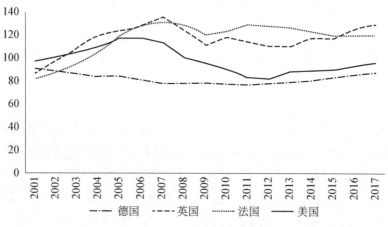

图表 15 德国与其他国家房价收入之比

数据来源:OECD
　　注释:房价收入比计算公式:名义房价/家庭人均名义净收入。1980 年为基准年份,比例=100。

　　再看德国国内,在十多年时间内,除了 2009 年受全球金融危机负面冲击之外,德国经济一直保持平稳增长,国民收入增长,而大部分时间里,德国房价增速却远远低于国内生产总值增速。

　　横向对比来看,尽管德国经济高度发达,2017 年其经济体量约占欧盟二十八国经济总量的五分之一,但德国的房地产价格却远低于欧洲其他国家的水平。2017 年德国、英国、法国三国 GDP 之和约为欧盟经济体的一半,但德国商品房均价为每平方米 5 907 欧元,远远低于英国每平方米 23 932 欧元和法国每平方米 12 796 欧元的均价[①]。从图 15 看来,与欧盟其他国家相比,德国的房价在欧盟国家中处于中低水平。总之,在保持经济稳定增长的同时,德国创造了多年住房市场价格稳定的"奇迹",这在全球来看都实属罕

---

① Global Property Guide. https://www.globalpropertyguide.com.

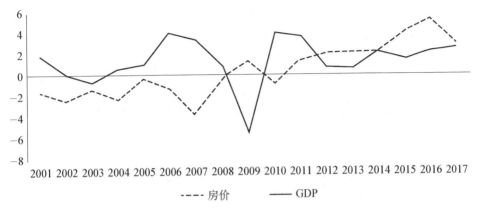

图表 16　德国居民住房价格和 GDP 增速对比

数据来源：欧洲中央银行，IMF，EuroStat

见，其经验值得借鉴。

　　德国房价之所以稳定，一个重要的原因就是拥有完善的租赁市场，实行严格的租赁管制，充分保障租户权益。在德国约有 60％的人口租房居住，剩下 40％的人才拥有自有住房。在柏林、汉堡和法兰克福等大城市和周边地区，租房率更是高达 82％。目前在德国的房屋租赁市场中，约 8％是政府支持下的保障性廉租房；其余 92％都是市场化租赁房。① 德国政府同时对保障性租赁住房和市场化私有租赁市场实行严格的租金管制，即实行房租价格指导制度。各地政府和行业协会按照不同区位、房屋结构、房屋质量编制租金一览表，提出符合各地区市场情况的房租指导价，作为住房出租人和承租人签订合同时的参考标准。政府同时辅之以相应的法律法规来保证指导价的执行。若新合同的租金超过已有同等质量和位置房屋的租金的 20％，即为"房租超高"。房客可根据《经济犯罪法》向法庭起诉，要求房租降到合理范围内，同时房东会受到最高 10 万马克的罚款。若房东所定房租超出指导

――――――――――

① 易娱竹：《租房：大多数德国人的选择――德国完善的住房租赁制度》，《中华建设》，2015 年第 6 期，第 50―53 页。

价的 50％,则视为"房租暴利"行为,最高可判处 3 年有期徒刑。① 住房合同一旦签订后房东不能任意涨价,若 3 年内房租涨幅超过 15％,也被视为"房租超高",房东会受到相应法律处罚。最后房东无权随意终止租房合同,德国住宅租赁合同一般是无限期的,除房客自身没有履行合同规定义务的特殊情况外,房东必须提出合理理由,并提前 9 个月通知房客才能解除合同。

第二,实行严格的住房定价机制,直接保证了住房价格的稳定。德国的房价由独立的地产评估师决定,评估师对于评估结果负有法律责任。这类指导价具有法律效力,所有房地产交易有义务遵照执行,并在合理范围内浮动。根据《经济犯罪法》,若地产商出售房价超过合理价格的 20％就被认为是"超高房价",如果不立即将价格降至合理范围内,出售者将面临最高 5 万欧元的罚款;如果地产商制定房价超过指导价的 50％,则被认为是"房价暴利",出售者除面临巨额罚款以外,还有可能被处以三年以下的有期徒刑。②

第三,着重强化住房社会属性,弱化其金融属性。德国政府在宪法中明确了保障公民的基本居住条件是国家、政府的基本职能,将住房作为满足公民居住需求的消费品,而不是投资品。一方面,政府每年都会提供数量稳定的社会福利住房,以实物补贴方式满足社会低收入群体住房需求,另一方面在全国范围内对居民租房和购房发放货币性住房补贴。房地产市场投机行为也被相应的税收制度严厉限制。德国的房产税主要包括两方面:住房持有税(房产税)和交易税。③ 前者是每年对居民住宅进行征收,联邦政府确定的税率为住房估价的 0.26％—0.60％,各地政府再乘以本地系数,最终税率一般在 0.98％—2.84％之间。首套自住房均适用税率下限;持有多套住房者需缴纳更高房产税。对于交易税,德国的法律规定,对于在 10 年内交易的住房,需支付 3.5％的过户费,1％—5％的评估费,25％的资本利得税和累进税率的个人所得税。持有超过 10 年则无需支付资本利得税。若未满 7 年转

---

① 何芳、滕秀秀:《德国住宅租赁管制与租金体系编制的借鉴与启示》,《价格理论与实践》,2017 年第 3 期,第 95—98 页。

② 叶传杰:《长效调控,我们怎样师法"新德模式"?》,https://www.sohu.com/a/157172867_617246,2017-07-14。

③ 汪建强:《德国房价调控经验及对我国的启示》,《价格理论与实践》,2012 年第 2 期,第 50—51 页。

让房屋综合税率可能高达 50%。德国政府通过税制的设定,大幅度提高了炒房的成本,住房的投机交易受到有效抑制。

第四,除经济政策因素外,德国房价稳定还归功于一定的历史政治缘由。德国在历史上长期处于分裂,直到 19 世纪下半叶才实现统一。长期以来数百个独立的邦国促成了独特的历史条件,不允许德国集中资源发展首都。德国至今使用联邦制,每个州都有独立的经济与文化自主权,资源不会过分集中到首都,形成了均衡发展的城市模式。德国一直没有出现人口千万级的超大规模城市,但拥有法兰克福、慕尼黑等众多小而强的世界一流城市,在一定程度上避免了人口高度积聚带来的高房价的客观压力。但是近些年来,随着国内经济提速,就业市场改善和原有住房供给不足等多种因素,德国的一些主要城市也面临房价快速上涨压力,目前德国正在研究出台税收激励政策,给予普通新房建设税收优惠,增加住房市场供给,给住房市场"降温"。

目前中国房地产市场更多实行"限购"等抑制需求端的措施,措施相对单一,未来我们要加强"供给侧"调控,实现"需求端"和"供给侧"政策均衡配合,在这一点上德国有很多可以为我们借鉴的经验:第一,分散大城市功能,缓解城市人口压力。目前我国高房价问题在一线和准一线城市中尤为突出,这些城市人口集中,交通拥挤,在一定时间内土地供给有限情况下,必然会造成高房价的客观问题。在未来应努力实现大城市功能分区,将人口逐渐引流到一线城市周边卫星城及二三线城市,在缓解大城市人口过度密集压力的同时,也可促进地区和城市均衡发展;第二,在一二线等高房价的城市保证住宅用地供给,土地供给更多向民生倾斜,而不是一味地提供商业、工业用地,要扭转商业、工业用地过剩,而住宅用地短缺的不均衡的土地供给结构;第三,模仿德国实施房价和房租指导价格制度。一方面,可以在供给端将房租和房价控制在市场合理范围内,严厉惩治哄抬房价房租的行为;另一方面,又可引导购买者形成理性合理的房价房租预期。近十年来房价持续增长,也因为其他投资渠道有限,不少居民仍将买房看做为实现财富增长的最主要投资渠道,并存在投机心理,希望在短时间内进行房产买卖交易实现财富迅速增值,这一点不难从前两年二三线城市售楼处连夜排队看房的情况看出。不少投机者期待着二三线城市住房市场会复制北上广深等一线城市房价高涨的历史。因此，引导民众形成对房地产市场的合理的预期着实重要，实行价格指导制度可帮助引导形成"房子是用来住的，不是用来炒的"的合理预计和理性认知；第四，严厉打击投机行为，提高短时间内房产转手交易的资本利得税和闲置住房的持有房产税，并鼓励将闲置住房用于出租，增加和保证租房市场供给。

（2）新加坡模式：实行公共组屋和私有住宅双轨制

新加坡是一个城市国家，国土面积狭小，人口密集，人口密度约为每平方千米 7 300 人，是世界上前三大拥挤的国家之一，但却成功实现了"居者有其屋"，住房自有率为 90.7%，位列世界第二[①]。新加坡政府成功解决住房问题的主要措施为，充分建设和提供廉租房和廉价房——"组屋"，在住房市场形成了公共组屋为主、私人住宅为辅的双轨制。

根据新加坡建屋发展局（Housing and Development Board，HDB）统计，截至 2017 年 3 月，约 82% 的人口住进了政府建造的组屋，其中 79% 的人口购买了组屋，剩余 3% 的低收入家庭向政府廉价租赁组屋。政府对组屋的购买和申请有严格要求，其中，只有新加坡公民可以购买新的组屋，永久居民只能购买二手组屋。除公共组屋外，住房体系剩余的 18% 部分则是由私人住宅构成，主要的购买者是高收入的新加坡公民，新加坡永久居民和外国投资者。

新加坡现有以组屋为主、私有住宅为辅的住房体系不是"一蹴而就"的。新加坡自治后政府住房政策经历了五个阶段，主要趋势是公共组屋从租赁逐渐转向自有，提高居民住房自有率到一定程度稳定后，发展多元住宅市场。

新加坡自治初期，政府于 1960 年颁布《建屋发展法》[②]，设立建屋发展局（HDB），大规模兴建低标准、小户型住房，主要为满足中低收入者住房租赁。随后，为增强民众国家认同感，政策逐步从满足租赁转向鼓励中低收入阶层以分期付款方式购买组屋，逐步提高住房自有率。1964 年，新加坡政府推出

① https://en.wikipedia.org/wiki/List_of_countries_by_home_ownership_rate.
② 中国报告网：《2018—2023 年中国房地产行业市场现状规模分析与投资发展趋势研究报告》。http://market.chinabaogao.com/fangchan/10162a4N2017.html，2017-10-16。

"居者有其屋"计划,鼓励住房自有化;1968年,《中央公积金修改法令》出台,允许住房购买者使用中央公积金来购买公共组屋。20世纪70年代开始,公共组屋供给对象的范围逐步从低收入者扩展到中等收入群体,截至1975年,全国已有47%的人口入住组屋。在中低收入居民的房荒问题基本解决后,政府开始注重提升组屋质量和增加户型种类,并同时向高层化、高密度的方向发展。80年代左右,公共住房市场步入成熟期,组屋供应趋于饱和,每年新建房数量明显下降,组屋转售交易逐步增多。住房自有率在1990年左右达到90%左右,居住在组屋的人口比例达到峰值,约为87%。90年代以来,小户型组屋的保障功能已充分发挥,组屋供应开始以大户型(四五居室)为主;随着民众收入水平的提高和全球化的发展,面向高收入居民、永久居民和外国民众的私人住宅需求不断增长。政府开始对私人住宅市场给予政策支持,推动其逐步发展。居住在组屋的人口比例也开始下降,从1990年的87%下降至2017年的82%。

图表17 新加坡住房自有率

数据来源:TradingEconomics,Singapore Statistics

　　新加坡公共组屋的特点是政府补贴建造,供给充足,价格稳定。新加坡政府是新组屋的唯一出售者,它彻底掌控了组屋价格定价权,新加坡政府对组屋实行保持稳定低幅增长的定价政策。第二,新加坡法律对公共组屋申请制定了非常严格而明晰的规则[①],首先购买新组屋有明确的收入限制,若家庭月收入超过上限就只能申购二手市场交易的组屋。其次,每个家庭只能购买一套组屋,若想购买第二套,只能先卖掉第一套,再从二手市场购买比新组屋价格更高的第二套组屋。再次,组屋申请者的身份也有要求,必须是新加坡公民或新加坡永久居民。第三,政府在建造供应组屋之外,还实行清晰而合理的公共组屋分配体系,并给予购买和租赁补贴政策,旨在提升居民住房自有率。例如,在房租方面,规定租金一般占住户家庭收入的4%到15%,[②]远低于市场化住房价格;在房价方面,政府制定的原则是使90%的家庭能够支付得起三居室组屋,70%的家庭能够支付得起四居室。建屋发展局(HDB)根据不同户型组屋给予对应购买价格优惠,户型越小,折扣度越高:三居室折扣为44%,四居室为33%,以此类推。除此之外,政府还会直接给予一些符合要求的人群,例如首次购房夫妇、单身新加坡公民以及中低收入者购房租房货币补贴金。

新加坡完善成熟的组屋制度,在极低的人均土地占有率的客观限制下,实现了"居者有其屋"和世界领先的高住房自有率,给我们的启示和借鉴意义有以下这些。

第一,建立有效的土地供应机制。新加坡政府实行强制性的土地征用政策,通过立法强行征用私人土地作为建设用地。由于土地资源极度匮乏,新加坡成了世界上为数不多的将住宅、商业和工业用地全部纳入政府征地范围的国家[③]。目前新加坡政府所有土地面积约占全国土地面积的90%左右,因此新加坡政府有足够的能力有效调控土地供应,及时满足组屋建设用地需要[④]。土地市场和房地产市场息息相关,要调控和管理房地产市场,首先要理顺政府和土地市场关系,以健全的土地市场来保障稳定的房地产市场。正如之前所说,政府在土地转换过程中应当发挥积极作用,提高土地转

---

① 张汉东:《新加坡的组屋制度》,《浙江经济》,2018年第1期。

② 李俊夫、李玮、李志刚、薛德升:《新加坡保障性住房政策研究及借鉴》,《国际城市规划》,2012年第4期。

③ 柳岸林:《新加坡集约用地举措及其发展趋势》,《国土资源科技管理》,2005年第4期。

④ 谢宝富:《新加坡组屋政策的成功之道与题外之意——兼谈对中国保障房政策的启示》,《中国行政管理》,2015年第5期。

化效率,从供给端保证住宅用地的供给。

第二,政府直接参与住房市场的供给和管理。新加坡实行市场经济,但在住房建设与分配上并不完全依靠市场力量,占住房市场主体的保障性组屋体系完全由政府主导建立。政府不仅设立了专门的行政管理机构建屋发展局(HDB),进行集中式的规划、建造、分配和管理,还建立了相应的包括公积金制度在内的金融支持体系,并以完善的法律法规保障组屋体系顺利运行。因为政府直接参与,保证了新加坡房地产土地和住房实物的充分供给。新加坡的这一实践可为我国所借鉴。鼓励政府在高房价地区以土地入股参与商业住宅运营,长期持有物业,获取长期资本回报;该模式可改变通过卖地仅获得一次性收入,保障政府长期财源,又可增加住房供给,缓解高房价现状。而在一些楼市库存比较严重的三四线城市,如果判断未来一个城市经济发展前景还不错,地方政府可以由上级政府担保发行债券,用这个钱把房子买下来长期持有,出租给外来务工人员。这样既能够化解楼市库存,又能稳定外来务工人员,待房价回升以后,也能为政府提供较高质量的资产,且在房价过高时,政府可适当变卖存量房,以平抑房价。

第三,完善公积金制度。新加坡的公积金储蓄是政府组屋建设的重要资金支持,也是个人购买组屋的资金保障。新加坡实行全面的中央公积金制度,包括养老、住房、医疗、保险、教育等多种用途,分为普通账户、医疗账户和特别账户,其中普通账户资金可用于购买房屋。其本质是一个强制储蓄计划,受雇员工须缴纳薪水的 20% 到个人账户,雇主则缴纳约 17% 到员工账户①。个人和雇主所缴纳的公积金由中央公积金局统一归集、管理、运营。一方面,中央公积金局除留足会员提款外,会将约 80% 的公积金通过购买政府债券的方式转移给中央政府,政府再以拨款和贷款的形式转移用于建设和补贴公共组屋。另一方面,公积金也是居民购房的重要资金来源。根据1968 年颁布的《中央公积金修改法令》,中央公积金会员可动用公积金存款直接支付组屋部分购房款,之后更是放宽至组屋的全部房款都可用公积金普通户头存款来支付。在特定情况下公积金加上组屋价格优惠,再加上各种购房补贴,新加坡公民甚至可以实现零首付购房,极大提高了居民的购房

---

① 缴纳比率在员工年龄超过 50 岁后会逐渐下降。

能力。[1] 我国可以借鉴这一政策,完善公积金制度提高居民的购房支付能力,引导国内公积金流向保障性住房建设,同时吸引其他保险类等资金进入保障性住房建设,保证公共保障房建设资金充足。

---

[1] 包宗华:《从新加坡和德国的经验看调控房价的重要性》,《中国房地信息》,2005 年第 7 期,第27—28 页。

第三部分

金融深化与金融稳定

金融市场的培育与发展是中国经济四十年改革开放的重要组成部分。在主流的经济增长模型中,资本都是极其重要的变量,金融市场正是配置资金或资本这一要素的市场,中国改革开放成就的取得离不开金融市场的作用。近代以来,在英国、美国、日本、德国等大国经济崛起的过程中,金融的力量都扮演了重要角色。邓小平同志在1991年视察上海时指出:"金融很重要,是现代经济的核心,金融搞好了,一着棋活,全盘皆活。"这一部分,我们将重点总结改革开放四十年金融市场培育与发展方面的成绩、问题,并简要梳理金融体系发展与完善的主要历程,最后进行经济学理论总结与升华,并针对当前形势给出政策建议。

　　本章的主要论点是稳定的、以本币为基础的金融深化对经济增长至关重要,因为它把居民储蓄通过金融体系转化为实体经济投资。但是,金融深化以金融稳定为前提。为了保证金融稳定、避免金融危机,政府需要积极主动化解金融风险。

　　另外,金融深化需要良好的、稳健的结构,不断提升质量,在这一方面,我国还需持续改善。应将债券市场作为中国金融体系深化改革的抓手和突破口,推进地方政府基础设施建设投融资体系的改革,将地方政府基建融资从银行体系"剥离"至债券市场;应大力建设和完善资本市场发展所需要的制度基础,强化证券领域侦查、检察和审判力度,对于违法违规行为给予严厉打击;应推动金融体系逐步有序地开放,精心管理资本流动。

一、金融市场发展的基本事实

1. 成绩 1：改革开放四十年中国没有发生金融危机

首先，我们有必要对"金融危机"这一概念加以界定。学术界往往把金融危机分成货币汇率危机、恶性通胀、债务危机和银行危机等（Claessens & Kose，2013[1]；Reinhart & Rogoff，2009[2]；Eichengreen & Bordo，2002[3]）。具体界定方法包括：量化指标法，例如 Frankel & Rose (1996)[4]定义货币危机为一年内汇率贬值超过 25％且与前一年相比贬值幅度大于 10 个百分点，

[1] Stijn Claessens, M. Ayhan Kose, "Financial Crises: Explanations, Types, and Implications," International Monetary Fund Working Paper No. 13 - 28(2013).

[2] Carmen M. Reinhart, Kenneth S. Rogoff, This Time is Different: Eight Centuries of Financial Folly (Princeton, New Jercy: Princeton University Press, 2009).

[3] Barry Eichengreen, Michael Bordo, "Crises Now and Then: What Lessons From the Last Era of Financial Globalization?" NBER Working Paper No. 8716(2002).

[4] Jeffery A. Frankel, Andrew K. Rose, "Currency Crashes in Emerging Markets: An Empirical Treatment," Journal of International Economics，Vol. 41(3 - 4,1996)，p. 351 - 366.

Reinhart & Rogoff（2009）界定货币危机为一年内汇率贬值超过 15％；重要事件法，例如 2008 年雷曼兄弟的破产常被认为是 2008 年全球金融危机失控的标志。

以此思路分析，改革开放四十年中国没有发生真正意义的金融危机。

在货币汇率方面，从 1980 年到 1994 年，我国实行双重汇率制度，官方汇率和调剂市场汇率并存，该段时间内汇率有过较为剧烈的波动，但事实上主要体现了政府的主观意志和主动调整。1994 年，外汇管理体制发生重大变革，确立了实现人民币完全可兑换的最终目标，官方汇率与外汇调剂价并轨，人民币开始非正式地与美元挂钩，1 美元兑人民币数从 5.8 左右迅速升至 8.7 左右。随后汇率保持基本稳定。2015 年我国进一步完善人民币对美元汇率中间价报价机制（811 汇改），人民币发生贬值，但月度同比贬值率最大仅为 7.5％左右。可以说，改革开放以来，我国没有发生货币汇率危机。

在通胀方面，Reinhart & Rogoff（2009）研究二战后经济体通胀问题时定义恶性通胀为年化通胀超过 40％，而中国虽然有过高通胀时期，但顶峰时期的通胀（月度同比）也低于 30％，且很快得到控制，没有发生通胀危机。

外债危机方面，中国外债总量占 GDP 的比例不高（最高 17％），未发生主权外债违约，也未发生系统性的企业外债违约。国内债务危机方面，虽然近年来中国宏观经济杠杆率（尤其是地方债务和非金融企业债务）走高的问题备受关注，但改革开放四十年来中国较好地处理了债务风险，例如 20 世纪 90 年代初清理企业"三角债"、2000 年左右处置国有商业银行不良资产（主要是企业贷款）、2017 年积极稳妥地化解了累积的地方政府债务风险，没有发生地方政府破产，也没有发生企业和金融机构的系统性破产事件。

银行危机方面，虽然发生过个别银行的风险爆发（例如 1998 年海南发展银行挤兑事件），在 1995—1997 年间也时不时有声音质疑"中国银行业已经技术性破产"（银行不良资产率超过 20％，甚至达到 40％，资本充足率甚至为负），但整体来看，中国政府维持了银行体系的稳定，其典型表现是 2000 年左右帮助国有商业银行成功剥离不良资产，并陆续股改上市。

需要注意的是，对于"股灾"（短时间内股指暴跌）等是否也作为"金融危机"来处理，文献中意见不一。Friedman & Schwartz（1963）[1] 和 Eichengreen & Bordo（2002）等倾向于从经济"实际影响"（real economic effects）而非"名义影响"（nominal effects）的角度来界定金融危机，尤其关注银行危机和货币危机。实际上，Samuelson（1966）曾经讽刺说，华尔街指数预测了过去五次衰退中的九次（Wall Street indexes predicted nine out of the last five recessions）[2]。Schwartz（1987）[3] 认为，单纯的股指下跌、房地产价格下跌等，都只能算作"伪危机"（pseudo crisis）。但是 Aliber & Kindleberger（2017）[4] 等人认为金融危机的范畴应该更广，包含资产价格的暴跌。Reinhart & Rogoff（2009）把 Kindleberger 的理念引入了对金融危机的系统性分析，以 Barro & Ursua（2009）[5] 的方法来定义"股市暴跌"，即经通胀调账后的年度或者连续下跌的几年累积下跌幅度超过 25％。但 Reinhart & Rogoff（2009）对于"单纯股市下跌"（pure stock market crash，例如 2001 年美国 IT 泡沫破裂）的分析依然着墨不多。

以 Barro & Ursua（2009）的定义，中国发生股市暴跌的时段分别是：1993—1995 年（−72.7％）、2001—2005 年（−58.4％）、2008 年（−68.5％）、2010—2011 年（−34.2％）、2018 年（−26.5％）。[6]

正如我们接下来要指出的，我国股市的一大问题在于，对于投资者来说，保值增值功能受限。但股市危机对实际经济活动的传导有限，主要表现在以下两个方面：第一，股票不是居民的主要投资标的，目前股市总市值仅为不到 50 万亿，而居民存款余额约 65 万亿、债券余额超过 50 万亿、理财余

---

[1] Milton Friedman, Anna Schwartz, A Monetary History of the United States (Princeton, New Jercy: Princeton University Press, 1963).

[2] John C. Bluedorn, et al., Do Asset Price Drops Foreshadow Recessions? (2013), p. 4.

[3] Anna J. Schwartz, "Real and Pseudo-financial Crises," in Anna J. Schwartz, Money in Historical Perspective (Chicago, Illinois: University of Chicago Press, 1987), pp. 271 – 288.

[4] Robert Z. Aliber, Charles P. Kindleberger, Manias, Panics, and Crashes: A History of Financial Crises (UK: Palgrave Macmillan, 2015).

[5] Robert J. Barro, José F. Ursúa, "Stock-market crashes and depressions," NBER Working Paper No. w14760(2009).

[6] 值得说明的是，2015 年"股灾"此处之所以未被列入，是因为 Barro & Ursua（2009）等文献强调股市"较长时期的下跌"而非"短期波动"，2015 年股市先经历了一波"暴涨"行情，随后跌落，全年来看还是上涨的。

额超过 30 万亿、房地产总市值约 280 万亿①。第二，股票融资也不是中国企业的主要融资手段，股价对公司投资的影响也有限，例如 Wang，Wu & Yang（2009）②发现，因为股价信息量有限，公司投资并不会受到公司市值波动的显著影响。在这个意义上，我们更倾向于采用 Eichengreen & Bordo（2002）的思路，从经济实际影响的角度来定义金融危机。中国股市的历次"暴跌"均没有导致系统性的企业破产、金融机构倒闭、居民生活水平严重下降等，我们不认为发生了金融危机。

转型经济体经过一定时期的高速发展，往往会发生金融危机。回顾历史，明治维新后的日本经济迅速发展，在第一次世界大战期间通过出口贸易发了"战争财"，但随后就陷入经济低迷，发生"昭和金融恐慌"。韩国自 60 年代开始经济腾飞，但在 1998 年亚洲金融危机中遭受重创，不得不求救于国际货币基金组织。拉美国家在 20 世纪 30 年代至 80 年代，采取进口替代工业化战略，经济获得持续增长，而对外债务也日益增重，导致随后接连发生债务危机，例如 1982 年拉美债务危机、1994 年墨西哥金融危机、1999 年巴西金

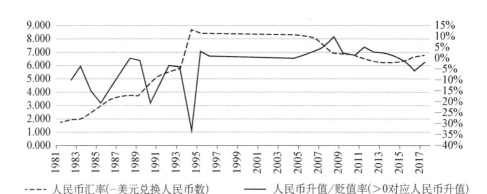

图表1　人民币兑美元汇率波动（月度同比）

数据来源：CEIC 数据库

① 中国的房产总市值根据本书测算为 280 万亿左右（2018 年）。
② Wang Yaping, Wu Liansheng, Yang Yunhong, "Does the Stock Market Affect Firm Investment in China? A price Informativeness Perspective," Journal of Banking & Finance, Vol. 33(1,2009), pp. 53 – 62.

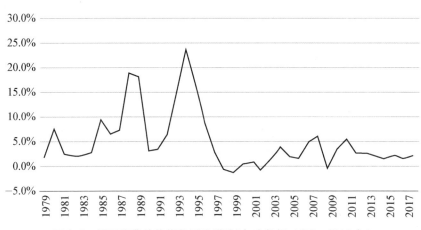

图表 2　居民消费价格指数同比增速(年度数据,1979—2018 年)

数据来源:CEIC 数据库

图表 3　中国外债与 GDP 之比

数据来源:CEIC 数据库

融危机等。即便是美国,在发展早期也频现金融危机,在 1792、1797、1819、1837、1857、1873、1884、1893 年分别爆发金融恐慌(银行破产、经济衰退)。①中国一枝独秀,改革开放四十年来,经济保持增长,没有发生金融危机。

① https:∥en. wikipedia. org/wiki/List_of_banking_crises.

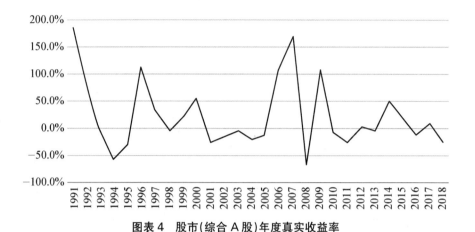

图表 4　股市(综合 A 股)年度真实收益率

注：真实收益率定义为考虑现金红利再投资的综合 A 股回报率(流通市值加权)与通胀(CPI 同比增速)之差。

数据来源：CSMAR 数据库、CEIC 数据库、ACCEPT 测算

　　一方面,中国挡住了世界性和区域性金融危机的冲击。例如,1998 年亚洲金融危机中,中国股市相对日韩等国保持稳定乃至增长态势,人民币汇率保持稳定,GDP 保持高速增长,抵御了危机扩散,也为区域金融稳定和经济恢复做出了巨大贡献。2008 年美国次贷危机演化成全球性金融危机,中国政府积极应对,经济增速维持较高水平,房地产价格下跌较小且复苏较快。

　　另一方面,中国避免了自身金融危机的发生。例如,90 年代末,国有银行不良资产问题集中爆发,中国政府及时干预。在经贸委、央行、财政部等部门的共同发力下,国有银行成功剥离不良资产归入四大资产管理公司处置,从而重新焕发活力,避免了银行危机的爆发。试想,在亚洲金融风暴中,如果中国自身也因为银行坏账问题触发金融危机,亚洲经济将失去至关重要的稳定器,很可能演变为世界性的金融危机乃至动荡①。

――――――――――

① 中国政府的具体措施请见本章第二部分 1(4)部分。

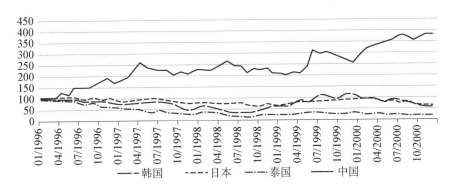

图表5　1998 年亚洲金融危机期间部分经济体股指走势(1996 年 1 月为基数 100)

数据来源：CEIC 数据库

图表6　亚洲金融危机期间部分经济体汇率波动(1996 年 1 月为基数,1 单位本币兑美元数)

数据来源：CEIC 数据库

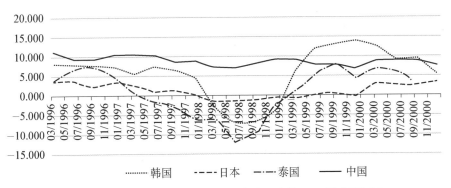

图表7　1998 年亚洲金融危机期间部分经济体 GDP 增速(季度)

数据来源：CEIC 数据库

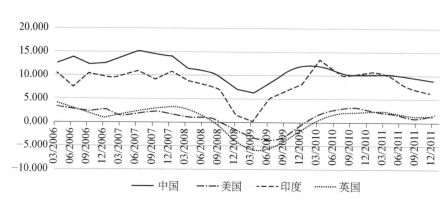

图表8 2008年世界金融危机前后部分经济体GDP增速(季度同比,%)

数据来源:CEIC数据库

图表9 2008年金融危机前后中美房价波动对比(月度同比,%)

数据来源:Zillow,CEIC数据库

图表10 2008年金融危机前后主要市场股指走势(2006年1月为基数)

数据来源:wind数据库

2. 成绩 2：金融支持了实体经济发展

金融伴随实体经济的产生而发展,对实体经济发展的作用毋庸置疑。近代以来,英国、荷兰、美国、德国等的崛起过程中,金融市场发挥了重要作用。马克思很早就认识到金融资本对实体经济增长的重要性,他指出:"假如必须等待积累去使某个资本增长到能够修铁路的程度,那么恐怕直到今天世界上还没有铁路。但是,通过集中股份公司转瞬之间就把这事完成了。"回顾我国四十年改革开放历程,金融市场的贡献功不可没,尤其是在企业成长、国企改革、房地产发展、基建投资、创新创业等方面发挥了积极作用,助推了中国经济由弱到强、转型升级的进程。过去四十年,金融市场承担了将中国发展过程中不断积累的国民储蓄转化为投资的角色,同时通过以本币为基础的金融深化确保了中国经济在较快增长过程中始终保持总体稳定。社会融资规模代表了金融体系向实体经济的融资情况,如果我们以资本形成总额代表实体经济的融资总量,那么社会融资规模/资本形成总额在一定程度上可以衡量实体经济的融资需求中有多大比重来自于金融体系的贡献。我们的测算表明,2002 年至 2017 年,金融体系对实体经济的融资贡献度在绝大多数年份保持在 50%—60%,个别年份甚至超过了 80%。

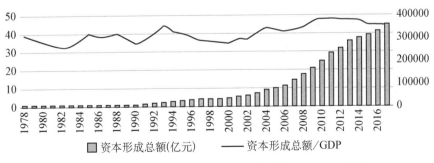

图表 11　中国资本形成总额及占 GDP 比重变化(1978—2017)

数据来源:国家统计局

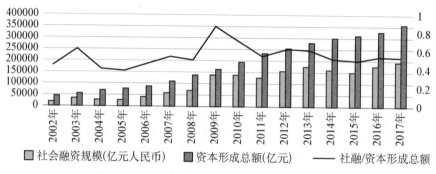

图表 12　社会融资规模占资本形成总额的比重及变化

数据来源：国家统计局、ACCEPT 计算

　　过去四十年，中国金融体系为大批企业从小到大、由弱到强的成长过程提供了关键支持。企业是经济增长最重要的载体，改革开放以来中国经济的巨大成就很大程度上是由不断涌现、不断壮大的各类企业创造的。1978年，中国企业总数仅有 20 余万家，四十年后的 2017 年企业总数增长至 1.4 亿家。工商总局数据显示，仅 2017 年全国日均新登记企业就达 1.66 万家。四十年来各类企业从创立到壮大的全过程，中国金融体系发挥了关键性的支持作用，这既包括来自银行系统的间接融资支持，也包括来自于债券市场和股票市场的直接融资支持。从间接融资看，一大批优质企业在做大做强过程中，银行信贷支持发挥了关键作用，人民银行的数据显示，截至 2018 年 6 月末，我国金融机构为实体经济发放的各项贷款余额为 125.6 万亿元。从直接融资看，大量企业利用资本市场上市、增发、并购、重组等功能实现了快速发展并走向海外。资本市场建立 28 年来，A 股市场累计实现股票融资 12 万亿元、并购重组金额 17 万亿元。

　　资本市场在支持国企改革方面发挥了重大作用。改革开放以来，在从计划经济向市场经济转轨的过程中，国有企业存在的政企不分、盲目扩产、效率低下、激励不足等问题在九十年代中后期逐步发酵并演变成严重的债务问题，此时尚处于成长初期的股票市场，为解决国有企业资金和管理困境提供了便利。一是扭转了部分国有企业长期亏损问题。国有企业通过资本市场获得了发展急需的资金支持，实现了设备更新改造和高素质技术、管理人才的聘用，为扭亏为盈奠定了基础。二是较好解决了国有企业存在的激

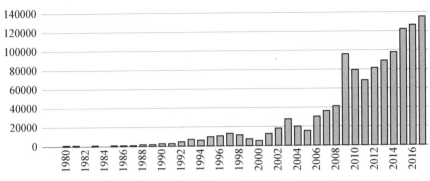

图表 13　银行业金融机构对实体经济发放的人民币贷款增量(亿元)

数据来源：中国人民银行

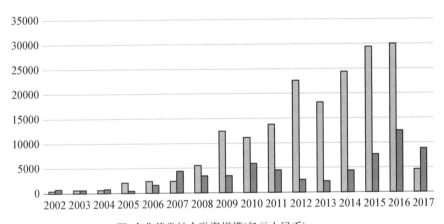

■ 企业债券社会融资规模(亿元人民币)
■ 非金融企业境内股票社会融资规模(亿元人民币)

图表 14　实体经济从股市和债市获得的融资增量

数据来源：中国人民银行、中国证监会

励严重不足问题。企业经营的好坏通过资本市场价格波动加以反馈,市场投资者可以通过"以脚投票"的方式决定企业优胜劣汰。三是较好解决了国有企业法人治理问题。国有企业在上市以后,建立了股东大会、董事会和监事会,聘用了专业的经营管理团队,为企业的长期健康发展提供了制度保障。借助资本市场的力量,我国国有企业实现了跨越式发展,其盈利能力、经营管理能力以及国际竞争力显著提升。以上分析表明,资本市场是国企

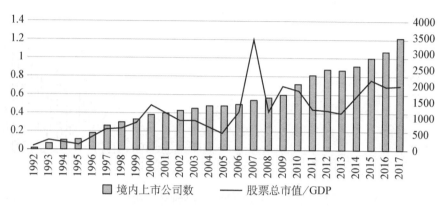

图表 15　境内上市公司数量及股票总市值占 GDP 比重变迁(1992—2017)

数据来源：国家统计局、中国证监会、ACCEPT 计算

改革与发展的极其重要的平台。从数据来看,截至 2017 年,98 家中央企业中拥有上市公司平台的央企比例为 83.7％,大多数央企拥有多家上市公司;从资产角度看,中央企业资产总额共计 54.5 万亿元,其中约 65％已进入上市公司;省级国有企业约 40％的资产进入了上市公司,其中上海、重庆、安徽等地均超过了 50％。以上央企仅限于国资委监管的实业类央企,如果进一步考虑包含四大行在内的金融类央企相继通过上市规范治理、做大做强等情况,资本市场过去二十多年为中国的国企改革发挥了不可替代的重要作用。

　　金融体系帮助中国房地产市场实现了"从无到有"的整个过程。1998 年住房商品化改革至今,金融体系帮助中国在短短二十年间打造出全球最大的房地产市场①,房地产总市值达到人民币 280 万亿的规模,成为中国最大的财富载体。2017 年末,中国居民个人住房贷款余额 21.86 万亿元,房地产开发贷款余额 8.32 万亿元,两项合计超 30 万亿元,占到同期人民币贷款余额的近 25％。尤其需要指出的是,旨在解决城镇危旧住房、改善困难家庭住房条件棚改政策,也是受益于政策性金融力量得以在全国大规模实施,2009 年启动至今已完成超过 3 000 万套的改造工程,大大改善了城市中低收入家

---

① 全球最大的房产数据平台 Zillow 最新数据显示,截至 2017 年末,美国的房产总市值为 31.8 万亿美元,中国的房产总市值根据我们房地产部分的测算为人民币 280 万亿左右。

庭的居住条件。尽管对金融政策是否推高房价的争论从未间断,但不可否认的是,过去二十年金融体系在打造中国的房地产市场、解决中国居民的住房问题上发挥了不可替代的作用,城镇人口超过欧洲人口总数的中国,不仅成为全球主要经济体中自有住房比重最高的国家,而且人均居住面积也超过了英国、日本、德国等主要发达经济体。

过去四十年中国基础设施条件的极大改善同样离不开金融体系。四十年时间,我国基础设施从弱到强,迅速赶超全球主要经济体。国家统计局数据显示,改革开放之初我国铁路营运里程仅 5.17 万公里、平均时速不到 40公里,四十年后的 2017 年末,我国铁路营业总里程达到 12.70 万公里,其中高铁里程 2.52 万公里,占世界高铁总里程的 66.3%,居世界第一位;电气化率达到 68.2%,居世界第一。改革开放初期我国公路里程短、质量差,公路里程仅 89.02 万公里,2017 年末公路总里程达到 477.35 万公里,其中高速公路总里程 13.64 万公里,总里程居世界第一。2017 年全球港口货物吞吐量和集装箱吞吐量排名前十名的港口中,中国港口均占有七席。基建投资改善不仅总体上提升了中国经济的规模效应和运行效率,其本身也是经济增长的重要组成部分,尤其是在经济下行周期其稳投资与稳增长作用会更加凸显。我国基建投资的资金来源除小部分①来源于财政资金以外,绝大部分资金筹措于金融市场,包括政策性银行和商业银行贷款、地方专项债、城投债等。特别需要提及的是,1998 年国家开发银行和安徽芜湖市合作,在全国首次对城市基础设施贷款采用"项目法人打捆"模式,创造了银行资金支持地方基础设施建设的先例,破解了城市基础设施建设融资难的问题。此后这一模式在全国推广,助推了中国城镇化进程。

中国经济的转型升级与创新创业,背后同样活跃着金融市场的力量。近年来,中国经济逐步由高速增长阶段转向高质量发展阶段,以要素驱动、投资拉动的增长模式逐步向创新驱动的发展模式转变,新旧动能转换有所加快。国家统计局数据显示,2016 年新经济在中国 GDP 中的占比已经达到16%,北京、深圳、上海等城市,新经济占比均已超过 30%。新经济、新动能

---

① 根据 Wind 数据测算,基建投资来自于财政预算资金占比不到 20%,绝大部分基建资金需要通过金融市场筹措。

加速成长的背后,不可忽视的是私募股权投资、创业投资基金这股金融力量的迅猛发展,催生并培育出一大批创新创业企业,这些企业不再依赖银行信贷,对传统经济周期也不那么敏感,这正是中国经济转型升级的方向和力量。数据显示,2017 年以来 A 股上市的 522 家企业,有 62.5% 的企业背后有创业投资基金的支持,根据《2019 胡润全球独角兽榜》,中国有超过 200 家独角兽企业,几乎都有创业投资基金的支持。

3. 成绩 3:培育出了基本成型、门类齐全的金融体系

改革开放以来,中国的金融体系伴随实体经济发展不断完善、逐步成型。相对于主要发达经济体,中国金融市场虽起步晚但发展快,仅四十年的时间已经培育出基本成型、门类齐全的金融体系。要理解基本成型的金融体系,就必须回顾过去四十年中国金融体系发展的总体脉络。1980 年之前在高度集中的计划经济体制下,中国的经济活动以财政主导为特征,并没有严格意义的金融市场,更谈不上金融体系。20 世纪 80 年代初四大行相继从央行分离出来,标志着中央银行与商业银行功能不同的双层银行体系建立;1988 年,信托、证券、保险等非银金融业务初步发展,人民银行开始具有监管职能;1990 年沪深证券交易所建立,央行正式明确提出证券公司是专门经营证券业务的金融机构,分业经营开始出现;1992 年、1998 年证监会和保监会相继成立,1993 年分业管理作为原则明确写入国务院有关文件;2003 年,中国银监会成立,标志着分业经营、分业监管的中国金融体制的建立。近年来,混业经营的趋势日趋明显,2018 年银监会和保监会整合为银保监会。

理解中国的金融体系,可以从机构、监管、交易、投资、融资等多个维度入手,本文从机构视角简要梳理中国的金融体系。从大类来讲,中国的金融体系涵盖了银行、信托、证券、基金、保险、期货、资管、私募等主要门类①,从监管的角度来看,银行、信托、保险由银保监会监管,证券、基金、期货、私募

---

① 当然也包括租赁、小贷、财务公司、P2P 等类型的金融机构,但这些类型机构相对于正文列举的机构类型规模更小,影响较弱,此处不一一列举。

归证监会监管,资管根据产品类别大部分归银保监会监管,一部分归证监会监管。除以上机构外,中国金融市场的稳定运行还离不开一系列的金融基础设施,比如股票(权)交易的场所包括沪深交易所、股转系统(新三板)、各省的股权交易中心等,期货交易的场所包括上期所、大商所、郑商所、中金所,债券市场的交易分别在银行间市场和交易所市场进行,各类金融产品登记结算的机构包括中债登、中证登、上清所等,支付类机构包括中国银联等。以上各类机构构成了基本成型的、门类齐全的中国金融体系。在所有金融机构中,资产规模最大的当属银行体系,2017 年末我国银行业金融机构本外币资产合计 252 万亿人民币,占整个金融行业总资产比重超过 70%。从其他金融行业看,2017 年信托行业资产规模达到 26 万亿,证券业资产规模在 6 万亿左右,保险业资产规模近 17 万亿,公募基金规模 11.6 万亿,私募基金规模 11.1 万亿。

年份	银行业	信托业	证券业	保险业	公募基金	私募基金
2012	133.62	7.47	1.72	7.35	3.62	—
2013	151.35	10.91	2.08	8.3	4.22	—
2014	172.34	13.98	4.09	10.2	6.68	2.63
2015	199.35	16.3	6.42	12.4	8.4	5.07
2016	232.25	20.22	5.79	15.12	9.16	10.24
2017	252	26.25	6.14	16.75	11.6	11.1

图表 16　中国金融行业主要类别资产规模比较(单位:万亿)

数据来源:银保监会、信托业协会、证券业协会、保险业协会、基金业协会

回顾和总结过去四十年中国金融体系的发展,有两个特点值得关注。

第一是基本成型的金融体系是中国政府在精心、谨慎引导和利用市场力量基础上逐步培育而成,市场自发力量和政府的设计引导缺一不可。以股票市场为例,20 世纪 80 年代中后期即出现了所谓的"老八股",那时沪深交易所尚未成立,这是中国经济发展到这一阶段的市场力量的自发体现。中国政府顺应了这一历史趋势并借鉴国外股票市场的发展经验,在 1990 年相继建立了沪深两大交易所,随后又成立了证券委和证监会,使得股票交易逐步规范化。

第二,中国金融体系的结构与发达经济体存在差异。中国的金融体系在门类齐全性方面,和美国、英国、德国、日本等主要经济体相比已经没有明显差别。发达国家有的金融机构类型,中国基本都有了;甚至一些发达国家没有的金融机构类别,中国也有了。但中国金融体系的结构与发达经济体存在较大差别,既和美英式的直接融资占主导的金融体系有一定差别,也不完全等同于德国日本式的银行系统占主导的金融体系。一方面,与美国、英国相比,我国直接融资占比仍然明显偏低,美国、英国在 60% 左右,我国 2016 年直接融资占比仅在 40% 左右①。结构上看,我国股票市场比重与美国、英国差距不大,但债券市场比重明显过小;我国债券市场中,国债和公司债比重偏低;债券市场分割严重,银行间市场、交易所市场尚未打通。另一方面,虽然我国和德国、日本类似,银行体系是实体经济融资的最主要来源,但我国多层次股权市场的活跃程度、私募股权投资及创业投资基金的规模、增速明显超过德国、日本,创新创业企业的增速和规模也明显超过德国、日本,在全球仅次于美国。据全球知名创投机构 CB Insights 最新统计,中国的独角兽企业数量仅次于美国,占全球比重为 25%,远超日本、德国、法国等主要发达经济体。

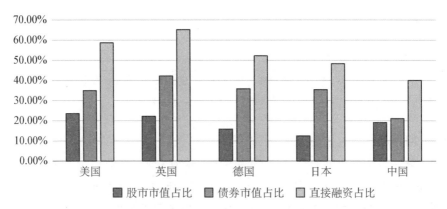

图表 17　中国与主要发达经济体直接融资比重比较(2012—2016 平均)

数据来源:国际清算银行、世界银行、中国人民银行

---

① 直接融资比重的计算可以采用存量法和增量法,增量法受年度融资情况波动差异性较大,本文数据为存量法测算。

4. 问题 1：中国金融市场的保值增值功能受限、投资者保护不够

中国股市的收益率低、波动性高备受诟病。上证综指 1990 年 12 月末为 127.61，2018 年 10 月末增为 2 630.52，增长近 20 倍；深证成指 1991 年 4 月末为 880.98，2018 年 10 月末增为 7 482.83，增长 7.5 倍。综合来看，假设我们在 1990 年 12 月底，按照综合 A 股以流通市值加权买入 100 元人民币股票，并一直持有到 2018 年 10 月底（其间所得红利我们继续以流通市值加权买入综合 A 股），共计约 28 年，我们可以得到 1 880 元，增长不到 18 倍。与之相对，1990 年上海市职工平均月工资为 243 元，而 2018 年上海平均月工资为 6 500 元左右，增长近 26 倍。1990 年中国名义 GDP 为 1.87 万亿元，2017 年 GDP 已经达到 82.7 万亿元，增长 43 倍以上。可见，股市平均收益率低于工资或者 GDP 增速。

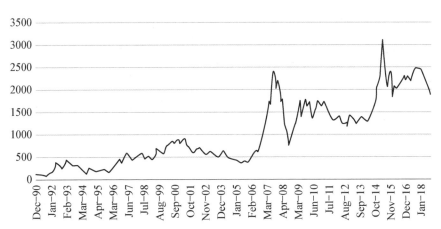

图表 18　考虑现金红利再投资的综合 A 股股指变化（流通市值加权，1990 年末为 100）

数据来源：CSMAR 数据库、ACCEPT 计算

分段来看，中国股市在发展早期（例如最初十年，1991—2000 年）的回报可圈可点。如果我们 1990 年末按照上证综指买入 100 元股票组合，此后持续跟踪，十年间平均年化持有收益率超过 32%。如果按照上海和深圳综合

A股流通市值加权买入股票组合,考虑分红因素,十年间平均年化持有收益率约为24%。与其他经济体同期相比,这一收益率非常可观。

但2001年至今,中国股市表现乏善可陈。以上证综指计算,平均年化持有收益率年增只有1.3%,而同期通胀平均为2.5%以上。即使考虑到分红,整体收益率也仅仅与通胀相仿。

1991—2000	起始	结束	年数	平均年化持有收益率
中国大陆	100	1 624.9	10	32.20%
美国	100	363.9	10	13.80%
英国	100	290.3	10	11.20%
日本	100	57.8	10	—5.30%
韩国	100	460.1	10	16.50%
印度	100	378.9	10	14.20%
德国	100	460.1	10	16.50%
新加坡	100	203.4	10	7.40%
中国台湾	100	104.6	10	0.50%
中国香港	100	499.1	10	17.40%

图表 19　股指收益率比较(1991—2000)

数据来源:CEIC 数据库(中国上证综指,美国纽交所综指,英国富士100指数,日本日经225指数,韩国 KOSPI 指数,印度 BSE Sensex 指数,德国 DAX 指数,新加坡证券交易所海峡时报指数,台湾地区证交所市值加权指数,香港地区恒生指数)

2001—2018.10	起始	结束	年数	平均年化持有收益率
中国大陆	100	125.5	17.8	1.3%
美国	100	175.8	17.8	3.2%
英国	100	114.6	17.8	0.8%
日本	100	159.0	17.8	2.6%
韩国	100	177.9	17.8	3.3%
印度	100	867.1	17.8	12.9%
德国	100	177.9	17.8	3.3%

2001—2018.10	起始	结束	年数	平均年化持有收益率
新加坡	100	156.7	17.8	2.5%
中国台湾	100	206.8	17.8	4.2%
中国香港	100	165.5	17.8	2.9%

图表20　股指收益率比较(2001—2018)

数据来源：CEIC数据库(中国上证综指,美国纽交所综指,英国富士100指数,日本日经225指数,韩国KOSPI指数,印度BSE Sensex指数,德国DAX指数,新加坡证券交易所海峡时报指数,台湾地区证交所市值加权指数,香港地区恒生指数)

我们计算衡量股票收益-风险"性价比"的夏普比率(Sharpe Ratio)[①],并同美国和印度加以比较。在2009年之前,上海和深圳综合A股按流通市值加权(包括分红)可以获得的夏普比率较为可观;但2010—2018年,夏普比率几乎降为零,显著低于美国和印度。

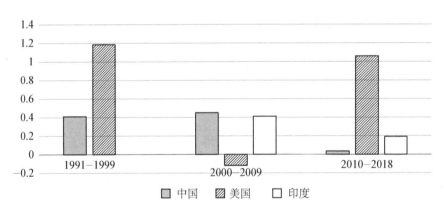

图表21　夏普比(Sharpe Ratio)跨国比较

数据来源：CSMAR数据库、CRSP数据库、NSE Indices公司、CEIC数据库、ACCEPT计算

---

① 夏普比率定义为：平均年化收益率与平均无风险利率之差,除以年化收益率的波动率。中国使用综合A股(流通市值加权,数据始于1991年),无风险利率为1年期银行存款利率;美国使用S&P 500(数据始于1991年),无风险利率为1年期国债收益率;印度使用Nifty500(数据始于1999年),无风险利率为1年期国债收益率。均考虑了分红,没有考虑税收因素。该处计算使用月度数据为基础,平均年化收益率等于月度平均收益率乘以12,而年化波动等于月度收益的标准差乘以$\sqrt{12}$。

股市如此,银行存款收益如何呢? 我们测算,如果在 1990 年末存入 100 元定期存款 1 年,下年到期后将本金和利息继续存入定期存款 1 年,直到 2018 年 10 月末,将得到 310.4 元,平均年增 4.2%。从时间变化来看, 1990—1998 年间利率较高(5%～11%),随后下降到 3%左右,2016 年后进一步降为 1.5%。我们把一年期存款利率作为无风险利率,与美国和印度作比较。美国无风险利率(以一年期国债收益率表示)90 年代约为 5%,随后下降到 1%,2006、2007 年又恢复到 5%,2008 年之后实行低利率政策(接近零),近年来又逐渐升至 2%～3%。而印度 1990 年代为 8%～12%,2000 年后至今在 7%左右震荡。我国的储蓄利率偏低,反映了政府温和的金融压抑,即政府主动干预、压低存款利率,降低企业和政府融资成本,支持政府基建和企业投资等。但是,这一状况能成为均衡的前提是金融体系保持稳定。如果金融体系不稳、危机频发,人们就会要求更高的收益率,乃至不愿意持有包括股票和存款在内的金融资产,想方设法将资金转移到境外。

另外,上市公司的中小股东合法权益无法得到保障,违法行为制裁力度不够。主要有以下几点原因:

第一,中小股东参与公司治理的机制不完善。董事会、监事会制度有"花瓶"嫌疑,往往服务于管理层和大股东的利益。中小股东没有话语权。为了保护小股东和其他利益相关者权益,2003 年起,我国引入独立董事制度,但独立董事很少反对管理层的提议。根据 Jiang, Wan & Zhao (2016) 的研究[1],只有不到 6%的独立董事发表过反对意见。与之相关,公司信息披露机制不健全。很多上市公司往往不及时、完整、透明地披露信息,从而造成控股股东进行利益输送,侵害中小投资者的利益。如果公司进行了完整的信息披露特别是涉及到大股东利益输送的信息披露,让外部人了解控股股东的利益输送行为,那么他们就会采取措施进行干预、反对控股股东进行侵害中小投资者利益的行为。

第二,对公司治理和证券违规行为制裁力度不够。一方面,我们对大股东和管理层违规行为的制裁力度不够。大股东和管理层以权谋私和利益输

---

[1] Jiang Wei, Wan Hualin, Zhao Shan, "Reputation Concerns of Independent Directors: Evidence from Individual Director Voting," Review of Financial Studies, Vol 29(3,2006), pp. 655 - 696.

送行为屡见不鲜,包括在定向增发中制造价差、向关联企业输送资源、占用挪用资金、隐瞒重要信息等,而处罚力度远远不够。例如近期,证监会对于长生生物不按规定披露信息乃至进行误导性披露和虚假披露等违规行为施以顶格处罚,仅仅为对公司处以 60 万元罚款,对其直接负责的主管人员给予警告,并分别处以 30 万元罚款,同时采取终身市场禁入措施。这样的处罚力度无异于杯水车薪。另一方面,我们对某些投资者违规行为的制裁力度不够。例如对内幕交易的处罚,目前我国对于内幕交易行政罚款力度为"对于证券内幕交易,如果违法所得在 3 万元以上的,并处以违法所得 1 倍以上 5 倍以下的罚款,如果没有违法所得或违法所得不足 3 万元的,处以 3 万元以上 60 万元以下的罚款;对于期货内幕交易,如果违法所得在 10 万元以上的,并处违法所得 1 倍以上 5 倍以下的罚款,如果没有违法所得或者违法所得不满 10 万元的,处 10 万元以上 50 万元以下的罚款。单位进行内幕交易的,应对直接负责主管人员和其他直接责任人员并以 3 万元以上 30 万元以下的罚款",并可能伴随证券市场禁入等行政监管措施;其刑事处罚方法为"构成内幕交易罪,将被处 5 年以下有期徒刑或拘役,单处或并处违法所得 1—5 倍罚金,单位犯罪的,对单位判处罚金,并对其直接负责的主管人员和其他直接责任人员,处 5 年以下有期徒刑或者拘役。如果属于情节特别严重的,应处 5 年以上 10 年以下有期徒刑,并处违法所得 1—5 倍罚金"。与之相对,美国对个人内幕交易的最高处罚为 20 年有期徒刑,以及 500 万美元以内罚金(对单位为 2 500 万美元)。

5. 问题 2:中国金融市场在推动低效、无效企业退出方面能力不足

衡量一个国家金融体系是否成熟、高效的一个重要标志是,能够有效支持新企业、好企业的进入和及时清退低效率、无效率的企业。中国的金融体系经过四十年的发展,在支持新企业、好企业进入方面已经积累了较多经验,但在及时清退低效率、无效率企业方面做得还远远不够。新旧企业有进有出的动态变化是一个经济体运行效率的重要体现,类似于人体的新陈代谢,如果低效、无效企业不能及时从经济体系清理出去,大量的资金、土地、

劳动力等要素资源将被占用,价格信号也会被扭曲,进而影响整个经济体系运行的效率和质量。2016年以来供给侧结构性改革实施的一个重要背景便是包括金融体系在内的整个经济体系市场出清的能力不足,对低效、无效企业的清退能力有限。

据国资委统计,2016年中央企业需要专项处置和治理的"僵尸企业"和特困企业2041户,涉及资产3万亿。综合不同研究团队的测算,中国规模以上工业企业中僵尸企业占比5%—10%,2017年规模以上工业企业资产总计112.3万亿元,即便按5%计也有近6万亿的资产需要处置。与这个庞大的需要处置的金额相比,我国金融体系处置不良资产的速度明显不如人意。清华大学经济思想与实践研究院(ACCEPT)根据上市银行不良贷款核销数据估算的低效企业资产的退出规模显示,2017年中国经济总体去除低效、无效资产约1.2万亿,按此速度,即便不考虑新增,清理6万亿的存量低效、无效资产也需要5年时间。按照当前平均贷款期限约3年计算,6万亿只要不处置,每年将占用近2万亿贷款规模,即占用15%左右的银行贷款资源。低效、无效企业退出慢,一方面加剧了融资贵、融资难问题。低质量企业优先占用了金融机构的信贷资源,这样做可以让银行掩盖问题,降低账面不良率,但新企业、好企业得到贷款更加困难,进而推高融资成本。另一方面,低效企业技术差、产品质量低下,更愿意打价格战,靠低价维持生存,拖累了好企业的业绩,扰乱市场秩序。更严重的是,低效企业退出慢也导致土地、劳动力等生产要素被占用,降低了经济的生产率。资本市场对低效、无效企业的清退能力同样不足,中国上市公司退市难问题突出,截至2018年末中国A股累计仅不到100家上市公司退市,而美股当前平均每年IPO大约150家,而每年因兼并、破产、退市等的公司大概400家,结果就是平均每年上市公司数量降低200—300家。

二、金融市场的发展历程

1. 银行体系的发展历程

(1) 1978 年银行与财政分家

改革开放以前,新中国并没有建立起市场化的、现代意义上的金融体系。在组织形式上,最极端的表现就是将原有的几大商业银行并入中央银行或财政部。其后,随着计划经济不断强化,中央银行也并入财政部,最后实现了财政、金融"不分家"。1969 年,人民银行与财政部合署办公[①]。仅在名义上保留了中国人民银行。

1977 年 11 月 28 日,国务院发出《关于整顿和加强银行工作的几项规定》,确定中国人民银行作为国务院部委机构,与财政部分设。1978 年 3 月,第五届全国人民代表大会第一次会议批准恢复中国人民银行为部委级机

---

① 齐鲁周刊:《央行交班》,http://www.sohu.com/a/226397600_351293,2018 年 3 月 26 日。

构,与财政部分设。中国人民银行作为国家银行,主管全国金融政策、货币发行、信贷计划和资金调度。1979 年邓小平在省、市、自治区党委第一书记座谈会上明确指出,银行应该抓经济,现在仅仅是算账、当会计,没有真正起到银行的作用。要把银行当做发展经济、革新技术的杠杆,"必须把银行真正办成银行"。邓小平的这个讲话,为我国银行体制改革指明了方向[1]。

(2) 80 年代初中央银行与专业银行分离

除了承担中央银行业务,在大一统的金融体制下,中国人民银行也承担商业银行的作用,既负责货币发行和金融管理,又具体从事各种银行业务经营。在计划经济体制条件下这种单一狭窄、管理体制高度集中的金融模式曾经发挥过作用,但愈发不适应金融主体的变化和金融市场的发育,亟需改革。尤其是随着各专业银行(中国银行、农业银行和建设银行)的成立,初步改变了人民银行一家垄断的格局,竞争局面逐步形成。但是,虽然当时政策上明确规定每家专业银行各有主业,但实际上大家都对自己的分工不满,最后变成了"农行进城、中行上岸、建行破墙"。中央银行"既当裁判员,又当运动员"的行为引发了其他银行的不满——各专业银行不服人民银行,都说自己是国家银行,不承认是专业银行,都认为同人民银行的关系是平起平坐,不承认有领导与被领导关系;人民银行也没有什么有效的手段调控、监管各家银行。

面对这一局面,理论界和各部门对于建立中央银行制度,曾主要形成了三种意见:第一,维持现状;第二,回到大一统的人民银行;第三,建立完全的中央银行制度。国家设置"银行机构改革小组",在国内外开展多次调研。最终第三种意见被采纳。针对中国人民银行反映无法有效调控、监管各家专业银行的现状,时任国务院副总理姚依林对中国人民银行说:"你们怕各专业银行变成老虎,那你自己就想法变成狮子。"这体现了当时银行体系的"乱战"局面以及国家对人民银行专门行使中央银行职能的态度。

1982 年 5 月,国务院批准中国人民银行的主要职能是:贯彻执行党和国家关于经济工作的路线、方针、政策,拟定金融工作的方针、政策、法规和

---

[1] 刘鸿儒:《回顾我国金融体制改革的历程》,《百年潮》,2009 年第 5 期,第 22—28 页。

基本制度,负责金融行政管理和国家货币发行,管理工商信贷和城镇储蓄业务。1983 年 9 月,国务院发布《关于中国人民银行专门行使中央银行职能的决定》,规定:中国人民银行专门行使中央银行职能,不再办理工商信贷和储蓄业务;中国人民银行作为发行的银行、政府的银行、银行的银行,是领导和管理全国金融事业的国家机关,应主要用经济办法对各金融机构进行管理(具体地,《决定》中规定人民银行必须掌握 40%~50%的信贷资金,用于调节、平衡国家信贷收支,即人民银行控制资金总量,成为其行使央行职能的最有效办法);另设中国工商银行办理中国人民银行原来所办理的全部工商信贷业务和城镇储蓄业务。这一决定让中国人民银行完全摆脱了具体的信贷储蓄业务,专门行使中央银行职能,明确了中国人民银行是领导和管理全国金融事业的国家机关,标志着我国中央银行体制的正式建立,这也代表着中国中央银行体制进入单一制阶段。

(3) 1994 年政策性银行与商业银行分离

全球化趋势也引发了金融市场更为激烈的竞争,专业银行的政策性金融业务与经营性金融业务的重叠,对于深化金融体制改革起的阻碍作用越来越明显。1994 年,国务院提出"实行政策性业务与商业性业务分离"的改革要求,同年,我国成立了国家开发银行、中国进出口银行和中国农业发展银行三大政策性银行,由国务院直接领导。

三家政策性银行成立之时,不仅承担了四大国有专业银行的政策性业务,同时还肩负了社会主义计划经济向市场经济转轨时期增强宏观调控,实现政府发展战略目标,促进国有专业银行商业化改革,以及隔断信贷与基础货币之间的联系等多重使命[1]。

其中国家开发银行着眼于国家的宏观全局、战略部署,专注于我国中长期投融资项目,对于铁路、公路、能源、城市基础设施等重点项目予以较大支持力度。近年来在中低收入家庭住房、小微企业、医疗卫生、环境保护、"三农"等领域也有较多投入,支持着改善民生、产业结构升级等国家战略。中国进出口银行对于促进经济平稳较快发展和外贸增长起着重要作用。中国

---

[1] 郑建库:《中外政策性银行治理模式的比较》,《银行家》2017 年第 4 期,第 96—99 页。

农业发展银行在农村金融发展中起着支撑作用,形成了"以支持国际粮棉购销储业务为主体、以支持农业产业化经营和农业农村基础设施建设为两翼"的业务发展格局。

此后的二十余年里,三家政策性银行为我国金融体系的组成与完善发挥了重要作用。三家政策性银行在服务国家战略、支持国家基础设施、支柱产业以及国家重点项目建设、"三农"和小微企业发展,改善民生,支持企业"走出去",促进经济转型和社会发展过程中发挥了积极作用,成为我国国民经济发展中不可替代的重要金融力量[①],也成为我国有别于其他主要经济体的独特金融力量。

(4) 90 年代末国有商业银行剥离不良资产

1992 年邓小平南巡讲话后,我国改革开放进程加快,经济迅速发展,商业银行的贷款规模持续扩大,地方政府对银行的行政干预较多。我国四大国有银行在 1996 年 6 月的不良率已经高达 25%,银行业资本金严重不足。1997 年,适逢亚洲金融危机爆发,东南亚及我国港澳台地区面临亚洲金融危机困扰,国内国外的经济形势同时对银行业带来冲击。中央于当年年底召开第一次全国金融工作会议。

在此背景下召开的全国金融工作会议,聚焦于剥离四大国有银行不良贷款,优化人民银行结构等议题。人民银行省级分行在会后被撤销,以更好地保证金融调控权集中到中央。为解决不良贷款问题,1999 年中央组建华融、长城、东方、信达等四大资产管理公司(AMC),对口处置四大银行的不良资产。

当时国家给四家 AMC 提供了政策优待,一是四大 AMC 可以原价承接四大行(中、农、工、建)不良资产,资产处置损失等由财政部作担保;二是财政部为四大 AMC 提供资金来源;三是税费和资金政策支持,资管公司在收购、处置、管理不良资产环节产生的税费免征等。

在资金来源上,财政部为四家公司各提供 100 亿元资本金,央行发放5 700 亿元再贷款,加上 8 000 亿元左右的金融债券,经过本轮不良资产处

---

① 王好强:《政策性银行转型路在何方?》,《金融时报》,2013 年 12 月 23 日。

置,按账面价值(本金＋表内利息)共剥离1.4万亿元银行不良资产,这其中四家国有商业银行实际剥离不良贷款约为1万亿元,此外还包括国家开发银行的1000亿元,表内利息1000余亿元和为债转股剥离政策贷款1000多亿元。

其中有29％的不良资产以债转股方式处理,1999年底,国家经贸委推荐了601家债转股企业给四大AMC公司,其中365家企业账面亏损,金额合计282亿元。不良贷款总计4596亿元,银行账面不良贷款3834亿元,占比83％。2000年,共有580家企业与四大AMC公司达成了债转股相关协议,协议金额占工、农、中、建四大行剥离至四大AMC公司1.4万元不良贷款总额的29％,即4051亿元。其中华融、东方、信达、长城四大AMC公司受让金额分别为1095亿元、603亿元、1759亿元、117亿元。

作为我国第五大国有商业银行的交通银行也在同期面临着不良资产比例过高、资本充足率严重不足的情况。和四大行接受国家的注资不同,交行则没有无成本的注资,但同样得到了财政部等股东的大力支持,交行按照市场化原则出售了414亿元可疑类贷款,在此过程中引入了普华永道对不良贷款进行评估,成为国内第一家引用国际会计准则的商业银行。"立足自身,依托市场"是交行财务重组的特点。

五大国有银行不良贷款率开始下降,但在此后直到2004年,不良贷款率仍属于较高比例。2003年末,工、农、中、建的不良贷款率分别为22％、30％、18％和12％,于是国家在2004年时进行了第二次不良贷款剥离,其中建行向信达剥离了1858亿元不良贷款,中行则向信达和东方剥离2539亿元不良贷款。同年,国家向中行和建行进行了225亿美元的外汇注资,使得2004年末,中行和建行的不良贷款率迅速降至4.62％和3.8％,使得两家银行符合上市要求,在随后的两年相继上市。2004年底,工行的不良贷款率仍保持在14％左右,国务院在2005年4月批准工行股改方案之后,中央汇金投资有限公司(下称:中央汇金)对工行进行了150亿美元的注资,这使得工行的不良贷款率在2005年末降至2.5％,并于2006年在A、H股上市。2007年末,农行的不良贷款率为23.6％,中央汇金于2008年向农行注资190亿美元,由此,中央汇金和财政部各持有农行50％股份,农行在2008年末的不良贷款率降到4.32％,在2009年末为2.91％。至此,四大国有银行的不良贷款率都降低至合理范围。

在 1997 年亚洲金融危机的背景下,中国政府对于银行不良资产的及时处理,成功防范了可能产生的金融危机,不仅提高了银行的整体信用水平,更使得银行再次焕发活力,并继续支持实体经济,对维持宏观经济平稳运行发挥重要作用。以成立四家资产管理公司为主,剥离处置国有银行巨额不良资产的改革是成功的。一是稳步消解了历史包袱,二是增强了对国有银行的市场约束,三是维护和提升了国内外各界对中国国有银行的信心,四是活跃了金融市场①。

近年来,我国对于银行系统的监管仍保持着高度审慎的态度,银监会2010 年下发文件,要求银行按照 150% 的拨备覆盖计提拨备,直到 2018 年 2月底,才将拨备覆盖率由 150% 调整到 120%—150%,而国际上对不良贷款拨备率要求较高的通常也只有 100%。在对银监会原主席刘明康访谈中,他对这一情况进行了解释,因为当时银行公布的报表与实际财务状况有一定的偏差。银监会当时请四大会计师事务所按照贷款"五级分类"标准核查四大国有银行的不良贷款,发现偏离度为 20%,即实际值是汇报值的 120%。银监会组织力量实地调查、查账,在四大会计师事务所核查版本的基础上又发现了 20% 的偏离,因此 1.2×1.2=1.44,加上未知宏观经济风险,因而将拨备率定为 150%,该举措客观上也为银行发展预留了空间。截至 2017 年末,拨备覆盖率为 181% 左右。

到目前,我国四大银行(中农工建)已经成为全球系统重要性的金融机构,我国银行业有着世界领先水平的较低的不良资产率和较高的资本充足率及盈利能力。

(5) 2005 年至 2010 年国有商业银行上市

2003 年,中国决定启动大型商业银行股份制改革,创造性地运用国家外汇储备注资大型商业银行,按照核销已实际损失掉的资本、剥离处置不良资产、外汇储备注资、境内外发行上市的财务重组"四步曲"方案,全面推动大

---

① 李义奇:《聊聊当年的不良贷款》,http://opinion.jrj.com.cn/2018/06/29162224747085.shtml,2018 年 6 月 29 日蒙格斯报告。

型商业银行体制机制改革①。

2005年起,四大银行陆续开始上市进程。建行于2005年、2007年先后在H股和A股上市,工行、中行均在2006年于A、H股上市,农行于2010年在A、H股上市。通过上市,我国逐步建立起现代商业银行体系,商业银行可以更好地利用市场资源,此前商业银行对于财政拨款有较大依赖,上市之后则可以进行自主融资。

交行与四大银行相似,存在着沉重的不良贷款包袱,国家对交行的重组十分关注,但所给予的支持和四大行不同,主要在于政策支持,而不是直接资金支持。"立足自身,依托市场"是交行财务重组的特点,1999年交行便向中国人民银行提出《拟申请公开发行股票及上市的请示》,2003年8月交行向国务院上报《深化股份制改革整体方案》,2005年成功发行H股,并于2007年在A股上市。

自20世纪70年代以来,我国城信社、农信社纷纷设立。设立目的是为弥补传统大银行经营空白,覆盖城乡广大的中小微企业和农户。城信社、农信社在各个地区的建立,有效运用了社会闲散资金,支持了当地中小微企业和农户的发展。1995年7月,国务院发布《关于组建城市合作银行的通知》,全国各城市开始组建城商行;1998年3月,城市合作银行统一更名为城市商业银行。

(6) 近年来,利率市场化持续推进、多层次银行系统进一步完善

2010年以来,我国利率市场化改革进入加速阶段,并于2013年取消金融机构贷款利率0.7倍的下限,2014年存款利率浮动区间上限调至基准利率1.2倍。2015年及之后则进入了完全市场化阶段,央行在2015年进行了5次降准降息,并不再设置存款利率浮动上限,利率市场化改革近于完成。

经过多年改革,我国利率市场化进程已经接近改革收尾阶段,利率市场化的实现,可以使货币当局通过货币政策工具调控市场利率水平。央行行长易纲在2018年博鳌亚洲论坛上表示:中国正继续推进利率市场化改革。面对中国利率市场化不尽完善之处,有"双轨制"痕迹(其一是存贷款方面有

---

① 周小川:《大型商业银行改革的回顾与展望》,《西部金融》,2012年第5期,第4—7页。

基准利率,其二是货币市场利率完全由市场决定),易纲表示,最佳策略是让这两个轨道的利率逐渐统一。

2015年3月,几经修改的存款保险制度落地,这是利率市场化改革进程的又一重要进展。该制度目的在于保护存款人的合法权益,防范和化解金融风险并维护金融稳定。存款利率的放开可能会使银行通过抬高吸储成本来竞争存款,一些小型银行可能会因经营不善而面临破产风险,存款保险制度在此种情况下则可以较好保障存款人利益。该制度的通过,使得99.7%的存款人可以享受存款保险基金管理机构的"全额赔付",存款保险制度可以使绝大部分存款人的资金安全得到全额保障。民生证券研究院执行院长管清友表示,中国国情存在一定特殊性,与欧美情况不同的是,存款保险制度实际上是将过去政府对存款的隐性担保显性化了。他表示,存款保险是利率市场化的桥头堡,对金融改革意义重大。

政府致力于建设和完善多层次银行体系。我国现有12家全国性股份制商业银行①,1987年12月22日成立的深圳发展银行(现已和平安银行合并共称为平安银行)是我国第一家上市的股份制商业银行,此后大多数股份制商业银行相继上市。中国邮政储蓄银行作为在改革邮政储蓄管理体制的基础上组建的国有商业银行,也于2016年8月27日以80亿美元香港IPO获批,并于同年9月28日港交所主板上市。

近年来,我国城市商业银行和农村商业银行的规模不断增大,相关监管措施也逐步加强,对中小银行的定位进一步明确,要求其专注完善小城镇建设金融服务功能,并对跨区经营采取限制措施。目前,全国农商行和城商行共计约1 200家左右。

我国自2016年开始逐批批准民营银行开业经营,目前由银监会批准筹建的民营银行已经达到17家,其中多家较早获批的民营银行已经步入盈利期。

在互联网大潮下,我国也试点尝试了民营互联网银行的建设。腾讯在2014年率先发起成立腾讯微众银行。此后2015年由蚂蚁金服作为大股东

---

① 这12家全国性股份制商业银行分别是:招商银行、中信银行、民生银行、兴业银行、华夏银行、光大银行、平安银行、浦发银行、广发银行、浙商银行、渤海银行、恒丰银行。

设立浙江网商银行,目标客户群体为小微企业、个人消费者和农村用户。由新希望、小米和红旗联合创办的新网银行也随之创立,为小微企业提供着定制化金融服务。

经过多年的发展,我国已有 5 大国有银行、3 大政策性银行、12 家股份制商业银行、1 家邮储银行,还有数以百计的城商行、农商行、信用社、村镇银行,另有随着互联网大潮建设的民营互联网银行,多层次银行体系逐步成型,形成了我国全方位、覆盖多领域的银行系统。

2. 资本市场的发展历程

(1) 1981—1990 年债券市场的形成[①]

新中国成立后,为了恢复被战争破坏的国民经济,财政部曾经发行过一系列国债,后来由于政治原因和对国债的不正确认识,国债的发行被终止。改革开放以后,国家向企业放权,中央向地方分权,国有企业留利水平大幅上升,居民收入水平有了较大提高,但客观上也导致政府财政收人的增幅下降。同时,大规模经济建设使得中央政府的财政支出大幅上升,由此中央财政连年赤字,1981 年中央财政赤字达 270 亿元。

为平衡财政收支,1981 年国家重启债券发行。受计划机制的严重影响,国债发行的初始阶段采用行政摊派方式,同时国债发行后不能流通和转让。国债利率也是差别待遇,出售给企事业单位的国债利率为 4%,出售给个人的国债利率为 8%,它们均低于同期储蓄利率水平。国债的偿还则采取抽签方式,分年分次逐批偿还。从某种意义上说,采用这种方式发行的 1981—1984 年的国债,与其说是种金融工具,不如说是以传统计划经济方法简单地为财政筹资的工具。这决定了在当时条件下,国债发行市场和二级市场不可能建立起来。尽管如此,恢复发行国债还是为日后国债市场的发育成长创造了基本条件。

---

① 关于债券市场发展的更多细节,详见:李扬、王国刚:《中国金融改革开放 30 年研究》,经济管理出版社,2008 年。

与此同时,随着多种所有制经济的发展,中国的企业债券也处于萌芽状态。1984年开始,中国一些企业就自发向社会或内部职工发行不同形式的有价证券,进行集资。1985年5月,沈阳市房地产开发公司向社会公开发行了5年期企业债券,这是改革开放后发行的有记载的第一只企业债券。到1986年底,中国共发行了类似企业债券的有价证券100亿元。

随着中国经济改革的重点从农村转向城市,国有企业的留利水平进一步提高,而政府支出却进一步增大,政府财政赤字呈现加大的趋势。人们认识到,简单依靠行政力量,难以长期动员企业和居民大量认购国债,为维护国债信誉,政府必须按照市场化的要求发行国债。1985年,中国国债的发行方式开始引入市场机制。当年发行的国债利率开始比同期银行存款利率高0.7个百分点,并明确规定了国债偿还期限。与此同时,财政部开始尝试国债流通工作,以提高国债的流动性。由于市场发行方式的引入,1985年发行的国债行政摊派的色彩减弱了,发债过程中扭曲的经济关系减少了,这为以后国债发行规模的迅速扩大提供了必要的条件。

直到1987年以前,中国国债只有一级发行市场,没有二级流通市场。1987年1月5日,中国人民银行上海分行公布《证券柜台交易暂行规定》,明确了经认定的政府债券、金融债券、企业债券可以在经批准的金融机构办理柜台交易。这是中国国债市场进入形成阶段的标志。

1988年,中国国债的发行面临着非常严峻的局面。一方面,严重的通货膨胀与扩大的政府投资规模并存,使得政府财政赤字明显增加。从财政体制和财政收支关系看,继续加大国债的发行规模已经成为保持财政收支平衡的基本举措。另一方面,随着国债的陆续到期,90年代即将出现国债偿债高峰,国债的偿还资金来源无疑还是扩大国债发行规模带来的资金收入。在这种情况下,如果还不进行国债交易市场的建设,不促进国债的流通,不仅会大大提高政府的发债成本,还会进一步加剧国债的黑市交易,影响国债声誉,最终造成国债发行的困难。因此在1988年4月,国务院批准首先在深圳、广州、武汉、重庆、沈阳、哈尔滨等十个基础较好的城市改革试点,进行国债流通转让市场的试点。同年6月在总结经验的基础上,国家批准在全国61个大中城市进行国债流通转让的试点,开始银行柜台现券交易,这是场外债券市场的雏形,中国国债二级市场由此起步。1990年,国债流通转让市场进一步允许国债交易的品种,从最初的 1985 年和 1986 年发行的国债扩大到财政部已经发行的所有国库券。

国债流通市场建立之初,国债交易方式主要以柜台交易为主,中介机构最初是以财政部门设立的国债服务部、财政证券公司等为主,后来则转变为以银行等金融机构设立的证券公司为主。在国债柜台交易占主导的时期,由于全国国债市场处于分割状态,各地国债交易价格相差甚大,特别是由于分散在全国各地各中介机构的交易柜台缺乏清算和监督机制,国债交易中频频出现卖空现象。为了遏制国债柜台交易市场的弊端,1990 年 12 月以后,上海证券交易所、深圳证券交易所和一些城市证券交易中心相继建立,这些集中的交易市场接受实物券托管,并以托管单为依据转为记账式债券进行交易。1990 年 12 月 19 日,中国人民银行和财政部发出通知,允许所有对个人发行的未到期国库券上市转让。这样,中国就出现了集中撮合交易的国债交易市场,形成债券场内和场外交易并存的市场格局。在一年左右的时间里,形成了上海证券交易所场内国债成交价格导向场外国债成交价格的国债市场价格形成机制。

(2) 1990 年证券交易所的建立

改革开放以后,中国开始摆脱计划经济体制弊端的束缚,探索市场化配置资源的道路。1984 年,中共十二届三中全会通过了经济体制改革的决定,随后国务院成立了金融体制改革研究小组,刘鸿儒任组长,制订的金融体制改革初步方案中第一次提出要建立证券交易所,还提出允许企业用发行股票、债券的方式直接融资等。在政府的推动下,中国股份制经济应运而生,股票发行规模不断扩大。据《中国金融年鉴》(1993)统计,截至 1990 年底,中国共发行股票筹资 45.9 亿元,其中,1988 年发行最多,这与当时中央高层决定扩大与深化股份制试点有关。股票交易方面,1986 年以前主要是场外私下交易,随着股票发行只数和规模的扩大,1986 年和 1987 年人民银行先后批准在上海和深圳成立股票交易柜台。截至 1990 年,上海共有 16 个股票交易柜台,深圳有 10 个。

80 年代股票发行和交易规模的扩大,为 1990 年建立股票交易所打下了一定的基础,但此时客观条件仍不成熟。主要是"现在有条件上市的公司太

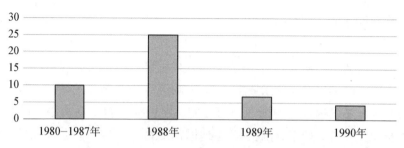

图表 22　1990 年以前中国股票发行筹资情况（亿元）

数据来源：马庆泉，《中国证券史：1978—1998》，中信出版社，2003 年

少，最好有 100 家到 200 家公司具备上市的条件，其中的 50 家到 100 家能够上市，到那时建立证券交易所就会水到渠成"[1]。1989 年春夏之交的政治风波之后，国外对中国改革开放持怀疑和抵制态度，西方七国集团还对中国实行经济制裁，导致大量外资撤出。维持国有企业生产经营的资金来源大幅下降，银行由于风险较大也难以提供所需的资金。在这种情况下，试行直接融资，成立证券交易所就提上了议事日程。

　　为了给国有企业发展生产募集资金，推动国有企业经营体制改革，同时向世人宣示中国的改革开放没有停，时任上海市委书记、市长的朱镕基于 1989 年 12 月 9 日主持召开市委常委扩大会议，并邀请时任中国人民银行副行长刘鸿儒、上海分行行长龚浩成、交通银行董事长李祥瑞及金融专家陈彪如教授参加，讨论决定成立上海证券交易所。[2] 朱镕基在会上表示"企业资金紧张，负担很重，今年承包基数难以完成，明年将更困难"，"上海要加大金融改革的步子，重现昔日国际金融中心的风采，首要的工作是开放外资银行进入和建立证券交易所，这是改革中两个最迫切的问题"，"建立证券交易所，发展股票市场这项工作要大胆做"。会议最后决定，成立由李祥瑞、贺镐圣、龚浩成组成的"三人小组"，负责筹建上海证券交易所。同时，由王波明、高西庆等归国学者领衔组建的"北京证券交易所研究设计联合办公室"（简称"联办"）也为上交所的筹备提供了大量有价值的建议。1990 年底，上交所

---

[1] 龚浩成、尉文渊："口述历史：上海证券交易所如何创建"，http://finance. jrj. com. cn/2018/06/27063224731717. shtml，2018 年 6 月 27 日。

[2] 谢百三：《证券市场的国际比较》，清华大学出版社，2003 年。

开始营业,随后深圳证券交易所也正式营业。

(3) 1992 年证监会成立

推动证监会成立的直接原因是 1992 年深圳爆发的"8·10"事件。上交所和深交所成立后,股市逐渐进入狂热,因为新股发行后价格往往迅速上涨,股民形成"买到就是赚到"的心理预期,疯狂抢购新股。因为供不应求,深圳市决定发行新股认购抽签表,其在公告中说明:"发售新股认购表 500 万张,一次性抽出 50 万张有效中签表,中签率约为 10%(实际中签率按回收的抽签表的总数计算)。每张中签表可以认购本次发行公司的股票 1 000 股。"在巨大利益的诱使下,上百万人在 303 个销售点排队认购。但是,刚开始发售不久,认购表很快一扫而光。人们怀疑有严重的内部舞弊,发生暴力冲突、示威游行。为了应对这一危机,政府发布公告,增发 500 万张抽签表,将 1993 年的额度提前发行。时任国务院总理李鹏支持时任深圳市委书记李灏:"你在第一线,你了解情况,就按你的意见办。"虽然最后成功化解危机,但这一事件警醒中央政府下决心在证券市场设立专门监管机构。

1992 年 10 月,国务院设立国务院证券委员会和中国证监会。1992 年 12 月,国务院发布《关于进一步加强证券市场宏观管理的通知》,明确了中央政府对证券市场的统一管理体制,这标志着中国证券市场开始逐步纳入全国统一监管框架,全国性市场由此开始发展。

同期,证券市场法制建设也开始推进。1992 年 8 月,《中华人民共和国证券法》开始起草。但起草过程颇多波折,直到 1998 年 12 月才获得通过,1999 年 7 月正式施行。这是新中国成立以来第一部按国际惯例、由国家最高立法机构组织而非由政府某个部门组织起草的经济法。《证券法》的正式实施意味着我国以法律的形式确认了证券市场的地位,也奠定了我国证券市场的基本法律框架,标志着我国的证券市场法制建设进入了一个新的阶段。此后,随着证券市场的不断发展,我国的《证券法》也经历了 3 次修正和 1 次修订。

(4) 1999 至 2007 年股权分置改革

股权分置是指 A 股市场上市公司的股份按其能否在证券交易所上市交

易被区分为流通股和非流通股。上市公司公开发行前股东所持股份只能通过协议方式进行转让,称为非流通股;社会公众购买的公开发行股票可以在证券交易所挂牌交易,称为流通股。截至 2004 年底,上市公司总股本 7 149 亿股,其中非流通股股份 4 543 亿股,占上市公司总股本的 64%,在非流通股份中国有股份占 74%。[①]

股权分置产生的根源是对私有化的担忧。如果全部股权公开上市流通任何人都可以购买,就很难保证公有制为主体这项基本原则,当时的股票市场也就不可能被允许建立和发展。另外,国企股改上市主要着眼于探索新的经营机制和筹集部分增量资本,而国有资产转让往往采取行政划拨方式,国有股缺乏上市流通的内在需求。

作为历史遗留的制度性缺陷,股权分置在诸多方面制约了中国资本市场的健康发展。第一,较小的流通股本规模导致公司股价易于被操纵,容易出现较大的波动。第二,非流通股股东主要关注资产净值的增减,股价波动对其影响不大,股价难以对大股东和管理层形成有效的激励和约束。第三,上市公司的资本流通被分割为协议转让和上市交易两个市场,存在两个价格,使得上市公司并购重组等市场化资本运营缺乏定价基础。第四,协议转让市场价格不透明,价格发现不充分,不利于国有资产的顺畅流转和市场化估值。

在股权分置改革之前,曾经有过两次国有股减持的试验,但均不成功。1999 年 9 月,中共十五届四中全会《关于国有企业改革和发展若干重大问题的决定》中指出,要"选择一些信誉好、发展潜力大的国有控股上市公司,在不影响国家控股的前提下,适当减持部分国有股,所得资金由国家用于国有企业的改革和发展"。1999 年 12 月,中国证监会宣布 10 家上市公司拟通过配售方式减持国有股,但由于试点公司选择和配售定价不适当,试点很快被停止。

2001 年 6 月 12 日,国务院颁布《减持国有股筹集社会保障资金管理暂行办法》,开始了以存量发行方式、利用证券市场减持国有股的探索。《管理暂行办法》公布实施后,相继有 13 家上市公司在首发以及 3 家上市公司在增

---

① 刘鸿儒:《变革:中国金融体制发展六十年》,中国金融出版社,2009 年。

发股票时,按规定进行了国有股减持。不过,市场对该办法的反应欠佳,出现较大的波动。主要原因在于,减持以 20 倍左右的市盈率发行,而国有股股东原始认购成本很低,一般在 1 元左右,经过多次送配成本降得更低。强迫公众投资者用流通股市场溢价去接盘国有股股东的退股,有高价"圈钱"嫌疑。2002 年 6 月 23 日,国务院宣布对国内上市公司停止执行《管理暂行办法》中关于利用证券市场减持国有股的规定。

两次国有股减持试点的失败表明,股权分置问题的解决难以一蹴而就。2004 年 1 月 31 日,国务院发布的《国务院关于推进资本市场改革开放和稳定发展的若干意见》,明确提出"积极稳妥解决股权分置问题",并且提出了"在解决这一问题时要遵循市场规律,有利于市场的稳定和发展,切实保护投资者特别是中小公众投资者的合法权益"的总体要求。这里所说的解决股权分置问题与此前的国有股减持具有质的区别,核心在于并不以变现筹资为目的,而是着眼于消除资本市场的制度性缺陷。《若干意见》发布后,证监会、国资委、财政部等部门组成跨部门工作小组,研究提出了"对价论",允许非流通股股东所持股份上市流通,并根据各家上市公司的情况按照市场化方式确定"对价",改变了"公司公开发行前股东所持股份暂不上市流通"的定价预期。

2005 年 4 月 29 日,中国证监会发布《关于上市公司股权分置改革试点有关问题的通知》,启动股权分置改革试点。股权分置改革按照"成熟一家、推出一家"的原则分步实施。5 月 24 日,中工国际工程股份有限公司发布招股说明书,成为"新老划断"后首例新股发行,市场融资功能全面恢复。到 2006 年底,已完成或进入股权分置改革程序的上市公司市值占应改革上市公司总市值的比重达到 98%,股权分置改革任务基本完成。

股权分置改革的顺利推进使国有股、法人股、流通股利益分置、价格分置的问题不复存在,各类股东享有相同的股份上市流通权和股价收益权,各类股票按统一市场机制定价,并成为各类股东共同的利益基础。股权分置改革的基本完成,以及股权分置改革与市场稳定发展相结合的一系列政策措施,消除了影响市场预期稳定的最大不确定因素。可以说,股权分置改革为中国资本市场优化资源配置功能的进一步发挥奠定了市场化基础,使中国资本市场在市场基础制度层面上与国际市场不再有本质的差别,具有划时代的意义。

(5) 2004—2007 年证券公司综合治理

1987 年 9 月,中国成立了第一家专业证券公司:深圳特区证券公司。1988 年,人民银行下拨资金在各省组建了 33 家证券公司,同时财政系统也成立了一批证券公司,主要业务是从事国债的经营。1992 年后,随着全国性证券市场的形成和扩大,证券中介机构也随之急剧增加,这些证券公司股东的背景基本上是银行、地方政府和有关部委。2017 年末,我国共有证券公司 131 家。

由于体制、机制上存在缺陷,证券公司在发展过程中积累了许多矛盾和问题,证券公司随意挪用客户交易结算资金和证券、违规理财以及股东和关联方占用资金等违法违规现象屡有发生。2003 年底至 2004 年上半年,一批证券公司多年积累的风险呈现集中爆发态势,全行业面临成立以来最严重的一次危机。例如,当时全国最大的证券公司南方证券,在 2000 年前后开始操纵哈飞股份和哈药集团,当股价下跌,外部资金难以为继时,便挪用客户保证金来偿还投资本金。2004 年 1 月,由于挪用客户保证金高达 80 亿元以及自营业务的巨额亏损,南方证券发生支付危机,中国证监会、深圳市政府宣布对其行政接管。

为从根本上解决问题,中国证监会根据国务院的部署,按照风险处置、日常监管和推进行业发展三管齐下的思路,对证券公司实施综合治理。措施包括:一是全面摸清证券公司的风险底数,强力督促证券公司整改;二是及时稳妥处置高风险公司,设立证券投资者保护基金,建立风险处置的长效机制;三是鼓励有关方面在符合法律法规和监管规定的前提下,对风险公司进行重组,使其达到持续合规经营标准;四是改革完善客户资金存管、国债回购、资产管理、证券自营等基础性制度,建立证券公司财务信息公开披露制度;五是对证券公司实行分类监管,建立公司业务范围和规模与其净资本动态挂钩的新机制;六是鼓励资质良好的公司创新发展,支持优质公司进一步做优做强;七是完善证券监管机构与公安、司法机关的协作机制,强化责任追究,严肃市场纪律,严厉查处违法违规行为,坚决遏制违法违规活动;八是制定、修改有关法律法规,完善证券公司监管法律法规体系。

2007年8月底,证券公司综合治理工作成功结束,实现了各项主要治理目标。曾严重困扰证券行业健康发展的财务信息虚假、账外经营、挪用客户资产、股东及关联方占用等问题基本解决,初步建立了风险防范的长效机制,各项基础制度得到改革和完善。2006年以来,证券公司扭转了2002—2005年连续4年整体亏损的局面。截至2007年年底,全行业106家公司总资产为17 313亿元、净资产为34 474亿元,分别是2000年年底综合治理之前的354%和283%。2007年,全行业营业收入2 847亿元,实现净利润1 320亿元,赢利公司104家,各项主要财务指标均达到或超过历史最高水平。[1]

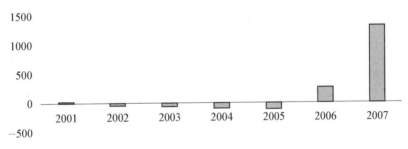

图表23　2001—2007年证券公司净利润(亿元)

数据来源:中国证监会

(6) 近年来,证券市场持续对外开放、积极应对市场震荡,进一步完善了多层次资本市场

中国证券市场逐步进行对外开放。1992年起境外投资者可以进行B股的投资,但限制以美元和港元计价。2002年6月,中国证监会主席周小川在国际会议上首次谈到了设置QFII制度的意向,使得境外机构可以对用人民币计价的A股市场等进行投资。2003年7月,来自瑞银证券的第一单QFII指令发出,首单买入的四只股票全部确认成交,标志着QFII正式登上中国证券市场大舞台。

---

[1] 吴晓灵:《中国金融体制改革30年回顾与展望》,人民日报出版社,2008年。

为了进一步扩大资本市场对外开放、支持香港国际金融中心地位、促进香港离岸人民币市场发展,2011 年 12 月,证监会、央行、外管局联合宣布允许符合条件的基金公司、证券公司的香港子公司作为试点机构开展 RQFII 业务。在 2016 年和 2018 年,央行及外管局逐步实施 QFII 和 RQFII 外汇管理改革,全面放松相关投资限制。截至 2018 年 5 月底,累计有 287 家 QFII 机构合计获得 994.59 亿美元、196 家 RQFII 机构合计获得 6 158.52 亿元人民币投资额度。

除了 QFII/RQFII 制度,2014 年和 2016 年先后开通了"沪港通"和"深港通",使国际和内地投资者可以通过本地交易所的交易和结算系统来交易对方市场的证券。截至 2018 年 8 月,沪港通累计交易金额接近 10 万亿元人民币,深港通累计交易金额达 3.46 万亿元人民币。到 2017 年 7 月,又正式启动了"债券通"机制,允许香港和内地投资者在境内购买对方市场上公开交易的债券。截至 2018 年 5 月底,境外机构持债总量超过 1.4 万亿元人民币,较债券通启动前增加了 70%。

我国也积极应对了金融市场的震荡。2015 年,沪深两地股市在短期内出现暴跌[①],政府采取了一系列措施应对市场波动。2015 年 6 月 28 日,央行宣布降低存款准备金率 25 个基点,但市场继续下跌。证监会对此推出政策拯救,包括:第一,减少近期新股发行数和筹资金额,7 月上旬仅安排 10 只新股上市;第二,吸引境内外长期资金入市,将合格境外机构投资者(QFII)额度由 800 亿美元增至 1 500 亿美元;第三,中国证券金融公司注册资本由 240 亿元(人民币,下同)扩大至 1 000 亿元,以向券商的融资融券业务提供资金;第四,严惩造谣者。2015 年 7 月 4 日上午,内地 21 家券商齐赴证监会开会,决定动用不少于人民币 1 200 亿元集中购买蓝筹股 ETF,试图力托沪综指冲回 4 200 点水平。晚间七点,沪深交易所收到各券商发出的 28 间企业通告,宣布暂缓新股发行。此后政府与监管层又推出了如下措施:证金公司向 21 家证券公司提供 2 600 亿元人民币的信用额度,用于增持股票,证监会也通过股票质押向 21 家证券公司提供 2 600 亿元人民币信用额度。中国金

---

① 股灾期间,上证综指从 6 月 12 日的 5 178.19 点高位跌至 8 月 26 日的 2 850.71 点,急跌 45%;创业板指数由 6 月 5 日 4 037.96 点历史高位,下跌至 9 月 2 日低见 1 779.18 点,跌幅高达 55.9%。

融期货交易所提高中证 500 期指卖空保证金比例至 30%。保监会提高保险资金投资蓝筹股票监管比例。证监会 7 月 8 日公告上市公司持股 5% 以上的股东,6 个月内不准卖自家的股票。国资委要求逾百家中央企业承诺在股灾期间买股票、不卖股票。证监会放宽上市公司大股东及"董监高"(董事、监事、高级管理)人员增持公司股票限制。财政部要求国有金融企业在股价低于合理价格时买进。中央汇金公司承诺不卖所持上市公司股票,继续买进。国务院常务会议决定,各级财政将把已收回的沉淀和违规资金人民币 2 500 多亿元,统筹用于急需领域。公安部副部长孟庆丰于 7 月 9 日亲自率队前往证监会,排查恶意卖出股票与股指的线索。

我国致力于建设和完善多层次资本市场。2003 年 10 月中共十六届三中全会通过的《中共中央关于完善社会主义市场经济体制若干问题的决定》首次提到建立多层次资本市场,该《决定》明确指出要"建立多层次资本市场体系,完善资本市场结构,丰富资本市场产品"。与此相关的具体表述是,要"规范和发展主板市场,推进风险投资和创业板市场建设"。当时因为种种原因,创业板仍然没有推出来,作为替代和过渡,2004 年 5 月在深交所主板内部开设了相对独立的中小企业板块。中小板是指在深圳证券交易所内设立的,为方便规模较小的中小企业股份发行和上市交易的独立板块,是在现行法律不变、主板企业发行上市标准不变的前提下,另设的运行独立、监察独立、代码独立、指数独立的板块。

2007 年 10 月,中共十七大报告的有关表述已经有所深化,强调要"发展各类金融市场,形成多种所有制和多种经营形式、结构合理、功能完善、高效安全的现代金融体系",特别是要"优化资本市场结构,多渠道提高直接融资比重"。2009 年 10 月 30 日,创业板正式在深圳证券交易所上市。数据显示,首批上市的 28 家创业板公司,平均市盈率为 56.7 倍,而市盈率最高的宝德股份达到 81.67 倍,远高于全部 A 股市盈率以及中小板的市盈率。

2012 年 11 月,中共十八大报告更加强调,要"加快发展多层次资本市场"。多层次资本市场包括场内交易的高级市场,如沪深交易所,也包括场外交易的新三板、四板市场。2013 年 11 月党的十八届三中全会通过了《中共中央关于全面深化改革若干重大问题的决定》。其中关于多层次资本市场的认识有了进一步深化,强调要"健全多层次资本市场体系,推进股票发行注册制改革,多渠道推动股权融资,发展并规范债券市场,提高直接融资比重。鼓励金融创新,丰富金融市场层次和产品"。这时候已经更深刻地认识到,需要建立一个更丰富的多层次资本市场,包括:从场内到场外,从公募到私募,从股票到债券,从国内到国际。2013年底,国务院发布了成立全国中小企业股份转让系统(新三板)的有关决定,新三板成为继上交所、深交所之后第三家全国性证券交易场所,主要为创新型、创业型、成长型中小微企业提供服务。过去五年,新三板从挂牌企业不足200家发展到现在的"万家时代",成为全球挂牌企业最多的证券交易场所;从挂牌企业总市值不足300亿增长到5.15万亿,从年融资额不足10亿元增长到近1 400亿元。

2017年1月,国务院办公厅发布了《关于规范发展区域性股权市场的通知》,指出四板市场的功能定位是主要服务于所在省级行政区域内中小微企业的私募证券市场,是多层次资本市场体系的重要组成部分,是地方人民政府扶持中小微企业政策措施的综合运用平台。截至目前,全国已有40家区域性股权市场,服务了8万多家中小微企业,各省区市的区域性股权市场以各具特色的方式,探索为本地企业提供精准化服务。

2018年11月5日,国家主席习近平在首届中国国际进口博览会开幕式上宣布,将在上海证券交易所设立科创板并试点注册制,支持上海国际金融中心和科技创新中心建设,不断完善资本市场基础制度。

三、基本经验：经济学总结

1. 稳健的、以本币为基础的金融深化是经济增长的重要动力

金融深化主要有两个表现：金融产品和金融服务种类、数量的扩大，以及可以购买金融产品和服务的人群的扩大。

学术界常用广义货币量和 GDP 的比值来衡量"金融深化"程度。改革开放的过程伴随着广义货币量 M2 的增长。1990 年末，M2 存量为 1.5 万亿人民币，M2/GDP 比值为 0.78；2017 年末，M2 存量达到 167.7 万亿人民币，M2/GDP 比值达到 2.07。衡量金融深化程度的另一常用指标是金融业增加值在 GDP 中的比重。1992 年金融业增加值为 GDP 的 5.45%，2017 年该比例提高到 7.95%（2017 年美国金融和保险业增加值占 GDP 比重约为 7.5%）。

从金融产品种类和数量看，改革开放之前，居民持有的金融资产主要是储蓄存款，1990 年以来债券和股票市场从无到有，发展壮大。1992 年 12 月末，我国债券（政府债券和公司信用类债券）余额仅为 2 105 亿元，股票总市

图表 24　M2/GDP 跨国比较

数据来源：CEIC 数据库

值仅为 1 048 亿元。2018 年 9 月末,债券(政府债券和公司信用类债券)余额达到 52.2 万亿元,增长为 1992 年的 248 倍;股市总市值达到 48.7 万亿元,增长为 1992 年的 464 倍。另外,据相关测算,2016 年末各类理财产品余额将近 30 万亿元。

风险投资行业也获得长远发展,中国已经成为世界第一风投大国。根据清科研究中心的统计,2017 年中国风投投资规模达 300 亿美元,风投投资额与 GDP 之比达到 0.25%(为 2006 年的 5 倍)。以投资额和机构数目计,中国可能是全球第二大风投市场[1]。以融资额计,2017 年中国风投融资规模为 510 亿美元,连续两年超越美国,成为第一大风投融资市场。中国风投融资额与 GDP 之比达到 0.4%(美国这一比例总体保持在 0.2%—0.3% 之间)。融资规模大于投资导致中国可投资资本存量不断上升,目前已达 1 140 亿美元,接近美国的水平[2]。

同样需要指出的是,以互联网金融产品为主体的新兴金融产品近年来突

---

[1] FactSet 数据显示 2017 年全球风险投资总额中美国占比 55%,中国占比 17%,分列第一、第二位。Preqin 数据显示当前美国风投机构共计 1 199 家,中国风投机构共计 368 家,机构数量在全球主要市场中同样分列第一、第二位。

[2] 参见 https://36kr.com/p/5147457.html。

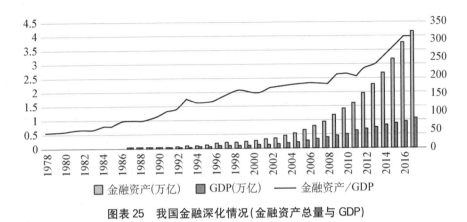

图表 25　我国金融深化情况(金融资产总量与 GDP)

数据来源：国家统计局、银保监会、信托业协会、证券业协会、保险业协会、基金业协会、ACCEPT 测算

飞猛进。根据艾瑞咨询研究报告,2017 年泛线上信贷产品交易规模超过 10 万亿,网络资管规模达到 3.5 万亿。[1]

　　综合上述对各类金融资产情况的分析,并结合前文整理的不同金融类别资产规模的统计数据,我们汇总得到了近年来我国金融资产规模及占 GDP 比重变化情况,我国金融资产近年来保持较快扩张步伐,从 2012 年的 54 万亿扩张到 2017 年的 324 万亿,占 GDP 的比重由 285% 上升到 393%,反映出我国金融深化的程度持续提高[2]。

　　居民持有大量金融资产是硬币的一面。硬币的另一面则是改革开放 40 年来基础设施投资、设备投资和土地投资的蓬勃发展。根据国家统计局数据,1981—2017 年全社会投资累计完成 490 万亿元,年均增长 20.2%。[3]

　　从金融市场的参与人群来看,主要呈现两个特点。第一,广泛性。以股市为例,2018 年 10 月,股市共有账户数 1.4 亿个,即使按照人均 2 个账户计算,也有超过 7 000 万股民。2015 年 5 月股市"高歌猛进"时,上证、深证账户

---

[1] 参见 http://www.199it.com/archives/665901.html。

[2] 需要指出的是,此处对金融资产的统计仍存在遗漏,一些规模较小的类别如期货业等未统计在内。

[3] 参见 http://www.stats.gov.cn/ztjc/ztfx/ggkf40n/201809/t20180906_1621360.html。

数更是双双超过 1 亿①。第二，多层次。2017 年，可投资资产大于 600 万元人民币资产以上人群（"高净值人群"）达到近 190 万人②，其投资目标更偏重保证财富安全、财富传承和子女教育，而非单纯增值。这些人群更加重视海内外资产配置和投资种类配置（例如购买海外房地产和保险产品）。对于"家庭金融资产不低于 500 万元，或者近 3 年本人年均收入不低于 40 万元，且具有 2 年以上投资经历"的合格个人投资者③，可以投资私募基金。2017 年，全国私募基金总体规模逾 11 万亿，基金发行数量为 2.4 万多只④。对于普通个人投资者，主要投资于银行存款、银行理财产品以及公募基金等，其中，随着余额宝等产品的流行，货币市场基金在相当程度上挤占了银行存款的份额。2018 年 9 月末，货币市场基金总量达到 8.92 万亿⑤，而公募基金总量为 11.6 万亿。银行转而依靠理财产品留住投资者和提高利润，2017 年底，一般个人类理财产品存续余额为 14.6 万亿元，年增幅近 1/4，占理财总规模的近 1/2。

中国改革开放以来的金融深化是稳健的、以本币为基础的。首先，政府精准控制和紧密监管金融产品创新和发展。例如，2018 年 3 月，政府发布《关于规范金融机构资产管理业务的指导意见》，私募基金的投资门槛从"投资于单只私募基金的金额不低于 100 万元且符合相关标准的单位和个人；个人金融资产不低于 300 万元或者最近 3 年年均收入不低于 50 万元"调整至"家庭金融资产不低于 500 万元，或者近 3 年本人年均收入不低于 40 万元，且具有 2 年以上投资经历；最近 1 年末净资产不低于 1 000 万元的法人单位"，事实上是提高门槛。其次，政府限制居民购买国外金融资产。其主要措施包括：设置个人年度购汇便利化额度（5 万美元），设置境外提款限额（10 万人民币），对境外资本市场投资要通过经审批的合格境内机构投资者（QDII）等，以限制"资本外逃"。

这一稳健的、以本币为基础的金融深化过程促进了经济的发展。首先，

---

① 参见 http://data.eastmoney.com/cjsj/yzgptj/2015-05-25%5E2015-05-29.html。
② 参见 https://baijiahao.baidu.com/s? id=16036926872614082518.wfr=spider8.for=pc。
③ 参见 https://finance.sina.com.cn/stock/y/2017-11-17/doc-ifynwnty4270779.shtml。
④ 参见 http://funds.hexun.com/2018-03-21/192673561.html。
⑤ 参见 https://baijiahao.baidu.com/s? id=16160152858838270778.wfr=spider8.for=pc。

更多的投资者可以从金融市场的发展中获得资本性收益,更多的企业和个人可以获得金融市场的资金支持。其次,金融产品种类和数量的膨胀,吸纳了大量货币,使得央行在维持稳定通胀的同时具备了更大的货币政策空间,从而减轻了财政政策的压力。

2. 积极有效地化解金融风险,保持金融稳定

中国政府始终高度重视并积极主动地化解金融风险,在此过程中强调维持社会的稳定。中间虽然经历过一系列的金融风险事件,但在政府的积极参与下,最终都得以有效化解,避免了系统性金融危机和大规模社会不稳定事件的发生。

首先,中国政府始终把防范化解金融风险放在突出位置。自1997年后,中国每5年召开一次全国金融工作会议,针对系统性金融风险的防范、健全金融监管体系等主题进行深入讨论。在2008年金融危机期间,国务院成立由王岐山担任组长的应对国际金融危机小组,同时他还主持建立了旬会制度,进一步加强"一行三会"的协调配合,密切关注并着力应对国际金融危机。在近年来经济金融形势不稳的背景下,国务院层面专门成立了"金融发展稳定委员会",行政级别高于"一行两会",国务院副总理任委员会主任,专门协调金融稳定和改革发展的问题。

其次,政府应在预防系统性危机产生方面发挥重要作用。与国外相比,中国积极果断地采取措施,较为成功地应对了1997年的亚洲金融危机和2008年的全球金融危机,保持了中国金融体系的基本稳定。亚洲金融危机期间,中国对货币市场加强宏观调控,同时,央行2次降准、6次降息,1998年新增发国债1 500亿元,用成功的调控维持了宏观稳定。全球金融危机期间,央行4次降准,5次降息,通过大规模一揽子计划加大对国内市场的刺激,扩大内需,投资民生领域,促进经济平稳过渡。

最后,政府在化解金融风险的过程中要处理好社会稳定问题。社会稳定是经济持续发展的基础,在中国这样人口众多、社会多元的发展中国家尤其要强调改革力度保持在社会稳定的容忍范围之内。中国政府的做法具体

表现在以下三个方面：第一，在迫不得已的情况下区别对待境内公众投资人和境外机构投资者的资金安全。例如，在 2004 年南方证券破产案的处理中，央行专门提供 87 亿元再贷款，以帮助南方证券全部偿还之前挪用的股民的保证金。相比之下，1998 年广东国际信托破产案中的机构投资者就没有这么幸运，除境内自然人存款的 7 亿多元本金①被安排由中国银行代为全部清偿外，其余 388 亿内外债一视同仁（包括境外债权人 320 亿），最终清偿率不足两成②。第二，不同类型监管机构的基层设置与人员配备规模不同。人民银行下沉到县级，银监会下沉到市级，而证监会只下沉到省级；银行监管机构的从业人员规模也远超证券监管机构的人员规模，反映出政府对于保护居民存款安全、维护社会稳定的重视。第三，政府对不同类型金融违法行为的处罚力度不同，例如集资诈骗罪最高可判处死刑，但证券市场违法行为的处罚力度较弱，原因就在于两者对于社会稳定的影响程度有差异。

3. 金融体系的发展离不开政府培育和调控

中国金融体系 40 年的发展历程清楚地表明，单靠金融市场的自发调节难以保证金融市场高效稳定运行，政府必须参与到金融体系的培育和调控之中。这一方面是因为金融体系的复杂性和关联性，一旦发生扭曲和失败，其后果往往比其他市场更为严重；另一方面是因为金融体系能否顺利运行关系到个人、企业和经济的发展，本身是一种公共产品，具有巨大的外部性。

从微观层面来看，微观主体的金融市场行为需要政府予以规范。由于资本本身具有逐利动机，单纯依靠金融主体自发的调节与矫正往往会最终导致扭曲与混乱。例如 90 年代初证监会成立以前，"股票热"浪潮席卷全国，从中小企业到大型企业，自发的、随意的股票发行和证券市场在各地泛滥。人们甚至形成了一种错误观念，认为买了股票就能发财。在这种狂热的氛

① 包括了 9 个证券营业部挪用的 1.32 亿元股民保证金，数据来源是"原广东国际信托投资公司破产案审判纪实"，http://www.chinanews.com/n/2003-03-01/26/277482.html。
② 数值为申报债权金额，数据来源是中华人民共和国最高人民法院公报，http://gongbao.court.gov.cn/details/bba0bd0d46cb19999c24e15b160713.html。

围下，人们哄抢股票认购表，最终在 1992 年酿成了震动全国的"8·10 事件"。这一事件表明，随着股份制改革的深化和各种有价证券的发行，特别是股票市场的迅猛发展，必须建立一个集中统一的监管机构，统一法规，统一制度，统一监管。正是在这样的背景下，国务院组建了中国证券监督管理委员会。

从行业发展来看，政府调控是推动行业改革的有效力量。90 年代国有商业银行积累了大量风险，一度引起国际社会的广泛关注，一些国际媒体和机构甚至曾在当时做出过中国国有独资商业银行"在技术上已经破产"的判断。为了解决国有独资商业银行的巨额不良资产问题，政府投入了大量资源，包括 1998 年发行 2 700 亿元特别国债补充四家国有独资商业银行资本金，1999 年剥离四家银行不良贷款 1.4 万亿民币[①]，交由专门成立的四家金融资产管理公司处置，2003 年后推动国有商业银行股改上市等。可以说，没有政府的介入和支持，单靠银行自身力量，是不可能安全化解当时的危机的。

从宏观层面来看，化解系统性危机需要政府介入。以 2008 年经济危机为例，在此之前占据西方社会主导地位的新自由主义理论的核心思想是限制政府活动，主张"无监管的市场更优越"。但危机的爆发表明，市场的自我矫正无法控制风险、重塑信心、再造资产负债表和重启经济增长。只有国家力量和政府机构才能解决这些问题：关键时期充当金融体系的"救生筏"，使其免于崩溃；向实体经济提供直接刺激，弥补私人需求的骤然下降；设计全国性和全球性的监管机制，避免类似的危机事件重蹈覆辙。事实上，对于系统性的金融风险和危机事件，相对于强有力的政府介入，目前还没有任何其他可替代的私人金融市场解决方案。[②]

---

① 根据唐双宁 2005 年 3 月 25 日《关于国有商业银行改革的几个问题——在中国金融学会 2005 学术年会上的演讲》，当时剥离的 13 939 亿元资产包括四家国有银行的不良贷款约为 10 000 亿元，和国开行 1 000 亿元，表内利息 1 000 多亿元，为债转股剥离正常贷款 1 000 多亿元。

② 马勇、陈雨露：《金融发展中的政府与市场关系："国家禀赋"与有效边界》，《财贸经济》，2014 年第 3 期，第 49—58 页。

四、深化改革的方向

金融体系的改革还在路上，需要进一步改善结构、提高质量。

第一，大力完善债券融资体系。债券市场可以成为中国金融体系深化改革的抓手和突破口。金融理论告诉我们，股权融资对信息高度敏感，需要一整套制度来保证信息透明，强化投资者监督管理层的能力和参与决策的权利；但债权融资相对来说对信息不敏感，因为只有当企业经营绩效很差、现金流吃紧、可能导致债券违约时，债权人的利益才会受到影响。当前我国市场化和法制化水平尚待提升，其需要一个长期过程，需要啃"硬骨头"，故股市改革是"持久战"。但债市改革可以顺势而为、短期见功。其关键是地方政府债券融资体系的改革——"开前门、堵后门"，拓宽地方政府债券融资渠道，把地方政府的基建融资从银行体系中"剥离"出去。

2015 年以来，根据财政部的要求，各地发行地方政府债券以置换非政府债券形式债务。截至 2018 年 10 月，全国地方政府债务约 18.4 万亿，其中绝大多数为政府债券（18.15 万亿，约占 98.6%），剩余平均年限为 4.5 年。但除此之外，地方政府还绕过上级政府的监管，通过各种形式去借款形成隐形债务，对此比较集中的估计值是 30 万亿左右。这 30 万亿债务，归根结底来自于银行体系。一方面，地方政府通过各种渠道从银行获取资金，挤占了企业可以获取的信贷资源。银行贷款以中短期为主,假如按照五年期贷款计算,这 30 万亿隐性债务每年的周转会占用 6 万亿的银行贷款额度。而银行体系每年新增贷款规模约 14 万亿,加上收回移位再贷款约 25 万亿,总共约 40 万亿,地方政府银行债务的维持每年将占用银行信贷资源的 15%。对于银行而言,贷款给地方政府及其关联的机构和企业,交易成本低且风险可控,但这也导致了企业尤其是中小企业融资难、融资贵的问题。另一方面,地方政府获取银行信贷资金的成本较高,利息费用负担大。试想,如果从发改委、财政部、审计署以及其他相关部门抽调职能人员,成立一个全国性的基础设施投资公司,专业地统一管理地方政府所有基建项目的投融资,该公司可在中央政府的担保下,代理发行地方政府专项债,进行大规模、低成本的融资。如果基础设施投资公司的整体融资成本按当前十年期国债的年化利率计为 3.5%,而地方政府单独通过银行信贷进行融资的市场利率计为 7%,隐形债务规模计为 30 万亿,则每年可节省政府 1 万亿的利息成本。总之,完善地方政府的债券融资体系,把地方政府的基建融资从银行信贷体系中"剥离"、进行统一协调和管理,能显著缓解企业尤其是中小企业的融资压力,同时有助于维持基建投资的稳定、高效。

第二,大力建设和完善资本市场发展所需要的制度基础。"硬骨头"必须要啃,立法固不可少,强化司法和执法体系更为关键。我们曾在之前的研究报告中多次呼吁建立全国性的证券法院和证券检察院。2018 年 8 月,上海金融法院正式揭牌成立,可谓迈出了重要一步,但证券检察院依然缺位。同时,资本市场的快速发展增加了监管复杂度,对监管机构的监管力量和专业程度提出了更高要求,而与银保监会相比,证监系统监管力量相对薄弱。近期,银保监会派出机构增设县局,改为省、市、县三级架构,监管力量进一步下沉。即使在本次改革之前,原银监会系统已经有 36 个银监局、306 个银监分局和 1 730 个监管办事处,另加 4 个培训中心,总人数超过 2.3 万人;原保监会则设有 36 个省级保监局、13 个地市级保监分局,总人数在 3 000 人左右。与之相比,证监系统只有 36 个证监局,以及 2 个证券监管专员办事处(上海、深圳),总人数不到 3 000 人。我们需要强化证券系统的监管力量。另外,我们也需要加强公安系统证券侦查的力度和专业程度。对于违法违规行为要加大处罚力度。在非法集资方面的处罚可以达到死缓甚至死刑[1]，但股票市场的处罚力度较轻，操纵市场、违法所得接近百亿的案件仅判罚 5 年半有期徒刑（另处罚金）[2]。美国对内幕交易等行为的处罚更加严厉，2007—2012 年内幕交易罪判罚平均为 1 年半，超过 10 年的判罚并不罕见，且有逐渐加码的趋势。[3] 总之，只有加大资本市场违法违规行为的监管和处罚力度，才能有效遏制资本市场的违规、违法操作，保护投资者的正当权利不受侵害。

第三，推动金融体系（包括资本账户）逐步有序的开放，但金融深化需要坚持以本币为基础，应继续精心管理资本流动。资本账户的开放需要配合一系列调整，例如人民币汇率形成机制改革和利率市场化推进，否则容易导致货币投机和资本外逃。在资本账户逐步有序开放的过程中，一方面，要进一步强化国内金融机构的竞争力，提升金融产品质量和服务水平；另一方面，要引导居民和企业理性地进行跨境资产配置，保持资本流动、汇率、利率的稳定。

---

① 张博华：《沈太福集资案》，http://finance. nen. com. cn/system/2016/06/08/019159589. shtml，2016 年 6 月 8 日。陶喜年：《吴英案全记录：亿万富姐罪与罚》，http://finance. ifeng. com/a/20181022/16537140_0. shtml，2018 年 10 月 22 日。

② 中国基金业协会：《纪律处分决定书（上海泽熙投资管理有限公司）》，http://fund. jrj. com. cn/2017/06/07190522584038. shtml，2017 年 6 月 7 日。

③ Nate Raymond, "Insider traders in U. S. face longer prison terms", https://www. reuters. com/article/us-insidertrading-prison-insight/insider-traders-in-u-s-face-longer-prison-terms-reuters-analysis-shows-idUSKBN0GX0A820140902，2014 年 9 月 2 日。

第四部分

以学习为导向的对外开放

对外开放是中国过去四十年经济转型升级的重要侧面。改革与开放相互促进,相得益彰,共同推动中国的发展。在当前贸易保护主义、国际单边主义抬头的背景下,分析与总结中国的对外开放具有极强的现实意义。

本部分首先分析中国四十年对外开放的基本事实。

经过四十年的发展,中国已经由一个封闭国家发展为开放大经济体,并在开放中不断地转型升级。从一个几乎与外界经济隔绝的封闭状态起步,中国用四十年的时间成为世界第一大出口国、第二大进口国、第二大外国直接投资目的地,广泛参与全球价值链与分工体系,成为经济全球化的重要力量。对外开放极大地促进了中国的发展与改革,中国通过与世界先进经济体的交往,学习国际先进的制度、知识、理念,逐步建立起市场经济体系,并在各个领域实现"与国际接轨"。同时,中国经济在开放中实现升级,在装备制造、科学技术等领域取得了瞩目成就,在全球价值链上稳步攀升。

同时,中国的对外开放为全球经济发展做出了贡献。中国在开放进程中大力吸引外资,一大批跨国企业进入中国,利用中国的劳动力、土地等要素进行生产,取得了丰厚回报。同时,中国企业在开放过程中迅速学习成长,在一些领域打破国际巨头垄断,增加了市场供给,推动了行业竞争、创新与可持续发展。最后,中国经济的增长对全球形成了相当大的拉动作用,带动其他国家、地区实现繁荣。

在开放的过程中,中国经济也遭遇到了来自国际市场的负面冲击,这些冲击给部分地区、产业带来了巨大的经济、社会包袱,但中国的企业家、劳动者与政府共同努力,消解了这些影响。随着国外产品的涌入,装备制造、纺织等行业原有的国有企业进一步陷入困境,数百万工人下岗,东北等工业城市背负了沉重的社会负担。面对危局,政府做了大量工作,帮助下岗职工渡过难关、重新就业,并通过土地、金融等政策协同发力,帮助企业、地区转型升级。可以说,开放让中国的许多城市陷入比底特律更困难的境地,但都避免了底特律式的衰败。

国际金融危机爆发后,中国面临外需疲软、资本流出的压力,加之国内经济主体利益纠葛日趋复杂,2008 年后中国部分行业对外开放的步伐有所放缓,汽车产业、金融等领域尤为明显。然而,在习近平总书记等领导人的强力推动下,2018 年中国推出了一系列政策,对外开放再次提速。目前,中国已成为应对贸易保护主义与单边主义的重要力量。

其次,本部分梳理开放的基本历程,将中国的对外开放过程划分为六个阶段。

(1)1970—1975 年成套引进设备,如 1972 年"四·三方案"引进 43 亿美元化纤、化肥、发电等项目。(2)1979—1983 年探索开放政策,标志性事件是 1979 年设立经济特区,开始借用外债,创办合资企业。(3)1984—1992 年扩大沿海地区开放、优化外资营商环境,如开放海南、设立沿海四个城市的经济技术开发区以及长三角、珠三角、厦漳泉三角州的开放区。(4)1992—2000 年以建立市场经济体系为参照扩大、深化开放。1992 年邓小平南巡讲话后外资加速涌入,此后中国逐步完成降低贸易壁垒、汇率并轨、经常账户可兑换、金融服务业开放试点、应对亚洲金融危机等一系列任务,并积极进行入世谈判。(5)2001—2007 年全面深化开放,融入全球经济体系。2001 年中国正式加入 WTO,经济平稳快速发展,对世界经济增长的贡献逐步提高,并进一步降低关税,放宽外资准入,试点资本账户开放。(6)金融危机后参与全球经济治理,以实际行动支持经济全球化。在 G20、APEC、金砖峰会等国际机制中发挥重要影响力,并通过建立亚投行、提出"一带一路"倡议等来补充现有的国际经济治理体系。

最后,本部分从这些事实出发进行经济学总结。

第一,开放迫使中国本国的经济主体学习国际上最先进的知识、制度、理念,并结合中国实际付诸实践,开放对中国而言最根本的作用正在于此。在开放的过程中,中国本土企业家、劳动者与政府在进出口贸易、合办企业中与国际先进企业互动,走出国门考察实践,积极学习,认识、理解市场经济,树立市场经济的基本理念,并逐步建立起市场经济的氛围、制度,促进中国经济在开放中不断升级。我们认为,中国在开放过程中的确发挥了比较优势,但其影响是有限的。事实上,在过去四十年的发展历程中,中国的一些成功的经济实践恰恰违背了所谓的比较优势;纵观世界各国的经济史,许多国家在工业化过程中也并未将发挥比较优势作为重要战略,英国、美国、德国都是如此。同时,我们赞同对外开放引进了技术,带来了资金,创造了就业、税收，但从宏观层面看，学习所带来的影响更加深远。

第二，一个平稳、可持续的开放进程需要政府精心地管理与引导，"一蹴而就"的开放并不能给经济带来长期的增长与繁荣。中国政府对开放的管理主要体现在三个方面。第一，政府始终以培育经济的内生增长能力为核心，注重经济自身的"造血能力"。中国政府（特别是中央政府）注重引导实体经济的转型升级，同时充分认识在开放中学习所带来的深远影响。由此，中央政府出台了一系列政策鼓励招商引资，以极大的政治勇气与决心不断深入地推进对外开放，并在适度保护本国企业与引进外部竞争间保持动态平衡。第二，认识到开放会对一些产业、地区、群体带来重大冲击，并尽力帮助市场主体消解这些负面影响。第三，注重引导、约束微观经济主体的短期非理性行为，严控外债与资本流动。中国政府自引进外资之初就极为重视外债偿付，将外汇视为战略资源精心配置，谨慎地制定汇率政策，避免了国际收支危机。

近一段时间以来，国际形势发生深刻变化。昔日经济全球化的推动者美国在特朗普主义的带动下实行美国优先的贸易保护政策，主动挑起与中国的贸易冲突，甚至在技术、人员来往等领域祭出封锁、限制交流等恐吓手段。面对这一局面，我们应冷静分析、沉着应对，以开放、成熟、自信的心态继续加快学习世界上一切先进知识、技术、理念，并结合中国实际付诸实践，推动中国经济进一步转型升级。具体而言，应通过"请进来"、扩大开放、促进人员交流等措施推进科技、社会治理、金融法制化建设、对外投资与国际经济治理等领域的学习，以学习应对冲突与封锁，避免因为狭隘的民族主义情绪而停滞不前。唯有如此，我们才能不断地进步，将改革开放的事业推向深入。

一、中国对外开放的基本事实

改革开放四十年来，中国通过不断深化改革努力提升中国经济的开放程度，走出了一条平稳、有序、有管理的对外开放之路。四十年的对外开放实践中，中国企业、劳动者和政府成功应对了开放给中国经济带来的巨大冲击，并且在开放中实现了产业结构升级，建立和完善了市场经济制度，实现了融入世界经济的战略目标。中国作为世界上最大的发展中国家、最大的转型经济体，以开放促改革，依靠借鉴、吸收和创新，将自身低成的本劳动力、规模优势、土地等资源与国际资本、技术相结合，迅速形成巨大的生产能力，推动了经济增长。

开放中迅速增长的中国经济也为世界经济发展做出了重要贡献。经过改革开放四十年的发展，中国已成为全球领先的巨大消费市场，外商在华获得了跨境投资、进入中国市场等大量商业机会，各国企业在与中国的经济交往中充分共享中国经济发展的巨大机遇。中国的对外开放在拉动全球经济增长、促进经济结构升级等方面都发挥了重要作用。与此同时，在经济全球化深入发展、国际化生产普遍存在的今天，中国制造业的规模优势逐渐凸显，展现出强大的零部件加工生产和组装等配套能力，这也使得全球制造业的生产成本不断降低，促进了行业竞争，提高了全球消费者的经济福利。

1. 中国经济融入世界并在开放中实现产业升级

(1) 中国经济融入世界

在中国改革开放的伟大历史进程中,对外贸易和外国直接投资(Foreign Direct Investment,FDI)始终扮演着重要角色。四十年来,中国努力推进外贸体制改革,积极融入全球经济,实现国际贸易规模和 FDI 历史性增长,跃居为世界货物贸易第一大国和第二大外国直接投资目的地国,创造了世界经济发展史上的奇迹。

贸易总量突飞猛进。改革开放四十年,中国货物贸易进出口总额从1978 年的 206.4 亿美元增至 2017 年的 4.1 万亿美元,成为全球第一大贸易国,增长了 197 倍,年均增速达到 14.5%,每五年将近翻一番。1978 年中国货物出口占世界市场份额不足 1%,至 2017 年这一份额迅速增长为 12.8%,成为全球第一大出口国;进口方面,2017 年我国进口额占世界市场份额的10.2%,成为仅次于美国的全球第二大进口国[1]。

市场覆盖全球。从 2017 年的数据看,经过改革开放四十年的发展,中国贸易伙伴已经由 20 世纪 70 年代末的 45 个发展到 231 个[2];从市场分布来看,欧盟、美国、东盟、日本和金砖国家是当前中国主要的贸易伙伴,其中对欧盟和美国的进出口占中国进出口总额的 29.3%[3];从各个市场的发展趋势上来看,近年来中国与新兴市场国家、"一带一路"沿线国家的贸易持续较快增长,例如东盟在中国出口市场中的占比从 2000 年的 7.0%提高到 2017 年的 12.5%,非洲地区从 2000 年的 2.0%提高到 2017 年的 4.1%[4]。

吸收外资最多的发展中国家。2017 年全球 FDI 流入金额排名前四的国

---

① 以上进出口数据来自世界贸易组织(World Trade Organization,WTO)。其中,2009 年中国货物出口额首次超过德国,成为世界第一大出口国。
② 数据来源为国际货币基金组织贸易流向数据库(IMF Direction of Trade Statistics)。
③ 数据来源为海关总署。
④ 数据来源为国家统计局。

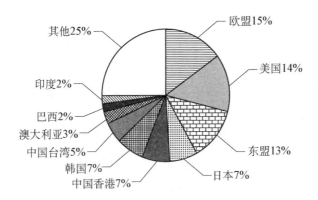

图表 1　2017 年中国对主要贸易伙伴进出口占比

数据来源：CEIC 数据库，ACCEPT 计算

家与地区分别为美国、中国大陆、中国香港和巴西,在 2017 年全球 FDI 锐减
23%的背景下,中国大陆吸收的外资不降反升,占全球 FDI 流入量的
9.53%,蝉联全球第二大外国直接投资目的地,高出排名第三的中国香港
320 亿美元(是中国香港的 1.3 倍),高出排名第四的巴西 736 亿美元(是巴
西的 2.2 倍)[①]。截至 2017 年,全球 FDI 存量 31.52 万亿美元,流入中国大
陆的 FDI 存量为 1.49 万亿美元,占全球 FDI 存量的 4.73%,排名世界第四。
对比 FDI 存量全球前四的国家与地区,中国大陆 FDI 存量分别相当于美国、
中国香港和英国当前存量的 19.1%、75.8%和 95.4%。[②]

　　制造业和服务业出口在全球价值链中的"枢纽"角色。经过改革开放四
十年的发展,中国制造业和服务业出口在全球价值链中的参与程度不断加
深,在全球价值链上稳步攀升,依靠配套能力、市场与技术创新能力为全球
经济主体服务。从近二十年的发展趋势看,我国劳动密集型行业的国际竞

① 联合国贸易和发展组织（UNCATD）,2018：《世界投资报告 2018》,https://unctad. org/en/
　　PublicationsLibrary/wir2018_overview_ch. pdf[2018－11－15]；中华人民共和国商务部、国家统
　　计局、国家外汇管理局,2017：《2016 年度中国对外直接投资统计公报》,http://www. mofcom.
　　gov. cn/article/tongjiziliao/dgzz/201803/20180302722851. shtml[2018－11－15]；中华人民共和
　　国商务部、国家统计局、国家外汇管理局,2018：《2017 年度中国对外直接投资统计公报》,http://
　　www. mofcom. gov. cn/article/tongjiziliao/dgzz/201809/20180902791492. shtml[2018－11－15]。
② 联合国贸易和发展组织（UNCATD）,2018：《世界投资报告 2018》,https://unctad. org/en/
　　PublicationsLibrary/wir2018_overview_ch. pdf[2018－11－15]。

争优势已开始逐步下行,而资本和技术密集型制造业的国际竞争力却已显著提升,中国已经成长为全球中间品的最大供应国,在全球价值链中扮演着关键的"枢纽"角色[①]。

中国跨国企业在全球竞争中表现突出。截至 2016 年末,共有 2.4 万家中资企业在境外设立 3.7 万家对外直接投资企业,年末境外企业员工总数286.5 万人,其中雇佣外方员工 134.3 万人,中国企业向境内外投资所在国(地区)缴纳各种税金总额近 300 亿美元[②]。从行业分布看,制造业和批发零售业是中国开展对外直接投资企业最多的行业,约占投资企业总数的 60%。从流量看,中央直属国有企业已不再是开展对外直接投资的主要力量,其占比只有 0.7%;地域分布上,亚洲设立的企业最多占投资境外企业总数的55.8%,其次是北美和欧洲,分别占 15.2%和 11.3%。

(2) 中国在开放中实现产业升级

从 FDI 溢出效应的文献来看,外资企业带来的技术既可能带来积极的升级效应,亦可产生负面的挤出效应[③]。对于中国来说,2017 年中国人均GDP 只相当于美国的 27%[④]。在过去 40 年中,特别是改革开放初期,中国与美国等发达国家之间存在巨大的技术差距,在与发达国家的贸易和合作经营过程中技术的溢出效应显著。

在短短四十年中,中国的经济结构与产业结构已经发生了深刻的变化。中国出口商品结构在 20 世纪 80 年代实现了由初级产品为主向工业制成品为主的转变;90 年代实现了由轻纺产品为主向机电产品为主的转变;进入 21世纪以来,以电子和信息技术为代表的高新技术产品出口占比不断提高。1985 年至 2017 年,中国机电产品出口从 16.8 亿美元增加到 1.32 万亿美

---

① 张会清、翟孝强:《中国参与全球价值链的特征与启示》,《数量经济技术经济研究》,2018 年第 1期,第 3—22 页。

② 中华人民共和国商务部:《中国对外投资合作发展报告 2017》,http://fec. mofcom. gov. cn/article/tzhzcj/tzhz/upload/zgdwtzhzfzbg2017. pdf[2018 - 11 - 15]。

③ Javorcik, BS. , "Does foreign direct investment increase the productivity of domestic firms? In search of spillovers through backward linkages. " American economic review 94, no. 3(2004):605 - 627.

④ 按照购买力平价计算。

元,增长 785 倍,年均增速达到 23.2%,占全球市场的份额从微不足道升至 17% 以上,2017 年机电产品出口占全国出口总额的 58.4%。同期,高新技术产品占中国出口比重从 2% 左右提高到 28.8%。[1]

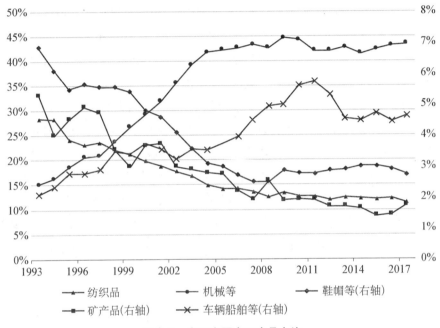

图表 2　中国主要出口产品占比

数据来源：CEIC 数据库,ACCEPT 计算

1978 年的改革开放打开了中国封闭的国门,从 1980 年的第一家中外合资企业[2],到目前的约 50.5 万户外商投资企业[3],这些在华外资企业不仅通过自身的生产活动创造价值、提供就业岗位,更在技术创新、市场管理和制度创新等方面为中国企业起到了示范作用。外资企业通常会带来新科技、

---

[1] 数据来源为 CEIC 数据库。

[2] 1980 年 5 月 3 日,北京航空食品有限公司成立,这是中国第一家合资企业,在国家工商行政管理局注册编号是"001",人们风趣地称为"天字第一号"。详见：李婕,2018,《北京航食："001 号"合资企业,难忘的"新鲜空气"》,新华网转载《人民日报海外版》,http://www.xinhuanet.com/fortune/2018-08/14/c_1123264464.htm[2018 - 11 - 15]。

[3] 数据来自国家统计局截至 2016 年底的"外商投资企业数（户）"数据。

新组织形式等,这促使国内潜在创业者对其进行学习;同时这种示范作用也帮助国内的企业家改进现有产品、提高市场竞争力,从而促进产业升级[①]。事实上,Liu等(2014)利用企业调查的微观数据发现管理层拥有外资企业工作经历的创业企业在员工激励、法律仲裁等方面有更好的机制设计,并认为是FDI外溢性的重要通道之一。[②]例如,中国工程机械就是在开放中成长起来并实现产业升级的行业。经过多年的学习、借鉴、吸收和自主创新,中国工程机械的优势地位明显,工程机械产品自给率大大提升,全球化服务质量大幅提高。到2016年,中国工程机械行业出口170亿美元,其中的10家工程机械企业进入世界工程机械50强行列,技术创新能力不断得到提升[③]。

除了示范作用之外,外资在华企业还通过供应链拓展带动中国相关配套企业走出去,在加入全球产业链和融入全球市场的过程中,推动了企业发展和产业升级。例如,福耀玻璃、延峰饰件和上海昌辉等均是在美国通用和德国大众的带动下在美国投资建厂,为各自在美国的整车企业客户提供配套零部件的研发和生产[④]。中国的零部件企业跟随外资厂商在成熟市场国家投资建厂,为进一步深度参与整车设计开发、加强企业供货效率和市场服务能力提供了有利条件,中国零部件企业也在这个过程中提高了企业的竞争力,逐步建立了品牌影响力,进而实现产业升级。

在开放的过程中,中国企业出于转型升级的需要,通过并购发达国家优质资产、学习其先进管理模式等方式,进入高附加值产业,提高国际竞争力。在这个过程中,中国的投资也为东道国经济发展注入强大动力,并创造大量就业。例如,北方重工成功并购德国维尔特控股公司/法国NFM公司,使得北方重工在盾构机制造方面获得巨大的技术优势,帮助中国的盾构机制造

---

① 李艳、柳士昌:《全球价值链背景下外资开放与产业升级——一个基于准自然实验的经验研究》,《中国软科学》2018年第8期,第165—174页。

② Liu, Q., Lu, Ru., Zhang, C., 2017, "Entrepreneurship and spillovers from multinationals": Evidence from Chinese private firms, China Economic Review, Volume 29, PP 95 - 106.

③ 2001~2016年中国工程机械行业共获国家科技进步一等奖1项,二等奖4项,获国家技术发明奖二等奖2项;获接工业科技特等奖一项,一等奖25项,二等奖101项,三等奖174项。详见中华人民共和国商务部,2017:《中国对外投资合作发展报告2017》,http://fec.mofcom.gov.cn/article/tzhzcj/tzhz/upload/zgdwtzhzfzbg2017.pdf[2018 - 11 - 15]。

④ 延锋饰件和江森自控进行内饰业务整合后,成为全球最大的内饰件供应商,分别在美国堪萨斯州和田纳西州等地建厂,为美国通用和德国大众的部分车型提供内饰产品。

业实现了产业升级[1];中国交通建设股份有限公司(China Communications Construction Company)对澳大利亚建筑设计公司 JohnHolland 的并购显著提升其在基础设施上游设计领域的竞争力[2];中粮集团收购国际粮食贸易巨头 Nidera 股权提升其在国际粮食贸易价值链的地位[3]。

同时,过去四十年中,中国的政府官员、企业家、学生、劳动者不断到世界各地考察学习、吸收养分。从 1978 年的四个中共中央高级代表团开始,一批批的考察团和留学生走出国门,以敏而好学的姿态、时不我待的心态,不断地把世界上关于经济社会发展的先进理念带回来,结合中国的实际国情,付诸经济发展和社会改革的实践。至 2017 年底,我国累计已有 519.49 万人出国留学,其中 374.08 万人已完成学业,313.2 万人选择在完成学业后回国发展,占已完成学业群体的 83.73%。[4] 在这样的学习、借鉴、吸收和创新的过程中,中国人民投身到经济全球化的滚滚大潮中,不断迈出坚实的时代步伐。

2. 中国的对外开放贡献全球经济发展

改革开放以来,中国低成本和具备规模效应的生产要素与国际资本、技术相结合,迅速形成强大的生产能力,深刻融入了全球产业链、价值链,推动了世界经济增长,为世界经济发展作出了重要贡献。开放的中国市场不仅已经成为全球领先的巨大消费市场,更成为全球仅次于美国的第二大 FDI 目的地国,来华投资企业在过去中国经济快速增长的过程中,分享了巨大的增长红利。根据统计数据,仅加入 WTO 之后的 16 年间,在华外商及港澳台

[1] 姜敏,2007:《北方重工并购德国维尔特控股公司/法国 NFM 公司》,http://finance.people.com. cn/GB/6181939.html[2018-11-15]。

[2] 杰米·史密斯,米强,2014:《中交集团 11.5 亿澳元收购澳洲建筑商》,《金融时报》中文网, http://www.ftchinese.com/story/001059633? full=y&archive[2018-11-15]。

[3] 中国证券网:《中粮集团收购 Nidera 全部股权》,http://news.cnstock.com/news,bwkx-201608- 3881870.htm[2018-11-15]。

[4] 张烁:《中国去年出国留学人数首破 60 万》,《人民日报海外版》,2018 年 3 月 31 日第 02 版。

商投资工业企业累计利润总额就超过 15.57 万亿①（接近以人民币计价的英国 2017 年 GDP）。与此同时，在经济全球化深入发展、全球价值链国际深化的今天，中国基础制造业的规模优势逐渐凸显，展现出强大的零部件加工、生产、组装等配套能力和竞争力，这使得全球制造业的生产成本不断降低，促进了行业竞争，提高了全球消费者的经济福利。

(1) 经贸合作的直接贡献

从贸易来看，发展中的中国经济成为全球最大的商品销售市场，2017 年中国的货物贸易进出口总额已达到 4.1 万亿美元，居世界第一；服务贸易进出口总额已达 6 956.8 亿美元，居世界第二②。改革开放四十年间，中国累计从境外进口了价值 21.78 万亿元的货物③，目前已经成为全球 120 多个国家和地区最大的贸易伙伴国，加入 WTO 的二十年间，中国不断扩大对外开放，主动融入经济全球化的大潮，已经成为世界经济增长的重要引擎。

图表 3　中美进口占自身 GDP 的比例

数据来源：CEIC 数据库，ACCEPT 计算

---

① 指 2001 年至 2016 年的 16 年，利润总额数据来自中国国家统计局。

② 数据来源于世界贸易组织（WTO）。

③ 数据来自中国国家统计局。

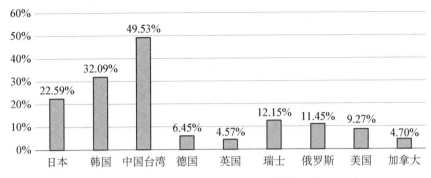

图表 4　各经济体对中国出口占其出口总额的比例（2016 年）

数据来源：CEIC 数据库，ACCEPT 计算

中国的开放为全球提供了巨大的单一市场，近年来随着中国经济结构调整和产业升级，中国经济对世界市场的需求也逐渐向上游迁移，从中国进口产品的类别来看，机电产品和高新科技产品在中国进口产品的占比稳步提升，这尤其为位于产业链高端并与中国产业互补的发达国家制造业带来了增长动力。从中国进口产品的区域分布来看，亚洲占比最高，欧盟和北美次之。改革开放四十年中，发展中的中国经济带动了贸易伙伴的出口，与其分享了中国经济增长的红利。以 2016 年数据为例，销往中国的产品占日本当年出口总额的 22.59%，韩国、中国台湾、瑞士、俄罗斯、美国、德国、加拿大、英国的这一比例分别是 32.09%、49.53%、12.15%、11.45%、9.27%、6.45%、4.7% 和 4.57%。据测算，主动挑起贸易摩擦的美国，2015 年自华进口提振了其国内生产总值 0.8 个百分点；美国对华出口和中美双向投资为美国国内生产总值贡献了 2 160 亿美元，提升美国经济增长率 1.2 个百分点；[1]即便单就农产品而言，每个美国农民年平均向中国出口的农业产品超过 1 万美元；就服务贸易而言，2016 年中国是美国所有 50 个州的前五大服务贸易伙伴。[2]

---

[1] 中华人民共和国新闻办公室：《关于中美经贸摩擦的事实与中方立场》，http://www. xinhuanet. com/politics/2018-09/24/c_1123475272. htm[2018 - 11 - 14]。

[2] US China Business Council，2018，US-China Business Council State Export Report，https:// www. uschina. org/sites/default/files/final_uscbc_state_report_2018_1. pdf[2018 - 11 - 15]。

(2) 跨国企业的中国利润

改革开放的四十年中,开放的中国市场通过开放跨国投资进一步与全球分享经济增长的红利,在华的外商及港澳台商投资企业从中国经济"增长奇迹"中获得了巨大的市场和丰厚的利润。改革开放四十年以来,来华外商直接投资(FDI)持续扩大,尤其是加入 WTO 之后,FDI 规模从 2001 年的 468.8 亿美元增加到 2017 年的 1 363.2 亿美元,年均增长 6.9%,现居世界第二、居发展中国家第一[①]。来华外商及港澳台商投资工业企业数量从加入 WTO 前的 2.84 万家增加到 2016 年的 5.96 万家;实收资本从 0.91 万亿增加到 2016 年的 5.23 万亿。2001—2016 年期间,来华外商及港澳台商投资工业企业累计利润超过 15.57 万亿[②]。在经济全球化背景下,中国通过开放市场、互利共赢,为全球经济增长带来了巨大贡献。

以汽车制造行业为例,从 1984 年组建中德合资的上海大众汽车有限公司至今,已有包括通用、宝马、奔驰、丰田等汽车制造商来华共设立近 3 000 家外商及港澳台商投资企业。按照 2015 年销售收入计算,外商和港澳台投资企业占全行业的 47.50%,已占据半壁江山。[③] 从销量来看,合资车销售占比超过市场份额的 60%(2017 年中国市场共销售超过 2 400 万辆汽车,其中德系、日系、美系、韩系和法系车的销量分别为 540 万辆、455 万辆、306 万辆、120 万辆和 48.5 万辆)。美国三大汽车制造商 2015 年在华合资企业利润合计达 74.4 亿美元[④],仅通用汽车公司在华就有 10 家合资企业,2017 年在华产量占到其全球产量的 40%;德国宝马 2017 年在华销售 59.44 万辆汽车,占其全球销量的 24.13%;在华合资企业华晨宝马 2017 年销售 38.65 万辆,当年实现利润 104.75 亿人民币,华晨宝马在华设立 15 年,累计在华销售超

---

① 数据来自中国商务部。

② 指 2001 年至 2016 年的 16 年,利润总额数据来自中国国家统计局。

③ 根据中国汽车工业协会 2015 年的数据,中国汽车制造行业共有 13 431 家企业,其中国有企业 131 家、集体企业 78 家、股份合作企业 53 家、股份制企业 334 家、私营企业 6 790 家、外商和港澳台投资企业 2 888 家。

④ 中华人民共和国新闻办公室:《关于中美经贸摩擦的事实与中方立场》,http://www.xinhuanet.com/politics/2018-09/24/c_1123475272.htm[2018-11-14]。

过 195.68 万辆汽车①。相比之下,尽管美国一些人认为外国汽车品牌强烈冲击本国市场,2000 年通用、克莱斯勒、福特三大品牌在国内的市场份额仍达到 68%,即便到 2014 年仍有 45%。②

近年来,随着中国汽车消费市场升级和国内营商环境的稳步改善,从中国汽车市场发展中获得优厚利润的跨国汽车制造商纷纷加大了对华投资力度,以宝马(中国)为例,2018 年 5 月宣布与长城汽车达成合作,将投资 51 亿元在江苏建厂生产纯电动 MINI 汽车,10 月宣布将与华晨汽车继续牵手合作并在沈阳铁西投资 300 亿建设铁西工厂三期项目。

改革开放四十年中,发展中的中国已经成为发达国家的高新科技企业和服务业企业的重要市场和利润增长点。对这个问题,商务部发布的《关于中美经贸摩擦的事实与中方立场》③有详细的阐释:"美国高通公司在华芯片销售和专利许可费收入占其总营收的 57%,英特尔公司在中国(包括中国香港地区)营收占其总营收的 23.6%;2017 年财年,苹果公司大中华地区营收占其总营收的 19.5%;截至 2017 年 1 月,13 家美国银行在华设有分支机构,10 家美资保险机构在华设有保险公司;高盛、运通、美国银行、美国大都会人寿等美国金融机构作为中国金融机构的战略投资者,均取得了不菲的投资收益;根据中国证监会统计,中国境内公司到境外首发上市和再融资,总筹资额的 70% 由美资投资银行担任主承销商或联席主承销商。美国律师事务所共设立驻华代表处约 120 家;中国的对外开放为他国创造了大量的就业机会。据美中贸易全国委员会估算,2015 年美国对华出口和中美双向投资支持了美国国内 260 万个就业岗位。其中,中国对美投资遍布美国 46 个州,为美国国内创造就业岗位超过 14 万个,而且大部分为制造业岗位。"

① 以上包括 BMW、MINI 和劳斯莱斯的销售数据,数据来自宝马集团和华晨集团年报。华晨宝马 2003 年在中国辽宁沈阳设厂生产开始,目前在沈阳拥有铁西和大东两家工厂,华晨宝马由华晨集团和宝马(中国)各出资 50% 设立。
② Kim P. , 2014, The Big Three aretn't so big anymore, CBSNews Website cites data from IHS, https://www. cbsnews. com/news/the-big-three-arent-so-big-anymore/[2018－11－18].
③ 中华人民共和国新闻办公室:《关于中美经贸摩擦的事实与中方立场》,http://www. xinhuanet. com/politics/2018-09-24/c_1123475272. htm[2018－11－14]。

(3) 降低制造业成本、促进市场竞争

在对外开放和融入世界经济的过程中,中国经济释放出了巨大的竞争力。中国经济的竞争力一部分来自劳动力、土地等生产要素的成本优势,更重要的来自于中国制造的规模效应。以智能手机生产所需的零部件为例,一部智能手机需要 30 多个微型螺丝(螺母),这些精密零件的生产商主要集中在珠三角和长三角两个地区,该行业主要由数家大型的一级供应商和百余家小型的二级供应商构成。以上海得到和首精密机械制造有限公司为例,作为协作生产的二级供应商,在保证生产精度和无磁性指标的前提下,日产量需要达到 200 万个微型螺丝(螺母)的规模才能有效降低生产成本并实现盈利。再如,一次性打火机和香水瓶喷头的生产[①]正是因为中国企业加入到世界市场中来,才依靠规模效应有效降低了制造业成本,苏州生产商供应了全球 90% 的质量稳定、价格低廉的香水瓶喷头,Dior、Chanel 等著名品牌的香水瓶喷头均在苏州采购。在基础制造业领域,中国经济的规模效应优势极大地增强了制造业的零部件配套能力,并显著地降低了制造业的生产成本,促进了市场竞争。

在与中国的经贸合作中,发达国家的跨国公司通过整合两国要素优势提升了其国际竞争力。苹果公司在美国设计研发手机,在中国组装生产,在全球市场销售。尽管以特朗普总统为代表的部分重商主义领袖希望制造业回归美国,但根据测算,如果真的在美国进行全部的组装生产,苹果手机的生产成本会增加 37%。[②] 正如国际贸易理论所言,作为一个整体,发达国家在与中国的分工合作中并未受损。中国在全球产业链中依靠强大的配套能力承接生产环节,使得发达国家(尤其是美国)专注于设计、市场调研等领域,在制造业和服务业等高附加值领域不断升级,进一步提高其国家实力。

中国的对外开放促进了全球竞争,推动了发达国家的产业升级。2001年以来,中国在切实履行加入世界贸易组织承诺后,还主动通过单边降税扩大市场开放,促进市场竞争。加入世界贸易组织后,中国政府付出了巨大努

---

① 售价人民币 1 元的一次性打火机由六七个零部件组成。

② Goldman Sachs Equity Research, 2017, Made in the USA or China?, March 26, 2017.

力促进本国市场主体充分融入国际经济体系——2001 年至今中国中央政府清理法律法规和部门规章 2 300 多件,地方政府清理地方性政策法规 19 万多件;关税总水平由 2001 年的 15.3％降至 9.8％,2015 年贸易加权平均关税税率降至 4.4％,明显低于韩国、印度、印度尼西亚等新兴经济体和发展中国家,已接近美国(2.4％)和欧盟(3％)的水平;在世贸组织划分的 160 个服务业分部门中,中国已承诺开放 100 个,接近发达国家成员平均承诺开放 108 个的水平。时至今日,中国通过设立自贸区改善营商环境,依旧可视为在对外学习中提升、发展自己。[1]

(4) 全球消费者福利的提高

中国的对外开放给全球的消费者带来了实实在在的好处。国际贸易丰富了消费者选择,降低了生活成本,提高了全球民众特别是中低收入群体实际购买力。美中贸易全国委员会与牛津研究院的联合测算发现,如果没有与中国的贸易,美国家庭平均年家庭开支将增加 850 美元,这个数字是其平均家庭年收入的 1.5％。[2]

中国的对外开放在促进了全球经济增长和消费者福利提高的同时也降低了全球的通胀水平。《关于中美经贸摩擦的事实与中方立场》[3]引用美中贸易全国委员会和牛津研究院联合研究的估算表明"来自中国物美价廉的商品降低了美国消费者物价水平,如 2015 年降低其消费物价水平 1—1.5 个百分点。低通货膨胀环境为美国实施扩张性宏观经济政策提供了较大空间"。

---

[1] 整理自中华人民共和国新闻办公室:《中国与世界贸易组织》白皮书,http://www. mofcom. gov. cn/article/i/jyjl/l/201808/20180802773208. shtml[2018 - 11 - 14];中华人民共和国新闻办公室,2018:《关于中美经贸摩擦的事实与中方立场》,http://www. xinhuanet. com/politics/2018-09/24/c_1123475272. htm[2018 - 11 - 14]。

[2] Oxford Economics and US-China Business Council,2017,Understanding the US-China Trade Relationship,https://www. uschina. org/reports/understanding-us-china-trade-relationship [2018 - 11 - 15]。

[3] 中华人民共和国新闻办公室:《关于中美经贸摩擦的事实与中方立场》,http://www. xinhuanet. com/politics/2018-09/24/c_1123475272. htm[2018 - 11 - 14]。

(5) 英国、美国、德国工业化进程中的贸易保护

近一段时间以来,国际上出现了一些声音指责中国,来自美国等主要发达国家的一些人士认为中国开放进程缓慢,占了世界尤其是发达国家的"便宜"。我们认为,如果将目光放之全球,梳理这些大国自身的发展历程,就会发现这种指责有失公允,因为英国、美国、德国等大国在实现工业化的进程中都经历了漫长的"保护"。这一点李稻葵等人(2018)[①]进行过详细的阐释。英国在 19 世纪 50 年代之前严格地保护本国产业,1846 年废止《谷物条例》,不再征收保护性的农产品进口关税;1849 年终止《航海法案》,殖民地货物才不再只能由英国或其殖民地所有、制造的船只装运;1860 年前后才单方面取消贸易限制并降低关税,而这是亚当·斯密在《国富论》中反复呼吁的(然而即便斯密也认为涉及国防等领域的产品不能实行自由贸易)[②];更何况,英国的对外交往还包括大量殖民地贸易,其对殖民地的掠夺世人皆知[③]。一战前的德国也有浓厚的保护主义倾向,1879 年 6 月德国实施新关税法案,对皮革、纸张等多种产品征收进口税;德国政府又在 1885 年和 1887 年两次调整关税,到 1887 年农产品的关税率已是 1879 年的 5 倍[④]。美国在二战前更是一个封闭市场,20 世纪的头 20 年,出口占美国国民生产总值的比例仅为 6%—7%,远低于欧洲同期 20%—30%的水平;1861 年进口货物平均税率提高至 47%,一战前一直维持在 40%以上[⑤]。1930 年更是通过斯姆特-霍利关税法(The Smoot-Hawley Tariff Act),挑起了美国与欧洲的贸易战,两败俱伤,使美国的进口额和出口额都骤降 50%以上,加剧了大萧条的经济灾难。

即便是在颇受非议的知识产权保护领域,中国也仅用四十年的时间就

---

① 李稻葵、李雨纱、张驰:《中国经济的伟大实践何以产生重要的经济学贡献?——基于经济史与经济思想史的分析与思考》,《经济学报》,2018 年第 5 期,第 1—16 页。

② 详见《国富论》第四卷第二章"Of Restraints upon the Importation from Foreign Countries of such Goods as can be Produced at Home"。

③ 根据 Maddison(2007)的统计,英帝国总人口 4.12 亿,是英国本岛人口的十倍。Maddison, A., 2007. The world economy volume 1: A millennial perspective, Academic Foundation, PP. 95,96,97,100.

④ 郭新双、郭红玉:《"1914 年德国道路"的特征与启示——德国处理"政府—产业"关系的历史经验》,《人民论坛·学术前沿》2018 年第 10 期,第 50—57 页。

⑤ Hughes J, Cain L P, 2011, American Economic History, Pearson.

走过了欧美国家 100 多年才走过的路程。中国通过推动机构改革,建立了知识产权法院,重组国家知识产权局,2017 年已经成为《专利合作条约》框架下第二大国际专利申请来源国。技术有着天然的外溢性。为欧洲文艺复兴思想传播做出巨大贡献的造纸术、印刷术发明于中国,帮助欧洲资本主义新贵战胜国王的火药也发明于中国,为发现新大陆的船队导航的指南针也发明于中国。如果机械地、保守地谈绝对的产权保护,则无法带来世界的共同进步,甚至每次书写阿拉伯数字也要交专利使用费。当然这并不是说违规盗取专利是合理合法的,中国在这方面的努力恰恰表明我们对这个问题有着深刻、成熟的思考。

中国作为一个有着十三亿人的大国,四十年中从一个贫穷的国家成为世界经济的火车头,通过自身的深化改革不断推进对外开放进程,在融入世界经济的同时,还与世界共同分享中国经济发展的历史机遇,拉动全球增长,改善了全球消费者福利,更不曾向世界输出过经济危机。中国"共享"和"共赢"的对外开放之路,与上述传统大国"以邻为壑"的发展史形成的鲜明对比,不能不让人深思。

3. 有效化解对外开放带来的外部冲击

由于开放的收益与成本在区域、产业上的分布通常极不均衡,因此受损的产业、区域往往要承受巨大的痛苦。此时,政府应统筹各种政策工具,帮助相关的经济主体渡过难关。在开放的过程中,中国的许多区域、产业也受到了巨大冲击。所幸,中国的企业、劳动者与政府共同努力,成功应对了开放的负面影响。

沈阳市 20 世纪 90 年代后的发展历程很好地诠释了这一过程。沈阳市在新中国建立后凭借已有的工业基础与苏联援助成为中国工业经济的排头兵。1981 年,辽宁省重工业总产值在全国排名第一,占比 11.5%;工业总产值全国排名第三,仅次于上海、江苏[1]。据统计,沈阳铁西区 37 家大型企业

---

[1] 中国统计局:《中国统计年鉴 1981》,中国统计出版社,1982 年。

创造过 350 个"全国第一",包括新中国的第一台变压器、空气压缩机、自动化电器开关、金属切削车床、电缆钢芯铝绞线、工业阀门、飞机轮胎等①。沈阳市三大机床厂(第一机床、第三机床、中捷友谊)同时入选机床行业"十八罗汉",并在 20 世纪 80 年代三次获得国家质量金奖②。据一位沈阳的老领导回忆,沈阳有着完整的工业体系,全国 165 个工业行业中沈阳有 146 个,与北京、天津、上海同为中国经济的晴雨表,时称"京津沪沈"。在统购统销的背景下,沈阳大型企业产品畅销国内,据一位员工回忆,"有的企业实在买不到,就着急找上面的人批条子,有时候我们就会在生产线上给他们挤出来一个"③。

进入 20 世纪 90 年代,随着开放的推进,1994 年机床产品的进口关税提前降至 9.7%,数控系统的关税降至 5%④。随着装备制造领域的关税壁垒逐步降低,进口设备开始大幅度增加。1996 年金属加工机床、阀门、电动机与发电机三项进口金额分别是 1993 年的 1.57、1.58、2.08 倍⑤。开放带来的进口产品强烈地冲击了沈阳的工业企业。一位沈阳机床厂的老员工在调研中表示,国内大企业开始大量使用进口机床,市场被严重挤压。同时,随着"拨改贷"改革的深入,企业财务成本激增。在这些因素的共同作用下,沈阳工业企业开始大面积亏损,原来被称为全国机床"十八罗汉"之一的中捷友谊厂在 1997 年账上只有 5 000 元,半年发不出工资。⑥ 原沈阳重型机械集团董事长王铁峰说,那时企业债务繁重,金融债务、经营债务、企业内债之和达到 15 亿,职工工资债务 1 亿多,1997—2001 年基本不能正常开职工工资,

① 沈阳市旅游委员会,2018:《福运沈阳｜国之长子之诞生新中国工业"第一"最多的地方》,http://www.sohu.com/a/223124363_349299[2018-11-14]。
② 沈阳机床(集团)有限责任公司,《我们的历史》,http://www.symg.cn/channels/33.html[2018-11-14]。
③ 王博,2016:《曾经的"金饭碗"深陷泥潭,沈阳机床艰难自救》,《中国企业家》https://www.sohu.com/a/71893454_355067[2018-11-14]。
④ 中华人民共和国国务院关税税则委员会:《中国进口关税税率调整表(之一)》,《国际贸易》,1994 年第 2 期,第 47—62 页;中华人民共和国国务院关税税则委员会:《中国进口关税税率调整表(之二)》,《国际贸易》,1994 年第 2 期,第 51—62 页。
⑤ 数据来源于 CEIC 中国经济数据库,ACCEPT 计算。
⑥ 王博:《曾经的"金饭碗"深陷泥潭,沈阳机床艰难自救》,https://www.sohu.com/a/71893454_355067[2018-11-14]。

最困难的年头每月仅开 200 元。①

图表 5　装备制造行业进口数额(亿美元)

数据来源：CEIC 数据库

　　对外开放给企业经营带来困难的同时也带来了一系列社会问题。1996
年末,沈阳市国有和集体企业职工人数为 206 万,2000 年这一数字变为 146
万,下岗人数近 60 万②,工业企业最集中、拥有 70 万居民的铁西区成为"度
假村"。如前所述,在传统体制下,国企员工工资较低、储蓄较少,养老、医
疗、住房等由企业负担,没有西方国家成熟的社会保险制度,承受风险的能
力很弱。据当时主管社保的一位财政局领导回忆,很多老职工下岗时按每
人每年 800 元买断工龄,下岗工人几乎天天围堵政府,甚至封堵了市内的
铁路。

　　为有效化解对外开放给经济和社会带来的巨大冲击,地方政府突破重

---

① 严凯:《东北告急:昔日工业摇篮为何成了回不去的故乡?》,http://business.sohu.com/
　20160422/n445482813.shtml[2018 - 11 - 14]。

② 沈阳市统计局:《沈阳统计年鉴(2000)》。

重困难,竭尽全力帮助实现经济软着陆,缓解民生问题。一方面,政府从本就拮据的财政中拨款覆盖下岗职工的基本保障。1990 年全市的保险福利费用 7.09 亿,1996 年增长为 18.7 亿,2000 年为 44.7 亿,而 2000 年全市预算内收入仅 61.1 亿。[①] 同时,政府着力解决再就业问题,如在政府公益性部门优先雇用下岗人员,对下岗人员创办个体企业提供增值税优惠等。[②] 另一方面,政府在铁西区推出"东搬西建"计划,组织大型企业集体迁往市郊,将城市核心区的土地连片置换出来发展服务业,一方面吸纳就业,另一方面让企业获得土地升值的收入用于技术改造与升级。我们在调研中了解到,仅土地置换的收入就达到 260 亿。今天的沈阳铁西区干净整洁、高楼林立、夜晚灯火通明,一片繁华景象。

我们熟知美国工业城市底特律的兴衰。毫不夸张地讲,对外开放给沈阳这样的老工业区带来的冲击绝不小于底特律。根据美国劳工统计局 (BLS) 的数据,底特律都市区金融危机期间失业人数的最高点(2009 年)为 32.3 万,2005 年到 2009 年四年间失业人数的增量是 17.4 万,这一数字约为沈阳 1996 年到 2000 年失业人数增量的四分之一。然而,沈阳并未衰退为一座"鬼城",这其中政府发挥了重要作用,这一点在本书的第一部分有更详细的阐释。

中国胶片行业也受到外国产品的强烈冲击。对外开放之初,中国的胶片行业有一定基础,拥有厦门福达、汕头公元、无锡阿尔梅、上海感光、天津感光、辽源胶片以及保定乐凯等 7 家胶片厂,还有一些花费巨资引进的柯达和富士生产线。然而,在中国企业忙于技术改造的时候,柯达和富士早已占据了市场先机。富士胶卷在中国的售价约为日本售价的 50%,柯达在中国的售价则为美国售价的 30%,富士在中国的市场占有率最高达到 48%,而国产胶卷的领军者乐凯则只有 20%。最终,中国政府同意柯达公司对中国胶卷工业实施全行业收购。根据协议,中国胶卷业的 7 家企业将全部与柯达建

[①] 沈阳市统计局:《沈阳统计年鉴(2000)》。

[②] 据"沈国税发[2003]63 号"文件:销售货物起征点由非优惠的 800 元调高到 5 000 元;销售应税劳务起征点由非优惠的 200 元调高到 3 000 元;按次纳税的起征点由非优惠的每次(日)销售额 50 元调高到 200 元。

立合资公司,史称为"98 协议"。①

　　除了进口商品的直接冲击,贸易摩擦的影响也十分巨大。20 世纪 80 年代,纺织行业发展迅速,出口数量增加很快。一时间各地纷纷投资建设纺织工厂。然而进入 20 世纪 90 年代中期,欧美各国陆续出台保护政策限制中国纺织品进口。朱镕基总理在对美谈判中曾指出:"过去几年,由于美国歧视性的态度,使中国这样大的纺织品出口国,落在了墨西哥和加拿大之后,现在连世界第三的位置都保不住了。我们销毁了 1 000 万纱锭,120 万人失业,给我们造成了很大困难,现在国有企业中最困难的就是纺织企业……现在纱锭砸掉了,工厂关闭了,也设法安置了 120 万下岗工人,但政府为此花费了巨大财力。"②

　　以下数据可以为朱镕基的谈话提供证据。美国在 1994—1996 年曾三次对中国进行纺织行业制裁,其中 1996 年首次动用"三倍惩罚"条款,削减配额 1900 万美元③。正是在这一年,中国纺织品出口增长开始明显放缓,增速从 1994 年的 35% 滑落到 1996 年的 -17%。1995 年,纺织行业亏损企业数达到 8 728 家,比 1994 年增加 37%;利润总额由 1994 年的 34 亿变为 1996 年的 -71 亿。④ 尽管存在设备老化、生产效率低下等许多客观劣势,但贸易限制无疑是导致纺织行业进一步陷入绝境的重要因素。

　　面对这一困难局面,中央政府决心淘汰一批低效企业,开展了"纺织砸锭"行动,企业数量从 1995 年的 2.57 万家缩减到 1998 年的 1.13 万家,纺织行业从业人员数量从 1994 年的 914 万减少为 1999 年的 511 万。⑤ 为了帮助纺织工人下岗再就业,各地政府绞尽脑汁。上海市有关部门甚至与市属航空企业协商,从纺织厂招聘飞机乘服员,一时间"纺织空嫂"传为佳话⑥。随

①　汪建东:《"洋胶卷"角逐中国市场》,《当代经济》,1998 年第 5 期,第 45—46 页;傅强、袁卫东:《1998:柯达十亿美元"豪赌"中国》,新浪网转载《第一财经日报》,https://finance.sina.com.cn/roll/20081215/02105634054.shtml[2018 - 11 - 14]。
②　朱镕基:《会见美国贸易代表巴尔舍夫斯基等时的谈话》,《朱镕基讲话实录》,人民出版社,2011 年,第三卷,第 352—374 页。
③　佚名:《美国对我纺织品实行制裁的原因及影响》,《山东对外经贸》,1996 年第 11 期,第 33 页。
④　数据来源于 CEIC 数据库。
⑤　数据来源于 CEIC 数据库。
⑥　上海市地方志办公室,2018:《"空嫂"记》,上海市地方志网站转载《上海市志·工业分志·纺织业卷》,http://www.shtong.gov.cn/Newsite/node2/n189654/n189918/index.html[2018 - 11 - 14]。

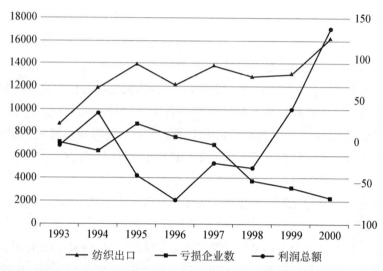

图表6 纺织行业出口（百万美元）、亏损企业数（个）、利润总额（亿人民币,右轴）

数据来源：CEIC 数据库,ACCEPT 计算

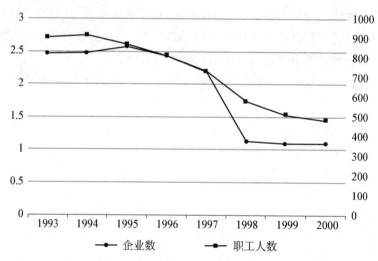

图表7 纺织行业企业数（千个）、职工数量（万人,右轴）

数据来源：CEIC 数据库,ACCEPT 计算

后,政府着手重组剩余企业,盘活存量资产。2004 年任命国资委副主任出任
上海纺织集团董事长兼党委书记,出台《上海纺织控股（集团）公司调整、改

革、发展总体方案》推进改革,2016 年营业收入达到 514 亿元[①]。

4. 国际金融危机后部分产业开放步伐放缓

如我们在下节(对外开放的基本历程)中所言,加入世界贸易组织后中国经济进行了深刻调整与变革,大部分"入世"承诺在 2007 年前实现(2010 年中国宣布完成全部"入世"承诺)。然而,随着 2007—2008 年国际金融危机的到来,外部冲击导致中国面临增速放缓、资本流出等压力,加之国内不同经济主体的利益日趋复杂,2008 年后中国部分产业对外开放的步伐有所放缓。

以汽车产业为例,整车与零部件进口关税、合资企业股权与数量限制等 2007 年至 2017 年始终维持不变,而在这十年间中国的本土汽车企业已经逐步做大做强,涌现出吉利、广汽、比亚迪等优秀企业,足以在更开放的环境下参与国际竞争。金融服务业的情况也较为类似,银行、保险与证券等机构的合资比例限制在这一时期以"小步前进"为主,并未作出重大调整。2008 年至 2016 年全国新增贷款中外资银行所占比例总体呈现出较为明显的下降趋势,即便 2007 年至 2009 年这一指标的下降可以由金融危机导致国际金融资本回流发达国家来解释,但 2010—2013 年国际资本集中涌入新兴市场,而在华的外资银行新增贷款比例却依旧下降。这一现象一方面说明外资金融机构的限制仍然显著,另一方面也说明中资机构已经有能力与外资机构进行竞争。

中共十九大宣布中国特色社会主义进入新时代。在习近平总书记等领导人的大力推动下,中国的对外开放进程再一次提速。如下一节所述,2018 年以来中国进一步降低关税,降低甚至取消了汽车、金融服务业等领域的合资企业外资持股比例限制,将投资负面清单等自贸区试验机制推至全国,进一步加大海南的开放力度。中国用实际行动支持全球化,回击在国际贸易中的保护主义与单边主义势力。

[①] 全球纺织网,2009:《纺织 60 年:上海纺织业"老枝绽放新芽"》,https://www. tnc. com. cn/info/c-001001-d-131048. html[2018-11-14];上海纺织集团,2018:《集团简介·企业成就》,http://www. shangtex. biz/default. shtml[2018-11-14]。

二、中国对外开放的基本历程

中国的对外开放是一个在实践中不断尝试、探索、深化的过程，并非一蹴而就的运动。这一过程已历经40余年，今天仍在继续，并将伴随中国未来的发展进一步深化。本节我们简要回顾对外开放的基本历程，进一步讨论中国对外开放的特点。

我们认为中国对外开放经历了五个重要时点：1979年开放政策落地实施、1984年开放沿海地区、1992年明确社会主义市场经济的发展方向、2001年加入世界贸易组织、2008年国际金融危机后出席二十国集团峰会。据此，可以将20世纪70年代以来的对外开放历程划分为以下六个阶段：(1)1970—1978年成套引进设备；(2)1979—1983年探索开放政策；(3)1984—1991年扩大沿海地区开放，优化外资营商环境；(4)1992—2000年以建立市场经济体系为参照扩大、深化开放；(5)2001—2007年全面深化开放，融入全球经济体系；(6)全球金融危机后参与全球经济治理，以实际行动支持经济全球化。

以下我们将通过数据、政策、领导人讲话以及大量案例对这一历程进行回顾。在这个过程中我们不难发现，对世界先进制度、知识、理念的学习贯穿中国对外开放的全过程，这是中国对外开放的重要目的。

1. 1970—1978 年成套引进设备

在改革开放政策正式出台前,中国政府就已尝试通过从国外成套引进设备来学习国际上先进的生产技术,且从一开始就瞄准了以美国为首的最发达国家。这其中最为典型的是"四三方案"。1972 年 2 月 5 日,中共中央、国务院批准国家计委《关于进口成套化纤、化肥技术设备的报告》,1972 年 11 月和 1973 年 1 月,国家计委又再次报请国务院扩大项目规模,最终采用从国外进口 43 亿美元成套工业设备和单机的引进方案[①]。"四三方案"总计从美国、联邦德国、法国、日本、荷兰、瑞士、意大利等西方发达国家引进了 26 个成套项目,其中大化纤项目 4 套,累计投资 62.51 亿元,分布于天津、辽宁沈阳、上海和四川长寿等地;石化项目 3 套,累计投资 27.18 亿元,分布于北京、吉林等地;大化肥项目 13 套,累计投资 35.36 亿元,分布于河北、辽宁、黑龙江、湖北、湖南、四川、贵州、云南、江苏、安徽、广东和山东等地;大型电站项目 3 套,累计投资 13.72 亿元,分布于天津、河北和内蒙古等地;钢铁项目 3 套,累计投资 42.11 亿元,分布于湖北、江苏等地。

在这一时期,中国的工业生产总值从 1970 年的 339.71 亿美元增加至 1975 年的 637.87 亿美元,年均增长率达到 13.43%[②],然而,成套设备的引进并没有改变中国工业落后的总体局面。

2. 1979—1983 年探索对外开放政策

1978 年中共十一届三中全会将经济建设作为全党工作的中心,前述零星的设备引进已并不能满足快速发展经济的要求。从 1979 年起,中国开始探索对外开放政策,设立经济特区、开始借用外债、创办合资企业,这是中国

---

① 人民网,1972:《中共中央、国务院批准国家计委〈关于进口成套化纤、化肥技术设备的报告〉》,http://cpc.people.com.cn/GB/64162/64165/77552/77557/index.html[2018 - 11 - 14]。
② 数据来源:CEIC 数据库、ACCEPT 计算。

对外开放历程的第一个标志性时点。

借用外债。1979 年,中国开始接受国外贷款。中国政府借用的第一笔贷款来自日本政府。1979 年 12 月 5 日,时任日本首相大平正芳访华,承诺向中国提供第一笔政府贷款①。而此后将近 40 年的时间里,日本政府累计向中国提供总额约 450 亿美元的低息和无息贷款②。同时,中国分别于 1980 年 4 月 17 日和 1980 年 5 月 15 日恢复了国际货币基金组织(IMF)和世界银行(WB)的代表权和成员国地位,并开始接受 IMF 和 WB 的贷款。

创办合资企业。1979 年 7 月 1 日,第五届全国人民代表大会第二次会议通过了《中华人民共和国中外合资经营企业法》,从而在法律层面为外资企业的成立提供支撑。1980 年 5 月 1 日,中华人民共和国外国投资管理委员会发布"外资审字第 1 号"文件,批准成立了中国第一家合资企业——北京航空食品有限公司。这家企业由中国民航北京管理局出资 300 万元,占股 51%;中国香港伍沾德先生为代表的中国航空食品有限公司出资 288 万元,占股 49%。③

设立经济特区。1979 年 7 月 15 日,中共中央、国务院批准了中共广东省委和中共福建省委分别上报的《关于发挥广东优势条件,扩大对外贸易、加快经济发展的报告》《关于利用侨资、外资、发展对外贸易,加速福建社会主义建设的请示报告》,同意在广东省深圳、珠海、汕头三市和福建省厦门市试办出口特区。同年 8 月 13 日国务院颁发《关于大力发展对外贸易增加外汇收入若干问题的规定》④,主要内容是扩大地方和企业的外贸权限,鼓励增加出口,办好出口特区。可见,出口特区最开始锚定的目标就是扩大外贸与出口。1979 年 8 月 23 日,中共中央、国务院正式组建国家进出口管理委员会和国家外国投资管理委员会,均由国务院副总理谷牧同志担任主任。到

---

① 人民网,2016:《1979 年 12 月 6 日,邓小平会见日本首相大平正芳》,http://cpc. people. com. cn/n1/2016/0603/c69113-28410390. html[2018 - 11 - 14]。

② 凤凰网,2018:《总额 450 亿美元:日本曾经是对中国提供援助最多的国家!》,http://news. ifeng. com/a/20180813/59849110_0. shtml[2018 - 11 - 14];搜狐网,2018:《日本将结束持续约 40 年的对华政府援助 外交部回应》,http://www. sohu. com/a/270787430_115479[2018 - 11 - 14]。

③ 新华网,2018:《北京航食:"001 号"合资企业,难忘的"新鲜空气"》,http://www. xinhuanet. com/fortune/2018-08/14/c_1123264464. htm[2018 - 11 - 14]。

④ 张晋藩等:《中华人民共和国国史大辞典》,黑龙江人民出版社,1992 年。

1980 年 8 月 26 日,中共中央和国务院决定将深圳、珠海、汕头和厦门这四个出口特区改称为经济特区。经济特区在投资项目审批、外贸、企业经营等方面享受优惠待遇,对投资于特区的外商,在税收、土地使用、出入境等方面实行优惠政策和灵活措施。1983 年中共中央国务院为了促进海南的发展,批准了《加快海南岛开发建设问题纪要》,决定开放海南。

在开放之初,学习先进、发展自己就被确定为开放的重要目的。作为改革开放的总设计师,邓小平在讲话中曾直接指出:"学习先进,才有可能赶超先进。……我们不仅因为今天科学技术落后,需要努力向外国学习,即使我们的科学技术赶上了世界先进水平,也还要学习人家的长处。"①"现在搞建设,门路要多一点,可以利用外国的资金和技术,华侨、华裔也可以回来办工厂。"②这一阶段,中国的领导人更关心对科学技术的学习。邓小平在 1978—1979 年期间有 10 次讲话与对外开放相关③,其中提及"技术"8 次、"资金"4次、"合资"4 次,"出口创汇"出现了 2 次。

3. 1984—1992 年开放区域扩大、领域不断深化

1984 年 1 月 24 日,邓小平同志视察深圳、珠海、厦门 3 个经济特区。他为深圳特区题词:"深圳的发展和经验证明中国建立经济特区的政策是正确的。"邓小平的视察平息了波折和争论,推动对外开放继续在摸索中前行。在这一阶段,"坚持开放"、"不开放不行"等词语多次出现在邓小平的讲话中——"历史经验教训说明,不开放不行。开放伤害不了我们。"④"关起门来

① 邓小平:《在全国科学大会开幕式上的讲话》,《邓小平文选(第二卷)》,人民出版社,1994 年,第 85—100 页。
② 邓小平:《解放思想,实事求是,团结一致向前看》,《邓小平文选(第二卷)》,第 140—153 页。
③ 邓小平:《在全国科学大会开幕式上的讲话》、《实现四化,永不称霸》、《高举毛泽东思想旗帜,坚持实事求是的原则》、《用先进技术和管理方法改造企业》、《实行开放政策,学习世界先进科学技术》、《解放思想,实事求是,团结一致向前看》、《搞建设要利用外资和发挥原工商业者的作用》、《坚持四项基本原则》、《关于经济工作的几点意见》、《社会主义也可以搞市场经济》等,参见《邓小平文选(第二卷)》。
④ 邓小平:《在中央顾问委员会第三次全体会议上的讲话》,《邓小平文选(第三卷)》,人民出版社,1994 年,第 83—93 页。

搞建设是不能成功的,中国的发展离不开世界……还需要对外开放,吸收外国的资金和技术来帮助我们发展……中国对国际的经济也会做出较多的贡献。"①在这个基础上,1984 年中国的对外开放第二次加速。随后的五年,中国开放区域不断扩大,提出"外向型经济""出口导向"等口号,外资营商环境也得到进一步优化。

从特区开放到沿海地区开放。1984 年前,中国的开放主要集中在深圳、珠海、汕头、厦门四个经济特区及海南岛。1984 年,中央决定在沿海十四个城市设立经济技术开发区,其所享受的政策与特区基本一致。1985 年,中央决定在长三角、珠三角、厦漳泉三角区域设立沿海开放区,开放区域从"点"扩展到"面"。

坚定发展制造业与外向型经济。1988 年中央批转《国务院关于广东省深化改革扩大开放加快经济发展请示的批复》,首次提出发展"外向型经济"。据主管特区工作的谷牧同志回忆,在 1985—1986 年期间,中央多次召开会议鼓励特区出口。江泽民同志也在讲话中提到"开放城市要着重发展外向型经济,充分发挥它们在对外开放中的基地和窗口作用"②。事实上,从1986 年起经济特区的出口就已经有了长足的发展,1986 年 4 个特区外贸出口达 10.3 亿美元,比上年增长 27%,其中深圳达到 7.25 亿美元。③

大力吸引外资,优化营商环境。伴随开放区域不断扩大,中国领导人开始着手进一步改善外资投资环境,中国迎来吸引外资的第一个高潮。谷牧同志回忆到:"1984 年扩大开放后,进展势头空前迅猛。1984 年和 1985 两年,新批外商投资企业 4 925 个,协议外商投资金额 82.2 亿美元,外商实际投入 19.1 亿美元。三项指标这两年的合计数分别相当于前五年的 3.6 倍、1.3 倍和 1.9 倍。"④1988 年国务院第 10 次常务会议通过《关于鼓励外商投资的规定》⑤,文件包含二十二条细则,进一步改善外资经营环境。数据显

---

① 邓小平:《我们的宏伟目标和根本政策》,《邓小平文选(第三卷)》,第 77—80 页。

② 江泽民:《开发上海浦东新区》,《江泽民文选(第一卷)》,人民出版社,2006 年,第 35—36 页。

③ 谷牧:《经济特区发展的新里程》,《谷牧回忆录》,中央文献出版社,2009 年,第 359—370 页。

④ 谷牧:《吸收外商投资工作的法规化》,《谷牧回忆录》,第 371—379 页。

⑤ 中华人民共和国商务部,1986:《关于鼓励外商投资的规定》,http://www.mofcom.gov.cn/article/swfg/swfgbl/201101/20110107352171.shtml[2018 - 11 - 14]。

示,从 1984 年至 1988 年,中国实际利用外资从 28.66 亿美元增加至 102.26 亿美元,1988 年至 1993 年猛增至 389.60 亿美元[1]。

然而,开放的历程也并非一帆风顺,自决定开放起,反对、争议的声音就不绝于耳。同时,由于缺乏管理经验,政府的政策也存在疏漏,一些人利用政策漏洞牟利,给反对者留下了口实。1984 年的"海南汽车走私案"便是最有代表性的例子。如前所述,1983 年中共中央、国务院为了促进海南的发展,准许海南行政区根据生产需要进口短缺的产品,但由于缺乏管理,情况很快失控。1984 年上半年,海南进口汽车 2000 余辆,而到了 7 月份则涨至1.3 万辆,此后的半年海南一共签发了 8.9 万辆汽车进口放行批文,逐渐发展成汽车倒卖、汽车走私事件,甚至部队也参与了运车出岛的大行动,海军动用军舰,以调防名义,把汽车全部换上军用车牌,到湛江卸船后,把军用车牌拆下,拿回海南继续运第二批。调查数据显示,在一年时间里海南非法高价从全国 21 个省市及中央 15 个单位购买外汇 5.7 亿美元,各公司用于进口的贷款累计 42.1 亿元人民币,比 1984 年海南工农业生产总值还多 10 亿元人民币。[2] 一时间舆论哗然,否定特区、否定开放的声音甚嚣尘上。面对如此混乱的情况,中央不得不进行严肃整顿。

进入 20 世纪 80 年代末期,对外开放进程第二次放缓。对开放的怀疑论调、否定论调再次聒躁起来。加之以美国为首的西方势力的攻击和制裁,中国的对外开放历程在 1989—1992 年期间陷入了徘徊。

4. 1993—2000 年以建立市场经济体系为参照深化对外开放

在对外开放几乎停滞的时刻,邓小平同志再次南巡,坚定中国对外开放的决心。1992 年 1 月 18 日至 2 月 21 日,邓小平同志先后赴武昌、深圳、珠海和上海视察,沿途发表了重要谈话。"计划多一点还是市场多一点,不是社会主义与资本主义的本质区别""抓住有利时机,发展自己,关键是发展

---

[1] 数据来源:CEIC 数据库。
[2] 和讯新闻:《雷宇与 1984 海南汽车走私事件》,http://news.hexun.com/2008-09-08/108638576. html[2018 - 11 - 14]。

经济"、"发展才是硬道理"①等谈话再次为改革开放注入活力。1992年中共十四大正式提出发展"社会主义市场经济",为中国未来的经济体制改革指明了方向。在这样的背景下,中国的对外开放加速前进,开放区域进一步扩大,行业领域进一步拓展,贸易壁垒进一步降低,相关体制开始发生深刻变革。这一阶段中国的对外经济交往发生了两个深刻变化。第一,外资大规模涌入,1992年和1993年实际利用外资同比增速达到152.1%和150.0%;第二,出口开始稳定增长,初步积累了一定的外汇储备,自1994年起,中国的贸易顺差始终为正值,外汇储备自1993年开始稳步增长。

这一阶段,中国的对外开放进一步深化。伴随学习的进程,以市场经济体系为参照,投融资、市场准入、外汇、资本流动等一系列领域的改革步伐加快。

第一,贸易壁垒进一步降低。从1992年起,中国开始系统性地降关税。中国加权关税税率从1992年的32%左右下降到了2000年的15%左右,下降幅度达到一半。

图表8　实际利用外资增速

数据来源:国家统计局,CEIC数据库,ACCEPT计算

---

① 《邓小平南巡讲话(全文)》,https://finance.ifeng.com/opinion/zjgc/20111231/5389402.shtml
　　[2018-11-14]。

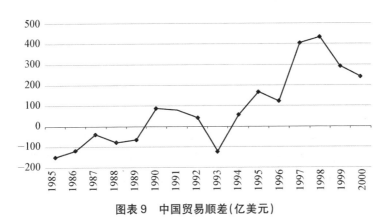

图表 9　中国贸易顺差(亿美元)

数据来源：CEIC 数据库，ACCEPT 计算

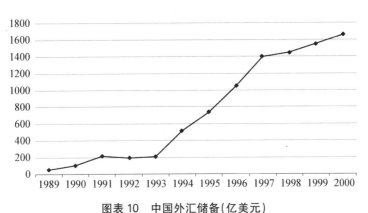

图表 10　中国外汇储备(亿美元)

数据来源：CEIC 数据库，ACCEPT 计算

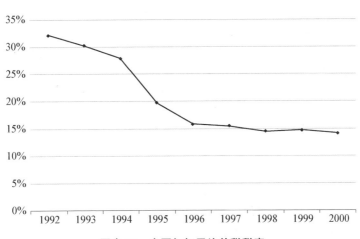

图表 11　中国加权平均关税税率

数据来源：世界银行，CEIC 数据库，ACCEPT 计算

169

第二,金融、外汇领域进一步开放。1994 年 1 月 1 日,人民币官方汇率与外汇调剂价格正式并轨,我国开始实行以市场供求为基础的、单一的、有管理的浮动汇率制;金融服务业开放试点,1995 年后保险对外开放试点城市从上海逐步扩大至广州、深圳等城市。建立这些在成熟市场经济体中司空见惯的制度并非易事,每一项改革都充满风险、挑战。对此,中国政府充分地坚定改革信念。朱镕基在 1994 年谈到汇率体制改革时就强调:"汇率并轨是有相当风险的,但必须搞。……希望在座的有关领导同志对汇率并轨给予高度重视,一定要把这项工作搞好。"[1]

第三,开放从沿海地区向内陆延伸,国务院关于开放的文件中开始出现了大量的内地城市,比如南京、武汉、重庆等。1994 年 3 月 14 日,中共中央国务院发布了《国务院关于同意开放新疆巴克图等 5 个边境口岸的批复》[2],将巴克图等五个边境口岸开放,民族地区加入开放行列进一步显示了中国政府推进开放政策的决心。

第四,中国开始更加强调研究、掌握、运用国际规则,而这又集中体现为对相关人才的重视与渴求。朱镕基同志曾做过如下论述:"(吸引国际人才)你觉得应该给多少工资就给多少工资。没有这一条,人才吸引不回来。特别是银行、证券、保险等部门,业务人员不熟悉国际金融那一套就会老吃亏。这些方面不培养出一批国际的、顶尖级的人才,我们休想在国际社会立足。"[3]

第五,中国开始注重开放的多元性、立体性,关注与非洲、俄罗斯等非欧美地区的合作。1995 年 7 月 19 日至 8 月 4 日,时任国务院副总理朱镕基访问坦桑尼亚、毛里求斯、津巴布韦、博茨瓦纳、纳米比亚、赞比亚等非洲国家,标志着中非关系开启新篇章。同时,中国同俄罗斯、东盟等国家也建立了更紧密的合作。对外经贸关系的多元化在一定程度上推动了中国的产业升级,给予中国企业"走出去"的机会。

第六,更加注重通过开放促进经济转型升级。在这一阶段,中国不再满

---

① 朱镕基:《继续整顿金融秩序,严格控制信用总量》,《朱镕基讲话实录(第一卷)》,人民出版社,2011 年,第 449—458 页。

② 中华人民共和国中央人民政府,1994:《国务院关于同意开放新疆巴克图等 5 个边境口岸的批复》,http://www.gov.cn/zhengce/content/2016-08/31/content_5103947.htm[2018 - 11 - 14]。

③ 朱镕基:《加紧培养科技人才》,《朱镕基讲话实录(第三卷)》,人民出版社,2011 年,第 509—512 页。

足于"三来一补"的贸易方式。朱镕基同志对这个问题做过系统总结。他认为"加工贸易方式有很多缺点,起码可以说有五个缺点……特别是服装,也不是什么高技术业……深圳现在已经停止走加工贸易这条道路,东莞也意识到要向高新技术发展,增加新优势,还靠过去的'三来一补'是不行的。"①江泽民同志同样强调在学习国际先进技术的基础上进行自主创新的重要性。他认为"要处理好扩大对外开放和坚持自力更生的关系,在自力更生的基础上积极促进区域经济合作和广泛的国际经贸交流,并把引进先进技术和开发、创新结合起来,形成自己的技术优势,在利用外资的同时重视自己的积累,以加快缩小与发达国家的差距。"②

在这一阶段,中国的对外学习也发生着深刻变化,在提及"技术"、"设备"的同时,领导人开始强调"学习一切先进文明成果"。江泽民同志就曾讲到要"广泛吸收和借鉴世界各国包括资本主义发达国家创造的一切先进文明成果,积极参与国际经济技术合作和竞争"③。世纪之交,他再次强调"能否不断学习世界上一切先进的东西,能否不断跟上世界发展的潮流,是关系一个国家、一个民族兴衰成败的大问题。"④时任国务院副总理朱镕基在1992年4月18日、1992年8月10日、1992年8月13日和1992年9月26日不到半年的时间内,四次强调学习的重要性,强调不论是建设城市、发展旅游,还是改革金融监管体制,都应该积极学习吸收发达国家经验。⑤可见,中国的国家领导人是从民族兴亡的战略高度看待学习的重要意义的。

5. 2001—2007年全面融入全球经济体系

2001年11月10日,世贸组织第四次部长级会议审议并批准中国加入

---

① 朱镕基:《要调整完善加工贸易政策》,《朱镕基讲话实录(第二卷)》,人民出版社,2011年,第365—270页。

② 江泽民:《为中非时代友好建立新的历史丰碑》,《江泽民文选(第一卷)》,第35—36页。

③ 江泽民:《在邓小平同志追悼大会上的悼词》,《江泽民文选(第一卷)》,第627—640页。

④ 江泽民:《在新世纪把建设有中国特色社会主义事业继续推向前进》,《江泽民文选(第三卷)》,人民出版社,2006年,第117—135页。

⑤ 朱镕基:《在部分省市股票市场试点工作座谈会上的讲话》,《朱镕基讲话实录(第一卷)》,第204—213页。

世贸组织,中国的对外开放进入了崭新阶段。为了加入世界贸易组织,中国付出了巨大努力。1986 年中国便申请恢复关贸总协定缔约国地位。从这一时点算起,中国的"复关"、"入世"历经了 15 年。在此前的谈判中,中国多次在农产品、非农产品和服务贸易上做出减让,但是由于少数缔约国漫天要价,未能达成"复关"协议。1995 年 WTO 成立后,中国于同年 6 月 3 日成为世贸组织观察员,继续坚定不移地积极推动各项改革,为"入世"做努力。

毫不夸张地讲,中国领导人是以巨大的政治勇气与坚定意志推动中国加入世界贸易组织的。在当时,"入世"并非得到一致认同。相反,国外唱衰中国的声音不断,国内也有许多反对的意见。在中国加入 WTO 前后的几年里,国际上出现了大量"中国崩溃论"的声音。2001 年美籍华人章家敦发表《中国即将崩溃》(The Coming Collapse of China)一书,预言中国将在五至十年内崩溃,章家敦甚至在采访时表示"在入世(加入世界贸易组织)前,中国政府能够控制贸易的交流;但入世后,北京再也没有偌大的权柄去操控国境外的商业交易。"①此外,包括中国台湾地区前领导人李登辉、日本东京外国语大学中岛岭雄均提出过类似的观点。中国国内同样也曾产生过一股恐慌情绪,曾经流行一句叫"狼来了"②的话,人们忧虑外国企业的进入会导致国内企业倒闭,大批工人下岗。

尽管面临诸多困难与不确定性,但中国政府充分认识到通过开放进行学习以促进本国经济升级的重要意义,在入世后进行了一系列变革。首先,中国在"入世"后修订了一系列的国内法律法规。根据《中国加入 WTO 经济法律调整概览》③的统计,国务院对截至 2000 年底 756 件行政法规进行了全面清理;国家计委在 1992 年价格法规清理的基础上,对 341 件文件进行了清理,修订 51 件,废止 124 件价格部门规章及其他规范性文件;国家经贸委清理部门规章共 113 件,其中废止 19 件,修订 38 件。外经贸部清理文件 1 413件,其中外经贸法律 6 部,行政法规 164 件,部门规章 887 件,双边经贸协定191 件,双边投资保护协定 72 件,避免双重征税协定 93 件。如此密集、高效

---

① 维基百科,2016:《中国分裂论》,https://zh. wikipedia. org/wiki/中国分裂论[2018 - 11 - 14]。
② 人民论坛,2018:《从加入 WTO 到共建"一带一路"》,http://politics. rmlt. com. cn/2018/0911/528021. shtml[2018 - 11 - 14]。
③ 张德霖:《中国加入 WTO 经济法律调整概览》,法律出版社,2002 年。

的文件清理体现了政府对加入 WTO 这一历史机遇的决心。

其次,继续降低关税并开始消除非关税壁垒。图表 12 显示,中国的关税细目中,达到国际最高关税税率的比例,从 2001 年的 40% 左右大幅度下滑至 2007 年的 15% 左右;图表 13 则显示,中国的加权平均关税税率从 2000年的 14% 左右下降至 2007 年的 5% 左右。此外,作为加入 WTO 的四大承诺之一,中国在 2005 年 1 月全部取消了普通商品的进口配额[①]。

最后,金融与资本流动等领域进一步开放,放松资本流动管理,改革汇率制度。从 2003 年开始,中国的金融开放与金融改革就取得了突破性进展,主要表现为国有银行股份制改革、汇率形成机制改革等方面。2005 年 7 月21 日,中国人民银行宣布美元/人民币官方汇率由 8.27 调整为 8.11,人民币升幅约为 2.1%。央行同时宣布废除原先盯住单一美元的货币政策,实行以市场供求为基础、参考一篮子货币进行调节、有管理的浮动汇率制度。2005年 7 月至 2008 年 7 月,人民币对美元升值 21%,汇率变动性明显提升。与此

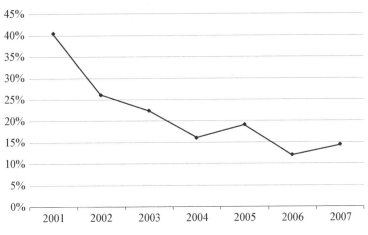

图表 12　达到国际最高关税税率的关税细目比例

数据来源：CEIC 数据库,ACCEPT 计算

[①] 网易,2004:《普通商品进口配额全部取消》, http://tech. 163. com/04/1217/08/17PR5UPR000915BD. html[2018 - 11 - 14]。

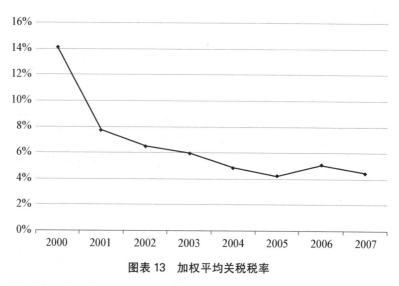

图表 13 加权平均关税税率

数据来源：CEIC 数据库，ACCEPT 计算

同时，金融账户管制初步放松，相关规定更加规范，为境内外机构投资者开展业务提供了更便利的环境。2003 年 7 月 9 日，中国第一单 QFII（Qualified Foreign Institutional Investors，合格境外机构投资者）指令正式发出，合格境外机构投资者第一次在中国 A 股市场进行交易[①]；2006 年 11 月 2 日，中国第一只试点债券型 QDII（Qualified Domestic Institutional Investor，合格境内机构投资者）由华安国际配置基金发行，投资范围为纽约、伦敦、东京、中国香港等主要国际市场[②]。图表 15 展示了 2003 年 QFII 推出后投资者数量和获批的投资金额的变化，可以看到数量和金额均呈现较快增长。

6. 国际金融危机后参与全球经济治理体系，以实际行动支持全球化

国际金融危机后，特别是中国特色社会主义进入新时代后，中国的对外

[①] 搜狐网，2003：《历史性的第一单——QFII 首次入市侧记》，http://business. sohu. com/67/62/article210906267. shtml[2018 - 11 - 14]。

[②] 新浪网，2006：《基金 QDII 出海》，http://finance. sina. com. cn/focus/jjqdiich/index. shtml[2018 - 11 - 14]。

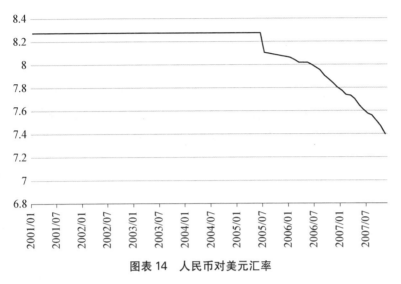

图表 14　人民币对美元汇率

数据来源：CEIC 数据库，ACCEPT 计算

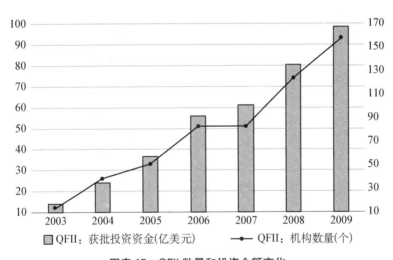

◻ QFII：获批投资资金(亿美元)　　━━ QFII：机构数量(个)

图表 15　QFII 数量和投资金额变化

数据来源：CEIC 数据库，ACCEPT 计算

开放进入了全新的阶段。这一时期，中国在学习国外的先进成果的同时积极参与全球经济治理，并以实际行动支持经济全球化。2008 年 11 月 15 日，二十国集团(G20)首次领导人峰会在美国首都华盛顿举行，中国作为创始成

员参加峰会,并于 2015 年 12 月 1 日起正式接任二十国集团主席国。这一方面是对中国的全球经济影响力的肯定,同时也标志着中国开始承担更重要的国际责任。此后,中国提出"新丝绸之路经济带"和"21 世纪海上丝绸之路"的合作倡议,发起成立亚洲基础设施投资银行,在 IMF 的投票权比率提高至 6.39%(排名由第 6 位提高至第 3 位,仅次于美国及日本),人民币正式加入 SDR 货币篮子……这一系列标志性事件共同体现了中国在全球经济地位的大幅度提升。

与此同时,中国的开放进程进一步加快。2013 年 9 月 29 日,中国(上海)自由贸易区正式成立。目前,许多自贸区的试验性政策,如投资负面清单制度,已被逐渐推广到全国。2018 年中国降低了金融、汽车等领域的合资持股比例要求,继续削减关税,进一步保护知识产权,举行世界首次进口博览会,并宣布"将进一步降低关税,提升通关便利化水平,削减进口环节制度性成本,加快跨境电子商务等新业态新模式发展;加快电信、教育、医疗、文化等领域开放进程,特别是外国投资者关注、国内市场缺口较大的教育、医疗等领域也将放宽外资股比限制"[①]。这些新举措体现了中国不断推进开放的决心。

2016 年以来,国际保护主义势力有所抬头,"反全球化"的声音此起彼伏,而中国领导人对全球各国人民交流融合的信念却丝毫没有改变。习近平主席在 2017 年达沃斯论坛上指出:"想人为切断各国经济的资金流、技术流、产品流、产业流、人员流,让世界经济的大海退回到一个一个孤立的小湖泊、小河流,是不可能的,也是不符合历史潮流的。"[②]2018 年博鳌亚洲论坛上,习近平主席再次强调:"当今世界,和平合作的潮流滚滚向前,开放融通的潮流滚滚向前,变革创新的潮流滚滚向前。各国人民应该同心协力、携手前行,努力构建人类命运共同体,共创和平、安宁、繁荣、开放、美丽的亚洲和

---

① 新华网:《习近平在首届中国国际进口博览会开幕式上的主旨演讲(全文)》,http://www.xinhuanet.com//2018-11/05/c_1123664692.htm[2018-11-14]。

② 人民网:《共担时代责任 共促全球发展——在世界经济论坛 2017 年年会开幕式上的主旨演讲》,http://politics.people.com.cn/GB/n1/2017/0118/c1001-29030932.html[2018-11-14]。

世界。"①正是基于这样的认识，中国不断深入地推进开放，并将构建人类命运共同体的美好愿景作为行动纲领写入宪法，成为抵制单边主义的中流砥柱。

中国的开放经历了波澜壮阔的历程，尽管也有短暂波折，但始终不改前进的方向。同时，中国在开放之初就将学习先进作为重要目标，通过学习取长补短，发展自己。正是基于这样的目的，政府精心引导、管理开放的节奏，注重经济发展的平稳性与可持续性。中国的领导人对开放有着深刻认识，以巨大政治勇气与政治担当推动开放走向一个又一个新的阶段。

---

① 新华网,2018:《习近平出席博鳌亚洲论坛 2018 年年会开幕式并发表主旨演讲》,http://www.xinhuanet. com/2018-04/10/c_1122660064. htm[2018 - 11 - 14]。

三、中国对外开放的经济学总结

　　基于前述中国开放过程的事实分析与历程回顾，我们在经济学层面提炼出以下两点结论。

　　第一，开放迫使中国本土的经济主体学习国际上最先进的知识、制度、理念，并结合中国实际付诸实践，开放对中国而言最根本的作用正在于此。在开放的过程中，中国本土企业家、劳动者与政府在进出口贸易、合办企业中与国际先进企业互动，走出国门考察实践，积极学习，认识、理解市场经济，树立市场经济的基本理念，并逐步建立起市场经济的氛围、制度，促进中国经济在开放中不断升级。我们认为，中国在开放过程中的确发挥了比较优势，但其影响是有限的。事实上，在过去四十年的发展历程中，中国的一些成功的经济实践恰恰违背了所谓的比较优势；纵观世界各国的经济史，许多国家在工业化过程中也并未将发挥比较优势作为重要战略，英国、美国、德国都是如此。同时，我们赞同对外开放引进了技术，带来了资金，创造了就业、税收，但从宏观层面看，学习所带来的影响更加深远。

　　第二，一个平稳、可持续的开放过程需要政府精心地管理与引导，"一蹴而就"的开放并不能给经济带来长期的增长与繁荣。这主要体现在三个方面。一，政府始终以培育经济的内生增长能力为核心，注重经济自身的"造血功能"。中国政府(特别是中央政府)注重引导实体经济的转型升级,并充分认识在开放中学习所带来的深远影响。由此,中央政府出台了一系列政策鼓励招商引资,以极大的政治勇气与决心不断深入地推进对外开放,在适度保护本国企业与引进外部竞争间保持动态平衡。二,要认识到开放会对一些产业、地区、群体带来重大冲击,并尽力帮助消解这些开放带来的负面影响。三,注重引导、约束经济的短期非理性行为,严控外债与资本流动。中国政府自引进外资之初就极为重视外债偿付,谨慎控制外汇、外债与短期资本流动,避免了国际收支危机;同时,政府将外汇视为战略资源精心配置,使其为经济长期增长服务。

1. 开放的根本作用是学习

毫不夸张地讲,在改革开放的过程中,中国的经济主体以"三人行必有我师"的精神抓住各种机会,在出国考察、名校培训中学习,更在进口设备、出口贸易、合资经营的过程中学习。这里所指的经济主体,不止涵盖企业家、劳动者,更包含政府这一重要的经济活动参与者。事实上,政府不但自身在开放中努力学习、转变角色,更调动其所掌握的资源推动企业家与劳动者做出转变。在学习的过程中,中国的企业家、劳动者、政府走出计划经济的惯性思维,了解、认识、适应市场经济条件下自己的角色与任务,共同推进了市场经济制度和思维方式在中国落地生根、茁壮成长,共同促进中国经济转型升级。

(1) 企业在对外学习中逐步升级

企业是市场经济活力的源泉。然而在计划经济体制下,国有企业对上接受指令,对下进行行政化管理,按照国家计划生产。企业的原材料与产品均由国家划拨、分配,利润、亏损也均由政府承担。放眼当时的中国,几乎找不到具有现代治理架构的企业。

我们认为,加入国际先进企业的配套体系是中国企业与企业家学习、理解市场经济的经营思维和管理经验,并逐步实现转型升级的第一个重要渠道。这里我们以两家江苏省江阴市乡镇企业的例子进行阐释。

澄星集团。澄星集团是一家精细磷化工企业,产品销售覆盖全球70多个国家和地区,2017年营业收入723亿元,拥有独资和控股的子公司50余家,员工10 000余名,连续多年跻身中国企业500强前300强,是一家优秀的制造业企业。澄星集团的前身是一家1984年创办的乡镇企业(江阴市要塞镇澄南村的村办企业),初始资本金仅3.8万元,主要经营五氧化二磷,第一年利润仅8万元。澄星集团创始人、董事长李兴先生在调研中讲到,澄星成功的秘诀就是"紧紧捆绑在国际大企业的列车上,成为其产业链的一份子"。公司从"小作坊"蜕变为"大企业"的转折点是20世纪90年代中期为可口可乐公司与高露洁在中国的合资公司供应磷酸添加剂。挤进大公司的产业链十分艰难,单靠成本优势无法得到订单。高露洁方面开出的产品质量指标高达21项,而国内当时的标准不超过10项。为此,企业投入100余万元购买专利,又投入160万元改进技术设备,用四年时间达到标准。为满足可口可乐供货要求的技术改进同样持续了3年。1998年,高露洁授予澄星集团"优秀供货商"称号,全球36家子公司所需的大部分牙膏用磷酸氢钙产品都从澄星采购。[①]

需要指出的是,与国际先进企业互动不仅给中国企业带来了设备、技术等"硬"知识,更带来了思维、管理方式上的变革。高露洁公司不仅对产品质量要求严格,对生产、接单、开票、运输等业务流程也有着详细的规定,供应商不论员工还是管理层均要接受高露洁公司的培训与考核。[②]澄星集团对此非常重视,李兴先生亲自督导实施,最终通过了认证,公司管理也发生了质的飞跃。在调研中李兴先生向我们讲述了另一个有趣的细节。澄星集团的生产车间设置了门禁,平常需要刷卡进入。他在接待外国合作方参观时按中国习惯提前将门打开以示尊重,但外方却认为这不符合管理规定,不值得提倡。可见,外资企业带来的思维与理念上的变化是何其深刻、细致。

模塑科技。模塑科技是一家优秀的装备制造业企业,是中国最大的汽

---

① 相关资料整理自于万夫、朱建华:《沧桑正道——李兴与澄星崛起的世纪传奇》,人民日报(海外版),2008年10月28日,第8版;杨仪:《奔走万山——说说李兴的那些事儿》,江苏人民出版社,2014年,第110—111页、第123页。

② 杨仪:《奔走万山——说说李兴的那些事儿》,江苏人民出版社,2014年,第115页。

车保险杠生产企业,为宝马、捷豹、路虎等进行配套,2015 年营业收入 31 亿,净利润 2.95 亿,并已在美国、墨西哥设立工厂。模塑科技的前身是曹明芳先生 1984 年在江阴市周庄镇成立的镇属小企业——江南模具塑化有限公司。公司成立前五年都在生产玩具、圣诞蜡烛等出口产品。1988 年大众在上海的桑塔纳轿车项目落地,按照本地化率要求需要在长三角区域采购汽车保险杠。曹明芳先生得知后几经周折与上海大众取得联系,并在江阴市政府的支持和担保下向银行借款 253 万美元进口德国设备,聘请德国专家指导生产,在一年内生产出了符合大众技术指标的合格保险杠,成功获得了桑塔纳轿车订单。自此,保险杠成为这家乡镇企业的名片,企业陆续为宝马、通用、奔驰等知名企业配货,并于 1997 年上市。至 2000 年,企业净资产达到 2.6 亿,在江阴市政府的支持下完成了企业的私有化,更名为模塑科技。[①]

从一家简单生产塑料玩具的小企业到一家走向世界的高附加值制造业企业,模塑科技依靠参与外资企业的配套体系学习先进的管理、经营理念,发生了翻天覆地的变化。模塑科技数次扩建工厂或赴外地设厂都聘用德国公司进行总包以保证质量。近年来,模塑科技尝试自建工厂,但整体设计依旧选择与德方合作。同时,跟随着外资企业模塑科技的产品跨出国门走向全球,事实上模塑科技的海外工厂就是为了配合宝马在墨西哥的项目而建设的,厂址就在宝马工厂对面,由此打开了北美市场。

通过加入国际先进企业的配套体系,许多中国的"小作坊"转型升级为"大企业"。国际先进企业在带来利润、技术、设备的同时,更带来了先进的管理方式、经营理念、品牌意识。我们认为,开放在这方面带来的影响是深刻、广泛的,前述两家企业并非特例。事实上,Liu 等(2014)[②]利用企业调查的微观数据发现管理层拥有外资企业工作经历的创业企业在员工激励、法律仲裁等方面有更好的机制设计,他们认为这是 FDI 外溢性的重要通道之一。

在与国际先进企业互动的同时,一大批企业家开始走出国门,通过政府培训、考察项目、自费培训项目进行学习。1985 年,外国专家局设立全国工

---

① 整理自调研材料。

② Liu, Q., Lu, Ru., Zhang, C., 2017, "Entrepreneurship and spillovers from multinationals": Evidence from Chinese private firms, China Economic Review, Volume 29, PP 95 - 106.

商企业出国培训备选人员外语考试(Business Foreign Language Test),以便政府、工商企业、财政金融等出国培训人员确定英文水平。据统计,截至2011年该考试总考生人数已突破20万[1]。李兴先生1992年便在加州大学商学院参加培训,并在那时第一次了解"股份制",被教授的"(股份制是)解决均分社会财富、解决劳资矛盾、促进社会进步的有效经济组织形式"的论述打动,从此坚定了企业要靠上市来建立现代企业制度、筹措资金发展的决心。为此,他在90年代中期便尝试在纳斯达克上市,并在纽约做了路演,直到1997—1998年金融危机袭来才转变思路谋求在国内上市。[2]

(2) 大量国有企业劳动者通过外资企业树立起市场经济思维

伴随着外资企业的进入,中国数量巨大的国企职工也开始冲破计划藩篱,了解、接纳市场经济的思维方式。计划经济时代,中国的广大城市劳动者大都在国有企业工作。以沈阳为例,1990年沈阳共有职工230万,其中146万在国企工作,75万在集体企业工作。[3]

在20世纪末进行改革前,于职工而言国企绝不仅仅是提供工作岗位的机构,还承担了大量社会职能——尽管国企工资低,但职工的住房(单位提供的租赁住房)、医疗(国有企业附属医院)、子女教育(国有企业附属学校、幼儿园)、生活福利(分发水果、鱼、肉等)、养老(退休金发放)等都来自企业。可以说,那个时候的国企是名副其实的"单位",即人们依附的单元,而非现代意义上的企业。因此,许多国企员工惧怕"下岗",甚至发生过某国有企业员工因为被辞退而当众杀死了解雇他的经理的案例[4]。

正是外资企业的进入让大量国企职工认识到了脱离国企、政府系统后依旧可以体面、受人尊敬地生活。外资企业凭借其优厚的待遇让劳动者看到了新的选择。据一位老领导回忆,华晨宝马的合资企业不仅待遇好,还有

---

① 新浪教育:《全国出国培训备选人员外语考试工作大会召开》,http://edu. sina. com. cn/yyks/2011-09-21/1657313513. shtml[2018-11-13]。

② 整理自于万夫、朱建华:《沧桑正道——李兴与澄星崛起的世纪传奇》,人民日报(海外版),2008年10月28日,第8版。

③ 沈阳市统计局:《沈阳统计年鉴(2000)》。

④ 整理自调研材料。

优良的福利,华晨的许多职工都想进入合资企业工作,人们纷纷以子女能进华晨宝马为荣。[①] 这并非个案。事实上即便到民营企业蓬勃发展、国企改革深入推进的 2013 年,外商投资企业的平均工资(6.2 万人民币)也显著高于股份有限公司(5.2 万元)和国有企业(5.6 万元)。[②]

随着就业观的变化,劳动者开始服从管理、重视效率,官本位思想开始瓦解。在大国企时代,企业没有严格的效率激励机制,许多员工"一张报纸、一杯茶水过一天"。沈阳另一家国有企业东北制药董事长魏海军先生为我们讲述了一个生动的案例。他初到濒临破产的东北制药主持工作,为了整顿作风提出了"一点儿也不能差,差一点儿也不行"的口号。然而,有几位员工却将他举报到市委、市政府,认为这种要求是"唯心主义",因为工作中做不到百分之百精准。举报尽管被驳回,但依旧可见部分职工的想法与市场经济格格不入。[③] 然而,外资企业的优厚薪酬逐步改变了人们的观念。华晨宝马不提供"铁饭碗",员工录用全凭考试,市长都不能直接干预,干得不好还会被辞退。[④] 这些事实让人们意识到,"找熟人、托关系、求官员"不是万能的,要靠自己的能力吃饭,多劳才能多得。

(3) 政府通过与外资企业互动转变自身角色

计划经济体制下,政府在经济活动中发挥着总协调者的核心作用,通过制定生产计划、调拨原材料、分配制成品掌握着整个国民经济。市场经济下政府应该发挥什么作用? 面对这一极为复杂的问题,最初政府官员的处理较为简单。1995 年中央政府提出"抓大放小"的战略后[⑤],东北工业重镇沈阳市改革了一大批企业的所有权,将市属企业管理权下放给区政府,随后又进行了私有化。据统计,1995 年沈阳工业企业中的地方国企有 789 家,2000 年减少为 391 家,同期集体企业从 6 453 家缩减到 2 787 家,而私营企业从 11

---

① 整理自调研材料。
② 数据来源为国家统计局。
③ 整理自调研材料。
④ 整理自调研材料。
⑤ 全国人民代表大会,1996:《中共中央关于制定国民经济和社会发展"九五"计划和 2010 年远景目标的建议》,http://www.npc.gov.cn/wxzl/gongbao/2001-01/02/content_5003506.htm[2018 - 11 - 13]。

家增长到 1 127 家;市属国有企业从 1995 年的 522 家变为 2017 年的 27 家。① 我们在调研中了解到,这些私有化的"小"企业有很多是盈利的,甚至包括 460 余家细分领域的"隐形冠军",然而很多企业在私有化后反而由于银行停贷、管理层退出等原因陷入困境,其中的大多数已不复存在。

显然,简单地"一放了之"是不行的。实践出真知,政府与外国先进企业的互动成为其学习市场经济思维、制度的重要途径。我们认为,通过与外资企业的互动,中国政府(尤其是地方政府)至少发生了以下四点认识上的重要变化。

第一,政府不能干预企业的日常经营,且应提供良好的公共服务。在这方面,合资企业为中国的政府官员上了生动的一课。时任国务院副总理谷牧在强调改善外资企业经营环境时谈到"那种沿袭管理国营企业的办法管理外商投资企业,乱加行政干预,比如不经请董事会讨论,就调换该外资企业里中方高级管理人员等做法,外商投资者最为反感"②。沈阳政府的转变也提供了支持案例。沈阳市 2003 年引入宝马与本地汽车企业华晨成立合资公司生产整车。我们在调研中了解到,宝马方面对企业管理十分严格,企业配套采购都由宝马方面控制,以标准化考试雇佣员工。一位老领导对我们表示:"进宝马,市长的条子都不管用!"同时,宝马方面对建造工厂的土地提出了细致、严格的要求,沈阳政府为此做了大量努力,铲平山丘平整土地,将原有土壤更换为符合标准的新土,修建道路并按要求安装红绿灯。③ 政府俯身为一个非国有的工厂提供如此细致入微的服务,这在计划经济时代是无法想象的。

第二,合资企业的成功促使政府坚定进一步改革的决心。对于国有企业改革,沈阳市做过许多努力与尝试,包括包干、利改税、股份制等,中国第一个国有企业破产的案例也诞生于此(1984 年沈阳防暴器材厂破产),但这些举措都没有从根本上改变国有企业的面貌。我们在调研中了解到,沈阳机床、东北制药等重要的国有企业当年也有机会进行合资经营,但由于种种

① 沈阳市统计局:《沈阳统计年鉴(2000)》。
② 谷牧:《谷牧回忆录》,第六章,第 377 页。
③ 整理自调研材料。

原因未能实现。相比之下，华晨宝马的成功让政府认识到引进先进的合作方是国企改革的正确方向。最近一段时间，沈阳政府已经推动 27 家市属国有企业进行混合所有制改革，其中东北制药的改革已完成，北方重工等企业也在积极引入战略投资者。

第三，政府要尊重企业家精神。随着经济发展，政府官员越来越意识到企业家对企业发展的重要作用。朱镕基曾经指出"把设备买进来容易，把技术引进来也可以，只要有钱，但培养真正的企业高层管理人员没那么容易"[①]。他在谈到努力打开国际市场时也强调："只要我们有真正的企业家，就可以打进它们的市场赚大钱。"[②]2018 年，中共中央统战部、全国工商联共同发布"改革开放四十年百名杰出民营企业家"名单，"旨在展现我国民营经济发展取得的重大成就，展示民营企业家中国特色社会主义建设者风采"[③]，政府对企业家的重视达到了新的高度。

中央政府如此，地方政府亦然。沈阳老领导对早年华晨汽车掌门人仰融看法的变化也是一个例证。仰融是华晨的创办人与掌门人，曾引进日本技术生产金杯汽车，随后力主与宝马合作，但 2002 年前后由于股权风波与时任辽宁省某领导发生矛盾，被迫移居中国香港。时过境迁，许多人对仰融当年的战略眼光表示赞许，认为如果他继续执掌华晨，企业会发展得更好。

第四，认识到国民经济发展不能只靠国有企业。从 20 世纪 90 年代中期起，中国领导人就开始思考降低对欧美出口过度依赖、开辟新市场的问题。在这方面，非公有制企业一马当先。朱镕基就多次对华为、海尔等企业成功进入俄罗斯市场表示赞许："我们现有企业体制有毛病。不能全靠国有企业，这也说明国有企业不改革是没有前途的……我们国有企业体制上的问题暴露得越来越多……听说华为公司已打进这里的电信市场，去年销售额达 1 亿美元，这是个民营企业。海尔也正向俄罗斯发展。四川长虹也要打入

① 朱镕基：《加强同发展中国家的经贸合作》，《朱镕基讲话实录（第二卷）》，人民出版社，2011 年，第 194—201 页。

② 朱镕基：《上海发展中需要注意的几个问题》，《朱镕基讲话实录（第二卷）》，2011 年，第 271—276 页。

③ 新华网，2018：《改革开放四十年百名杰出民营企业家名单发布》，http://www.xinhuanet.com//finance/2018-10/24/c_129978412.htm[2018－11－14]。

俄罗斯市场,准备投入 3 000 万美元,建立一个年产 100 万台电视机的工厂。我认为他们有眼光。"①

在向外资企业进行学习的同时,中国政府官员也十分重视向外国政府、国际组织、研究机构学习市场经济的制度、经验。改革开放初期,政府派出了大量考察团。事实上,改革开放的序幕正是由 1978 年国务院副总理谷牧率团考察欧洲五国拉开的。率团归来后,谷牧向政治局做了近十小时的报告,这对中国领导人下决心进行改革开放起到了重要推动作用。② 进入 20 世纪 90 年代,中国政府开始与国外著名高等院校合作,派出各级别官员前往接受培训。据统计,1992—2005 年间,仅国家行政学院签署的双边培训项目就有 42 个,其中美国 8 个,数量最多;2010 年全国党政干部和企事业单位人员出国(境)培训约 7 万人。③ 美国著名学府哈佛大学肯尼迪政府管理学院与中国政府有三个高级别项目,其中"新世界哈佛高级公务员培训项目"启动最早,由肯尼迪学院教授进行全英文面试,录取率不到 50%。④

在推进改革的过程中,中国政府也十分注重了解、借鉴先进国家的经验。1991 年时任国务院副总理朱镕基在会见时任美联储主席格林斯潘时曾讲到:"中国关注美国在银行改革方面的经验和做法。我们已把中央银行原来每省一个省级分行的格局改为设立九家大区分行,旨在加强中央银行的监管,排除地方政府的不当行政干扰。"⑤他在 1994 年会见美国财长本特森时也讲道:"(中国实现汇率并轨)吸取了国际货币基金组织的建议,到现在为止,情况是好的,还没有出什么问题……"⑥中国在建立股票市场、改革银行体系等一些列改革过程中更充分参考他国经验,这在前文已有详细描述。事实上,直到今日这种学习的步伐也没有停止。在我们调研辽宁自贸区沈

① 朱镕基:《企业要进军俄罗斯》,《朱镕基讲话实录(第四卷)》,人民出版社,2011 年,第 230—236 页。
② 谷牧:《谷牧回忆录》,2009 年,第六章,第 305 页。
③ 汪东亚、于艳:《内地官员海外培训全记录》,《凤凰周刊》杂志,http://news. ifeng. com/shendu/fhzk/detail_2011_09/08/9041977_0. shtml[2018 - 11 - 13]。
④ 汪东亚、于艳:《内地官员海外培训全记录》,《凤凰周刊》杂志,http://news. ifeng. com/shendu/fhzk/detail_2011_09/08/9041977_0. shtml[2018 - 11 - 13]。
⑤ 朱镕基:《会见美国联邦储备委员会主席格林斯潘时的谈话》,《朱镕基讲话实录(第二卷)》,第 34—41 页。
⑥ 朱镕基:《会见美国财政部部长本特森时的谈话》,《朱镕基讲话实录(第二卷)》,第 464—471 页。

阳片区时相关领导在讲话中反复提到世界银行"营商环境报告",力求与世界先进对标,简化企业注册流程,做到"工商执照当天领,公章四小时送达,当天税务登记完成"。

(4) 关于比较优势的讨论

对于中国而言,对外开放最根本的作用是迫使本国经济主体学习国际上最先进的知识、制度、理念,并结合中国的实际情况将其付诸实践,而非简单地发挥比较优势。事实上,中国经济许多的成功实践恰恰违背了所谓的比较优势,中国国内的产业空间布局也很难用比较优势理论进行解释。放眼全球经济发展史,我们亦不难发现许多工业化国家并未采用自由贸易政策,没有选择依靠比较优势参与国际分工,而是通过各种手段向其他国家学习以谋求自身发展。

首先,20世纪90年代初纺织、鞋帽等商品的出口占比下降与比较优势理论的推论不一致。计算中国劳动收入占国内生产总值的比重(即劳动收入份额)可以发现,1995—2007年劳动收入在分配体系中的份额始终是下降的,这一阶段中国经济中依旧有大量的低价劳动力,尚未达到"刘易斯拐点"。按照比较优势理论的分析,这一阶段中国应专注于劳动密集型产业的对外贸易。然而,纺织、鞋帽等劳动密集型产品出口占中国出口总额的比例在这一阶段却稳定地下降,机械、车辆船舶等需要更多资本、技术的产品出口份额稳步上升。我们认为,对纺织品的配额制裁并不能解释下降趋势,因为纺织品出口的绝对量自"入世"后稳步增长,中国出口占全球纺织品出口的份额也稳步上升;即便在2002、2005年全球纺织一体化协议分阶段生效的时点,出口份额也没有因贸易壁垒的降低而未发生大幅度提升。[1]

其次,中国在许多高技术产业"超前"布局并取得长足发展。按照比较优势理论,中国在改革开放初应着重发挥劳动力、土地等价格优势,不能急于求成搞复杂的、技术要求高的产业。然而,中国恰恰提早布局了许多资本、技术密集型产业,汽车行业就是一例。1979年中国刚刚确立对外开放的

---

① 中华人民共和国商务部,2005:《专题一,纺织品贸易一体化与中国的纺织品出口》,http://zhs.mofcom.gov.cn/aarticle/Nocategory/200504/20050400081560.html[2018-11-20]。

图表 16 中国的劳动收入份额

数据来源：CEIC 数据库，ACCEPT 计算

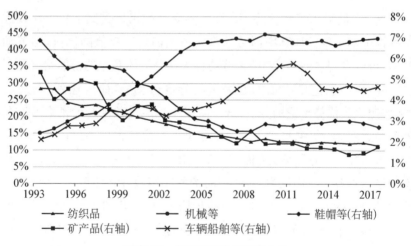

图表 17 中国主要出口产品占比

数据来源：CEIC 数据库，ACCEPT 计算

政策，中央政府官员与北京汽车制造厂代表便开始接洽美国汽车公司（AMC）商讨成立合资企业；1983 年，双方正式签订合同开始合作。[1] 根据世

---

[1] 刘杨：《中国第一家汽车合资企业成立始末》，《中国经济周刊》，2013 年第 37 期，http://paper. people. com. cn/zgjjzk/html/2013-09/23/content_1303907. htm[2018-11-20]。

界银行 WDI 数据,此时中国人均 GDP 仅 225.4 美元,全球排名 181,是美国的 1.45%,英国的 2.59%,日本的 2.16%,法国的 2.26%,德国的 2.29%。即便在这样的条件下,时任一机部部长饶斌依旧强调:"合资企业出二代车不能超过 3 年。看合营企业业绩主要不是看出多少车,赚多少钱,而是看何时出新车。"时至今日,不仅北汽集团凤凰涅槃,中国的汽车产业也大放异彩,已拥有 6 家世界五百强企业,孕育了吉利、比亚迪等优秀的民营企业。[①]

电子产业也是中国很早就重视发展的行业。江泽民同志在 1984 年就提出"应该发展电子产业"[②]。1984 年至 1990 年,中国各地方政府、国有企业和大学,总共从国外引进晶圆生产线达 33 条,据估算花费 1.5 亿美元;随后,国家又制定了"908"、"909"等多个专项;2000 年 6 月,国务院《鼓励软件产业和集成电路产业发展的若干政策》,大力支持电子信息产业。[③] 经过四十年的发展,尽管很多企业经历失败与淘汰,但仍有许多优秀的企业在国际竞争中壮大了自己。华为、中兴、联想、小米等企业不仅在国内市场站稳脚跟,更在非洲、印度等海外市场有着亮眼表现,并逐步走向自主创新的前沿。2016年,华为主推的 Polar 码首次入选 5G 短码信令标准,这是首次有中国公司涉足国际基础通信框架协议,中国电子产业的创新能力得到了国际认可。

再次,中国高度重视研发投入,并在科研、创新领域取得瞩目成就。按照传统的比较优势理论,作为一个后发国家,发展高技术并不是最好的选择。但是,中国政府始终注重对高技术项目的研发投入。1986 年 3 月,四位中国著名科学家致信国家领导人,建议制定高科技发展计划,当年 11 月中国便制定并实施了"国家高技术研究发展计划(863 计划)",批复经费 100 亿元(这一数字是四位科学家信中建议数额的 50 倍),充分体现了最高层对高端产业、技术的重视。[④] 中国研发投入占 GDP 的比重在 1999 年超过印度,

---

① 中国经济网:《2018"世界 500 强"榜单:6 家中国车企再次上榜》,新华网转载,http://www. xinhuanet. com/2018-07/21/c_1123157964. htm[2018 - 11 - 20]。

② 江泽民:《振兴电子工业,促进四化建设》,《江泽民文选(第一卷)》,人民出版社,http://cpc. people. com. cn/GB/64184/64185/180137/10818670. html[2018 - 11 - 14]。

③ 伐柴,2018:《历史进程里的中国半导体产业》,格隆汇转载"伐柴商心事"文章,https://m. gelonghui. com/p/178262[2018 - 11 - 15]。

④ 马颂德、胡雪琴:《"863 计划"经费申请 2 亿批了 100 亿》,《中国经济周刊》,2009 年第 02 期,PP. 61—62。

2002 年超过巴西,2010 年超过英国,始终高于中等收入国家均值和中等高收入国家均值,2015 年(2.07%)只比 OECD 国家均值低 0.5 个百分点。[1]这些投入产生了显著效果,根据世界知识产权组织(WIPO)的数据,2017 年中国国际专利申请数量为 4.89 万件,全球排名第二,仅落后于美国(5.66 万件),增长 13.4%;按申请人划分,前十大国际专利申请人中有三家中国企业,其中华为公司以 4 024 件排名全球第一,超过英特尔、高通等老牌科技公司。[2]

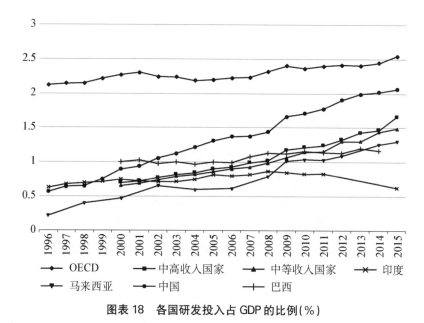

图表 18　各国研发投入占 GDP 的比例(%)

数据来源: 世界银行 WDI 数据库。

比较优势理论也很难解释一些微观企业的发展历程。我们在前文曾详细介绍两家制造业企业的发展历程——模塑科技与澄星集团。模塑科技 20 世纪 80 年代生产塑料玩具、圣诞蜡烛等低端产品时几乎没有利润,转型生产技术含量更高、资本品要求更高的汽车保险杠时才获得成功;澄星集团所生产的食用级磷酸产品更需要大量的研发投入,最终也取得了成功。显然,狭

---

[1] 数据来源于世界银行 WDI 数据库。

[2] World Intellectual Property Organization,2017,Patent Cooperation Treaty Yearly Review 2018,http://www.wipo.int/edocs/pubdocs/en/wipo_pub_901_2018.pdf[2018 - 11 - 20]。

义的比较优势理论并不能完全解释中国经济的快速升级与发展。通过向先进企业全面学习,企业是可以突破狭义比较优势的限制,实现自身的跨越式发展的。中国目前在电动汽车、高铁、芯片等高科技领域取得的成就为我们的观点提供了有力证明。

中国国内的产业空间布局也很难用比较优势理论进行解释。如果回到80 年代鸟瞰中国,给定劳动力、土地等要素价格低廉的宏观特质,东北地区发展初级制造业的比较优势似乎更为明显。沈阳有完整的工业体系,拥有大量熟练工人,配套企业齐全;辽宁拥有营口、大连等港口,公路、铁路交通也很便捷(沈大高速是新中国建设的第一条高速公路);大连 1984 年设立经济技术开发区,其享受的优惠政策与深圳经济特区相同。然而,我们在调研中却了解到大量辽宁的企业家、工人南下深圳,在那里建立了自己的新企业。改革开放后大量优秀的工业企业也都出现在广东、江浙,而非东北。这说明简单地讨论比较优势并不能全面总结出开放对中国的重要意义。

更重要的是,回顾工业革命以来的世界各国的发展历程,不难发现许多国家在工业化过程中并未将自由贸易与比较优势作为核心战略。如前所述,英国、美国、德国均采取贸易保护主义政策,并未将发挥比较优势作为重要国策。然而,这些国家均成功实现了赶超——英国取代荷兰成为世界霸主,美国、德国在一战前的工业产值都超过了英国。这些国家都很好地学习了先进国家的技术、经验、制度,进行改造,为己所用,这是比较优势理论很难解释的。

贸易与合资企业并非学习的唯一途径,通过非贸易手段进行学习在历史上曾是常态。1851 年,伦敦切尔西皇家植物园园长罗伯特·福琼从中国偷走了 17 000 粒茶种、23 892 株茶树,甚至带走了一个种茶的成熟团队及全套制茶工艺。1858 年他又受聘于美国专利局,来中国"学习"种茶,薪水竟高达每年 500 磅。[①] 美国的学习道路更加坎坷。1791 年,美国开国元勋、财政部长汉密尔顿与支持贸易保护的经济学家考克斯共同向国会提交《制造业报告(Report on Manufactures)》,公开鼓励"引进"英国先进技术。然而,英

---

① 《一场事先张扬的弯道超车》,转引自华尔街见闻网,https://wallstreetcn.com/articles/3393341 [2018-12-04],参考资料包括《茶叶大盗》(萨拉·罗斯)、《绿色黄金:茶叶帝国》(麦克法兰)。

国进行了严格的技术封锁,甚至不允许本国纺织工人进入美国。尽管如此,曾在英国纺织厂做了六年学徒的英国人萨谬·斯莱特依旧暗中来到美国,凭借记忆复制了当时最先进的纺织机器并进行改良,帮助美国纺织工业实现赶超。斯莱特因此被安德鲁·杰克逊总统称为"美国工业革命之父",却也被英国称为"叛徒"。与这些历史相比,中国依靠合资企业学习技术和管理经验,不仅支付专利费用,还与外国投资者分享广阔的市场,共同成长,算得上是"有礼貌的好学生"。①

基于上面的论述,我们认为简单地将中国的开放理解为发挥比较优势并不全面,在开放过程中进行学习所带来的影响更加深远。正因为有意识地、主动地、勤奋地学习,中国才能在面对冲击与质疑时坚定开放信念,并不断促进本国经济升级,并没有像传统的"干中学"等理论预测的那样被"锁定于"低端产业。

(5) 关于资金、技术、创造税收、就业等观点的讨论

诚然,对外开放也为中国带来了更多资金、技术、设备,创造了税收、就业,使得中国通过发挥比较优势融入了国际经济体系。但是,我们认为其影响的深远程度远不及对先进知识、制度与理念的学习。

作为一个储蓄率很高的国家,中国并不缺乏一般意义上的资金。1983—1986年,中国实际利用外资占固定资产投资的比例始终不足10%,即便是20世纪90年代外资涌入高潮时期,这一比例最高也只有28%(1994年、1997年),随后逐年下降。整体而言,外资形成的投资规模有限。

引进技术设备是中国改革开放的重要目的,中国企业也的确通过外资企业引进、学习了许多先进技术,这促进了中国生产率的提高,改善了中国的福利,Holmes等(2013)对这个问题做了详尽的阐释(但是,我们并不认同其中国使其他国家受损的观点)②。但是,我们认为狭义的技术设备带来的影响是有限的。

---

① BBC News,2011,Samuel Slater: American hero or British traitor? https://www.bbc.com/news/uk-england-derbyshire-15002318[2018-12-01]。

② Holmes T J, Mcgrattan E R, Prescott E C. Quid Pro Quo: Technology Capital Transfers for Market Access in China. Staff Report, 2013, 82(3): págs. 1154-1193.

图表 19　实际利用外资占固定资产投资的比例

数据来源：国家统计局，CEIC 数据库，ACCEPT 计算

首先，中国引进技术设备不是为了简单地将其用于生产，而是通过这些技术设备进行学习。在调研中，一位国家计委的老领导提到，中国制造机械行业的公差标准在 1980 年之前都是按照苏联设计的，直到改革开放通过进口大量西方零部件才意识到应该进行更新，由此建立了现行的行位公差标准体系。由此可见，即便是进口零部件，也能带来巨大的学习效应。

其次，单靠购买设备得来的改进是有限的，不宜被过度夸大。如前所述，早在 20 世纪 70 年代初，周恩来就曾主持引进了西方的化肥、化纤、大轧机等设备，被称为"四·三方案"，但这没有从根本上改变相关产业的面貌。另一个与之类似的例子是，作为宝马的合资伙伴，华晨汽车自主品牌"04 款中华轿车"与宝马"3 系"、"5 系"在 2004 年前后一度共线生产。[1] 尽管在宣传中极力包装，但中华轿车依旧没有获得市场认可。对于外资进入中国的问题，黄亚生（2003）做了深入研究。他以服装等行业为案例进行探讨，认为出口导向型的 FDI 产生的知识转移是非常有限的。同时，他也强调 FDI 在制度层面给中国经济带来的好处，认为国外投资在带来技术的同时帮助中国企业突破旧有的体制机制障碍，促进中国经济发展。[2]

① 苏庆菊：《中华与国产宝马共线生产，奠定质量基础》，"搜狐汽车"转载《北京晨报》http://auto.sohu.com/2003/12/16/01/article216960166.shtml[2018 - 11 - 13]。

② Huang Y, Huang, P Y, Kirby W., Selling China: Foreign Direct Investment During the Reform Era. Cambridge University Press, 2009, Introduction and Chapter 9。

再次,为了引进这些技术设备,中国企业也付出了巨大成本。如前所述,模塑科技从德国进口设备耗资253万美元,这对于一个注册资本仅32万美元、前几年经营刚刚保本的乡镇企业而言无疑是巨款。[1] 黄亚生(2003)也指出外资企业收购的多数国有企业标的尽管盈利能力差,但前期都依靠融资优势、政治优势积累了大量优良资产。[2]

最后,核心的先进技术也很难通过合资或购买得到。沈阳机床集团2005年收购濒临破产的德国著名机床企业希斯集团,获得其17个产品的全套技术,但由于德国联邦经济与出口管理局的限制,相关文件无法调回国内使用[3]。

从宏观角度来看,外资企业为政府贡献的税收也是有限的。改革开放的前30年,为了吸引外资,中国政府出台了一系列税收优惠政策。据朱琳(2007)[4]的整理,外资企业所得税享受"免2减3"的政策,即盈利的头两年免征,第三年至第六年减半征收;合营企业按合同规定进口的设备、必要物资免征关税和进口工商统一税;非限制出口的商品出口免征关税和工商统一税;四个经济特区、十四个沿海城市经济技术开发区以及长三角、珠三角、厦漳泉三角洲的外资企业的优惠力度更大,如所得税按15%征收(内资企业为33%)。事实上,直到2008年《企业所得税法》正式实施,外资在税收方面的"超国民待遇"才正式结束。根据《中国外商投资报告》中的数据,外资企业2002—2007年的税收贡献率始终在20%左右。[5] 2016年,外资企业贡献税收的五分之一,而非金融类国有企业贡献的税费达到30%[6]。因此,从税收的角度看,外资企业的确重要,但其重要性不宜夸大。

---

[1] 徐东青:《曹明芳:吹尽黄沙始到金》,《江阴实业家》,上海人民出版社,2017年,第289—302页。

[2] Huang Y, Huang, P Y, Kirby W., Selling China: Foreign Direct Investment During the Reform Era. Cambridge University Press, 2009, Chapter 9.

[3] 整理自调研资料。何勇:《沈阳机床买船出海记》,《人民日报》2007年6月27日第06版,http://media.163.com/05/0526/11/1KM5FS4P00141E37.html[2018 - 10 - 26]。

[4] 朱琳:《我国外资企业税收政策的历史考察与理论分析》,西南财经大学硕士学位论文,2008年。

[5] 邢厚媛:《中国外商投资报告(2017)》,PP18,http://images.mofcom.gov.cn/wzs/201804/20180416161221341.pdf[2018 - 11 - 13]。

[6] 陈德铭:《改革开放见证中国坚持融入、深刻影响全球价值链的四十年》,《国际贸易问题》,2018年1期,PP13—16。白天亮:《这五年,国企风生水起(新常态里看变化)》,《人民日报》2017年7月28日第10版,http://paper.people.com.cn/rmrb/html/2017-07/28/nw.D110000renmrb_20170728_1-10.htm[2018 - 11 - 13]。

从就业来看,外资企业的宏观影响更为有限。根据 1998—2015 年的就业数据进行分析,即便在 1992 年中国非公有制经济快速发展前,城镇外资企业就业人数(港澳台商投资企业与外商投资企业之和)也始终小于城镇私营企业就业人数,与农村乡镇企业就业人数相比就更加微不足道。

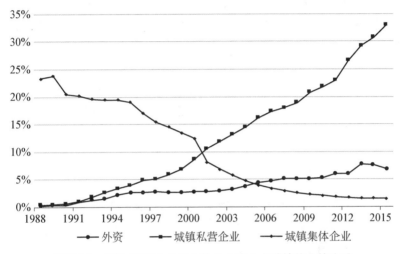

图表 20　外资、私营企业与集体企业就业占城镇就业的比重

数据来源:CEIC 数据库,ACCEPT 计算

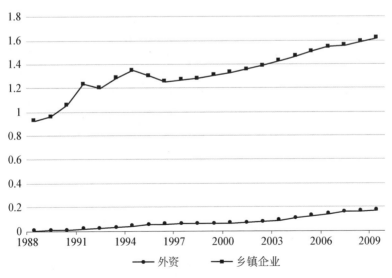

图表 21　外资与乡镇企业就业人数(亿)

数据来源:CEIC 数据库,ACCEPT 计算

2. 对外开放需要政府精心地管理与引导

开放是一个复杂的过程,涉及一国经济活动的方方面面。为了使经济健康发展,政府(特别是中央政府)应积极管理、引导对外开放进程,绝不能"一放了之"。总结过去四十年的发展,我们认为一个稳健、可持续的开放过程至少需要政府在以下三方面进行精心管理:第一,政府应专注培育经济的内生增长能力;第二,帮助微观主体应对开放带来的负面冲击;第三,政府应管理、约束微观经济主体的短期非理性行为,严格管理资本流动与外债。

(1) 政府应注重培育经济的内生增长能力

中国领导人自开放之初就从战略高度注重通过开放培育、激活经济自身的活力。邓小平同志多次强调开放是为了"发展生产力"、"带动本国企业"。[①] 仔细梳理中国对外开放的历程,不难发现许多政策都是为培育经济自身的"造血功能"服务的。以下我们选取四个侧面进行讨论。

第一,中央政府高度重视在开放中实现产业转型升级。如前所述,20世纪80年代初很多外资商人和部分专家认为"深圳发展工业的条件差,产品以外销为主与客商投资目标(产品进入大陆市场)相悖,主张把深圳建成金融、商业、外贸、旅游中心"。[②] 但中央政府并不满足于发展旅游、金融等第三产业,而是高度重视发展制造业,坚定以工业为主的战略,要求深圳发展成为"以工业为主的综合性外向型特区"[③]。为此,中央政府出台一系列措施优化外商经营环境,发挥"税收低、劳务费用低、场地使用费用低"的优势。同时,政府始终重视高技术产业的布局。例如,江泽民同志在1984年就提出"应该

---

① 邓小平:《实行开放政策,学习世界先进科学技术》,《邓小平文选(第二卷)》,第132—133页;邓小平:《关于经济工作的几点意见》,《邓小平文选(第二卷)》,第194—202页。
② 谷牧:《谷牧回忆录》,第六章,第359—371页。
③ 谷牧:《谷牧回忆录》,第六章,第359—371页。

发展电子产业"[1];1986 年 3 月,四位中国著名科学家致信国家领导人,建议制定高科技发展计划,当年 11 月中国便制定并实施了"国家高技术研究发展计划(863 计划)",批复经费 100 亿元,这一数字是四位科学家信中建议数额的 50 倍,充分体现了最高层对高端产业、技术的重视[2]。朱镕基在 1996 年着重强调对"三来一补"为代表的加工贸易产业进行升级,他在充分肯定加工贸易作用的同时认为"要向高新技术发展,增加新优势,还靠过去的'三来一补'是不行的",鼓励企业在引进技术、设备的基础上自己办厂生产。[3]

第二,政府(特别是中央政府)高度重视开放所带来的学习效应。邓小平在 1978 年的讲话中就明确提出要通过开放进行学习[4],认为"各国人民在资本主义制度下所发展的科学和技术,所积累的各种有益的知识和经验,都是我们必须继承和学习的"。[5] 如前文所述,江泽民、朱镕基等领导人更加突出强调学习的作用。江泽民在谈话中强调"能否不断学习世界上一切先进的东西,能否不断跟上世界发展的潮流,是关系一个国家、一个民族兴衰成败的大问题"[6]。朱镕基也多次强调学习的重要性,他曾说:"没有竞争,就没有进步。没有开放,先进的管理经验、经营方式、技术手段怎么能进得来呢?美国国际集团在上海引进了一个代理人制度,一下子就发展很快,中国人保上海分公司也马上采用了这个办法……但上海人再聪明,如果美国国际集团不进来,没有样板,也引不进代理人制度。"[7]

基于此,就不难理解中国的最高领导人何以凭借巨大的政治勇气和决断不断深入地推进对外开放。如前所述,在加入世界贸易组织的问题上,国内国外均有许多不同意见,质疑甚至唱衰中国入世的决定。加入世界贸易

---

① 江泽民:《振兴电子工业,促进四化建设》,《江泽民文选(第一卷)》,http://cpc. people. com. cn/GB/64184/64185/180137/10818670. html[2018 - 11 - 14]。

② 马颂德、胡雪琴:《"863 计划"经费申请 2 亿批了 100 亿》,《中国经济周刊》,2009 年第 2 期,第 61—62 页。

③ 朱镕基:《要调整完善加工贸易政策》,《朱镕基讲话实录(第二卷)》,人民出版社,第 265—270 页。

④ 邓小平:《实行开放政策,学习世界先进科学技术》,《邓小平文选(第二卷)》,第 132—133 页。

⑤ 邓小平:《实行开放政策,学习世界先进科学技术》,《邓小平文选(第二卷)》,第 168 页。

⑥ 江泽民:《在新世纪把建设有中国特色社会主义继续推向前进》,《江泽民文选(第三卷)》,人民出版社,2006 年,http://cpc. people. com. cn/GB/64184/64185/180139/10818611. html[2018 - 11 - 14]。

⑦ 朱镕基:《搞好金融保险市场对外开放》,《朱镕基讲话实录(第二卷)》,第 298—302 页。

组织后,中国政府付出了巨大努力促进中国充分融入国际经济体系——2001 年至今中国中央政府清理法律法规和部门规章 2 300 多件,地方政府清理地方性政策法规 19 万多件;关税总水平由 2001 年的 15.3％降至 9.8％,2015 年贸易加权平均关税税率降至 4.4％,明显低于韩国、印度、印度尼西亚等新兴经济体和发展中国家,已接近美国(2.4％)和欧盟(3％)的水平;在世贸组织划分的 160 个服务业分部门中,中国已承诺开放 100 个,接近发达国家成员平均承诺开放 108 个的水平。时至今日,中国通过 12 个自贸区改善营商环境,改善服务质量,这些努力依旧可视为在对外学习中提升、发展自己。①

第三,正因为认识到与国外先进经济体互动可以带来巨大的学习效应,中国领导人非常重视吸引外资。1986—1987 年,时任国务院副总理谷牧亲自协调出台优化外资营商环境的文件。为了不让政策在执行中走样,他还主持制定了 22 个实施细则。仅 1986 年 10 月—12 月,他就亲自主持召开 12 次有关会议。② 朱镕基在讲话中曾经数次强调吸引外资的重要性。在谈到上海的发展时,他曾说:"浦东的地也别那么贵了,吸引外资,加快速度。""(吸引外资大项目)要坚定投资者来投资的信心,什么事情都要抓紧办,错过这个时间就不行了。"③同时,中央政府将吸引外资作为考核地方官员的重要指标,引导地方政府竭尽全力为外资企业项目落地提供服务。前述沈阳市政府为了宝马项目顺利落地而"削平山丘、更换土壤"就是一个例证。在调研中,江阴市当年主管工业的副市长向我们讲到,20 世纪 90 年代他每次去北京、上海出差,都会组织企业把近期的产品目录等材料翻译成英语、日语,他亲自带上去和外资企业驻华办事处洽谈沟通。

第四,中国政府注重协调不同领域的开放节奏,既给本国有能力的经济主体发展生存的机会,又通过逐步开放引入竞争、促进本国企业学习进步。

① 整理自中华人民共和国新闻办公室,2018:《中国与世界贸易组织》白皮书,http://www.mofcom.gov.cn/article/i/jyjl/l/201808/20180802773208.shtml[2018 - 11 - 14];中华人民共和国新闻办公室,2018:《关于中美经贸摩擦的事实与中方立场》,http://www.xinhuanet.com/politics/2018-09/24/c_1123475272.htm[2018 - 11 - 14]。
② 谷牧:《谷牧回忆录》,第六章,第 359—371 页。
③ 朱镕基:《全面正确地理解邓小平同志南方重要谈话精神(1992)》,《朱镕基讲话实录(第一卷)》,第 136—150 页。

基于提升本国经济内生增长能力的目的,对进口商品的开放必然不是一蹴而就的,否则本国市场在短时间内被外国产品占领,国内企业就很难继续生存。然而,如果保护过度,企业不用面对竞争压力,不仅无法学习国外先进企业的经验,也不容易做大做强。

朱镕基在1994年谈到金融业开放时强调:"中国的银行离商业银行的标准还差得很远,如果在这个时候批准大量的外国银行来做人民币业务,实际上是让中国的银行在不平等的基础上进行不平等的竞争。"[1]然而,中国政府的这种保护并非"溺爱",反而通过有节奏的开放给本国企业压担子,督促其成长。朱镕基在同一场合就讲到"我们要采取渐进的方式,中国政府这种保护并非无条件的、永久的"[2]事实上,从1994年起中国的金融服务业开始渐次开放,汽车领域的关税也开始逐步下降。2018年,在贸易保护主义势力抬头的背景下,中国在入世承诺的基础上进一步放宽甚至取消了金融、汽车领域的合资企业持股比例限制,大幅降低汽车进口关税。这些事实再次说明中国政府的保护是暂时的、有条件的。

(2) 帮助微观经济主体应对开放带来的负面冲击

如前所述,尽管开放带来的学习效应可以极大地推动经济转型发展,但仍会给部分产业、地区、经济主体带来重大冲击。进口机床等机械设备冲击沈阳企业,造成近百万人下岗;中国的本土胶片行业也被富士、柯达等外国企业冲垮,最终被整体收购;欧美等国对中国纺织品的出口限制也进一步加剧了行业衰败。面对这些冲击,中央政府和地方政府均肩负起自身责任,一方面通过财政支出保证下岗工人的基本福利,通过税收、就业引导等支持下岗职工再就业("纺织空嫂"是最典型的案例);另一方面,政府发力帮助行业进行深刻调整,如沈阳市组织"东搬西建"、国务院推进"纺织砸锭",尽快实现出清,让行业重回正轨。

(3) 引导、约束短期非理性行为,严控外债与资本流动

在开放的过程中,政府应及时识别、约束微观经济主体的短期非理性行

---

① 朱镕基:《会见美国财政部部长本特森时的谈话》,《朱镕基讲话实录(第二卷)》,第464—471页。
② 朱镕基:《会见美国财政部部长本特森时的谈话》,《朱镕基讲话实录(第二卷)》,第464—471页。

为。于中国而言,这一点集中体现在对外汇与资本流动的管理上。中国政府谨慎地管理资本流动,严格约束企业过度借用外债的倾向,防止发生国际收支危机。

中国政府充分借鉴拉美等地区的发展经验,辩证地认识借用外债的优势与缺点。邓小平在 1979 年中国开始借用外债时就强调"偿付能力"的问题[1],1986 年进一步强调"外债要适度,不要借得太多。要注意这两方面的经验。借外债不可怕,但主要用于发展生产,如果用于解决财政赤字那就不好"[2]。朱镕基在 1997 年也总结道:"我们进来的外资都是设备投资而借的外债,而且基本上是中长期的外债……所以,我们基本上可以避免这次遍及亚洲国家的金融危机。"[3]同时,中国政府将外汇储备视为战略资源,在发展初期谨慎地分配其用途,如朱镕基就反复强调:"不能把宝贵的外汇用于进口消费品包括小轿车。应该集中有限的外汇主要用于引进先进技术,改造国民经济的薄弱部门,加快产业结构调整。"[4]

事实上,即便是在直接投资领域,政府也十分注意外汇的偿付问题。一位国家计委的老领导向我们谈到改革开放早期"外汇平衡"政策出台的背景——"外汇平衡"的根本目的是在外汇短缺背景下保证有足够的外汇支付外商投资者希望汇出的利润。为此,国家要求合资企业必须有能力解决外商投资人利润汇出所需的外汇,否则项目不予批准。一个典型的案例是,大亚湾核电站项目一度因为外汇平衡问题无法解决而搁置,此后美国国际核能公司总经理林杰克建议将部分电量卖给中国香港赚取外汇解决了外汇平衡,合资项目才得以最终落地实施。[5] 尽管外汇限制在一定程度上限制了投资者的需求,但它帮助中国经济取得了平稳、可持续的发展。

同时,中国政府谨慎地制定汇率政策,综合考虑通货膨胀、出口、信心等因素,确保币值平稳。在实践中,汇率同时与实体经济、金融市场相联系,学

① 邓小平:《关于经济工作的几点意见》,《邓小平文选(第二卷)》,第 194—202 页。
② 邓小平:《关于企业和金融改革》,《邓小平文选(第三卷)》,第 192—193 页。
③ 朱镕基:《认真吸取亚洲金融危机的教训》,《朱镕基讲话实录(第二卷)》,第 505—511 页。
④ 朱镕基:《关于当前经济形势和宏观调控的意见》,《朱镕基讲话实录(第一卷)》,第 228—240 页。
⑤ 文轩,2018:《大亚湾核电站:改革初期我国最大中外合资企业诞生》,http://www.sohu.com/a/232147417_468637[2018-11-14]。

理意义上的均衡汇率无法计算。因此,既要考虑外汇市场交易的价格信号,又要考虑实体经济的承受能力,抓住关键时点推行改革。朱镕基曾经指出:"(汇率急剧变化)既给进出口企业带来更大的风险和不确定性,又加重了国内通货膨胀的压力,影响了海外投资者的信心。有人说人民币贬值以后有利于出口,我看不见得。各国的经验证明,本国货币过度贬值并不能促进出口。出口能否增加不完全决定于汇率,主要靠产品的品种、质量和服务。在限制进口方面,也不见得能真正起到作用。即使如有些人期望的那样,1美元兑换15元人民币,有的地方或部门还是会进口'奔驰'汽车。"[①]

---

① 朱镕基:《切实加强外汇管理》,《朱镕基讲话实录(第一卷)》,第346—351页。

四、深化改革的方向

近来,国际形势发生了重大变化。昔日经济全球化的推动者美国在特朗普主义的带动下出现逆全球化倾向,由"王道"转为"霸道",挑起与中国的贸易冲突,甚至在技术、人员来往等领域祭出封锁、限制交流等恐吓手段。需要指出的是,我们需要做好中美摩擦长期化的思想准备。美国挑起与中国争端的原因是深刻的。一方面,美国国内传统的大陆孤立主义势力在国内占据上风,主张美国优先,并希望退出全球经济体系;另一方面,中国国家实力的提升也令希望维护美国领导的国际秩序的美国政治精英感到不安。面对这一局面,我们应冷静分析、沉着应对,以开放、成熟、自信的心态继续加快学习世界上一切先进知识、技术、理念,并结合中国实际付诸实践,推动中国经济进一步转型升级。

在改革开放四十年的历程中,中国经济通过学习实现了转型升级,取得了令人瞩目的成就。今天,我们依旧要以谦逊的态度继续努力学习。在科学技术领域,我们应进一步与国际接轨提升专利质量,学习欧美及以色列等国科研组织、成果转化、人员激励的先进经验。在社会治理领域,应放眼全球,在充分了解各国实践的基础上博采众长,避免将社会问题简单地推给市场。例如,在医疗领域学习英国公立医院医疗体系的实践,在房地产领域学习新加坡、德国保障性住房、租赁住房体系的实践,在金融、资本市场领域学习美国的调查、诉讼、执行等法制化实践。在对外投资、国际治理等领域学习大型跨国公司与世界银行、欧洲复兴开发银行等国际组织的实践。

当然,学习不是照搬,学习的要诀是了解、理解世界一切先进的理论与实践,使之为解决中国自身的经济社会问题提供参考,最终为中国的实践服务。从这个角度讲,学习本身就具有批判性,能否促进实践是衡量学习成功与否的标准。因此,学习彰显的是实事求是、敢于革新的自信心态,既不是对先进视而不见的故步自封,更不是崇洋媚外或妄自菲薄。对于这一点,中国在改革开放的四十年中颇有心得,在未来更要坚持、发扬。

过去四十年的大部分时间中,我们较为顺畅地通过贸易、合资进行学习,而近期国际环境的变化增加了我们学习先进的成本。但如前所述,学习不依赖于贸易,也不依赖于特定的国际环境,只要有动力、有恒心,就一定能克服困难提升自我。更何况,当今世界的信息交流、人员交流更加便捷,世界各国合作融合的潮流没有改变,我们应当发挥主观能动性,调动一切力量,继续坚定地推进企业家、劳动者与政府官员对世界上最先进的知识、技术、理念等的学习,早日实现中华民族的伟大复兴,并为世界经济的发展做出贡献。

具体而言,可以在以下几个方面着重发力。第一,注重"请进来"。面对美国可能出台的人员访问、交流限制,我们应更主动地吸引、邀请国际专家学者与企业家来中国交流访问,继续坚定地招商引资,优化营商环境。第二,加大开放力度。在大数据、云计算、物联网、清洁能源等更多领域降低准入条件与壁垒,欢迎各国有能力的科技人员、企业家、专家学者在遵从中国法律的前提下参与中国的经济与社会项目,共同推进科技与社会发展,使其在获得利润的同时带动中国相关产业、企业发展。第三,鼓励更多国内人员与国际同行交流交往。在保证社会秩序与稳定的前提下,推动国内各领域人员继续抱着学习的心态进行国际交流,特别要鼓励科研院所和高等院校加强对外联系,在国内营造更好的学习氛围,在社会上兴起新的学习之风,吸收外国的先进实践,同时也应介绍中国的做法与思考,讲好中国故事。

不论世界风云如何变化,中国都应以成熟、自信的心态向世界学习。事实上,很长一段时间以来,中国许多优秀的跨国公司在国际市场都遭受了不公正待遇,但他们并没有因此停下脚步,而是继续一步步地学习、进步、追赶,缩小差距,甚至在某些领域实现赶超。这些企业家与劳动者为全社会提供了榜样。我们应始终警醒,避免因狭隘的民族主义情绪而放慢甚至放弃学习。只有如此,我们才能不断进步,将改革开放的事业推向深入。

经济实践是经济学理论的源泉。总结中国对外开放的历程,我们认为学习是开放最根本的作用;一个稳定、可持续的经济开放过程需要政府的精心管理。我们认为这两个观点可以为其他国家所借鉴,是对主流开放经济学、国际贸易理论的有益补充。

第五部分

审慎的宏观调控

一、中国宏观调控的基本事实

1. 持续四十年较为稳定的高速经济增长

1978 年以来,中国经济实现了稳定的高速增长。1978—2017 年,中国国内生产总值从 2 943 亿美元增长到 10.2 万亿美元(按照 2010 年不变价美元计算),年均实际增长率超过 9.5%。同期,人均国民生产总值从 307 美元增长到 7 329 美元,年均增速达 8.5%。

中国经济不仅增长较快,而且增速较为稳定。不论是与同时期其他国家相比,还是与历史上的其他高成长经济体相比,中国经济过去四十年增长速度的稳定性都是难得一见的,堪称人类经济史上的一个奇迹。

实际经济增速的波动可以分解为两个部分:一个是经济潜在增长率的变化,另一个则是周期性因素的变化。我们通过 HP 滤波将各国 1961—2017 年的经济增长率分解为趋势项和残差项两个部分,其中趋势项可以作为对潜在经济增长率的估计,残差项则对应经济的周期性波动。我们用 1961—2017 年周期性波动的标准差比潜在增长率的均值来表示实际经济增速的波动,发现中国经济的波动性明显小于发达国家以及其他发展中国家(图表1)。

如果将发展阶段对应起来考察,我们用相同的方法将中国(1978—2017)与日本、韩国的高速增长期(1961—1990)进行对比,发现中国的实际GDP增长的波动亦是偏低的(图表2),尤其是考虑到中国在这段时间内经历了亚洲金融危机和2008年全球金融危机,取得这样的成绩更为不易。

我们还可以将视野放得更长一些,对比中国在1978年之后的经济增速与英国在工业革命时期、德国在19世纪末、美国在1890年到1920年、以及苏联从创立到解体期间的经济增速。可以看出,与这些人类历史上典型的高增长时期相比,中国经济在1978年之后的表现不论在增速水平上,还是在增速的稳定性上,都是极为出众的(图表3)。

国家	实际 GDP 波动
中国	0.19
中等收入国家	0.25
世界	0.34
印度	0.36
OECD 国家	0.43
韩国	0.44
欧洲	0.60
英国	0.61
日本	0.67
美国	0.68
巴西	1.00
阿根廷	2.21
俄罗斯[3]	4.54

图表 1　典型经济体实际 GDP 增速波动(1961—2017)

注:(1)数据来源为世界银行 WDI 数据库,ACCEPT 计算。(2)实际 GDP 波动的分子是实际 GDP 同比增速除去 HP 滤波趋势项($\lambda=6.25$)后的残差的标准差,分母是实际 GDP 同比增速经 HP 滤波调整后($\lambda=6.25$)的趋势项均值。(3)俄罗斯仅包括 1991—2017 年数据。

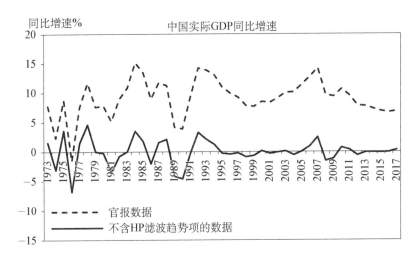

图表 1.1　中国实际 GDP 的同比增速(%)

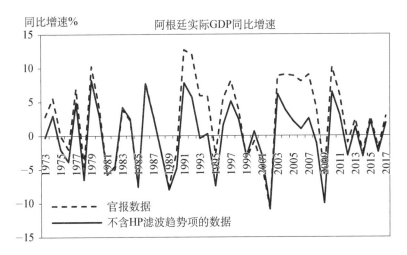

图表 1.2　阿根廷实际 GDP 的同比增速(%)

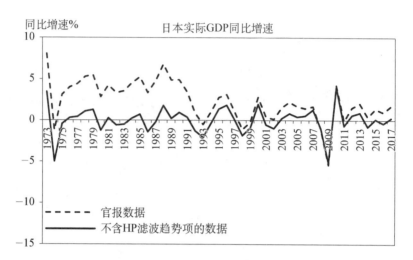

图表 1.3　日本实际 GDP 的同比增速(％)

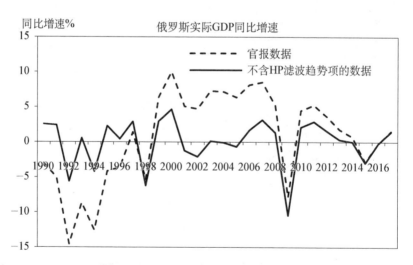

图表 1.4　俄罗斯实际 GDP 的同比增速(％)

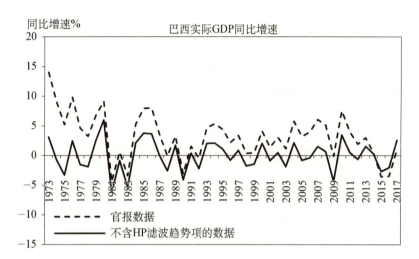

图表 1.5　巴西实际 GDP 的同比增速(%)

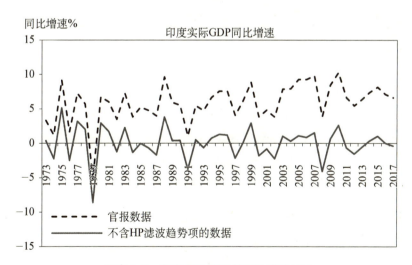

图表 1.6　印度实际 GDP 的同比增速(%)

数据来源:世界银行 WDI 数据库,ACCEPT 计算。

国家	实际 GDP 波动
中国 1978—2017	0.19
韩国 1961—1990	0.27
日本 1961—1990	0.37

图表 2　中日韩经济高速增长期的实际 GDP 增速波动

注：(1)数据来自世界银行 WDI 数据库，ACCEPT 计算。(2)实际 GDP 波动的分子是实际 GDP 同比增速除去 HP 滤波趋势项（λ＝6.25）之后的残差的标准差，分母是实际 GDP 同比增速经 HP 滤波调整后（λ＝6.25）的趋势项均值。

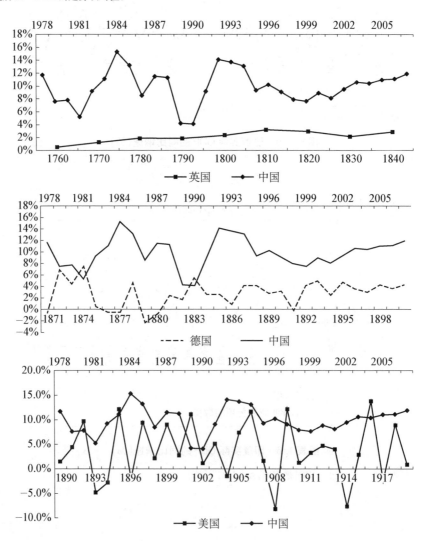

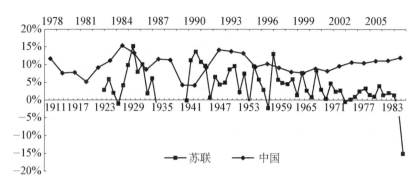

图表3　主要经济体历史上高增长时期经济增速对比：英国、德国、美国、苏联

数据来源：《世界经济 200 年回顾》，Angus Maddison，1996。

2. 成功抑制了高通胀

一般来说，高速增长和高通胀往往相伴而生。在经济高速增长时期，投资增速处于高位，对原材料需求较高，在一定程度上造成较高的通胀压力。一旦通胀过高，往往意味着实际经济增速高于潜在增长率，对要素进行了过分使用，之后则会伴随着经济增速的衰退。所以，高通胀往往与经济增速的波动相联系，从这个角度上来说，经济增速稳定往往也意味着通胀稳定。

但是对于中国来说，高通胀的压力并不仅仅来自于经济增速本身，转轨时期较为复杂的经济体系造成了独特的通胀压力。从经验上来讲，计划经济体通常供给较少，由政府计划进行分配，整个经济体没有价格或价格被人为压低，当由计划经济向市场经济转型时，被政策压低的价格倾向于快速上升，往往会造成较高的通货膨胀。高通货膨胀造成币值不稳，不利于经济增长，产品相对价格的过快变化有可能造成社会财富分配的扭曲，甚至引起较为严重的社会问题。

相对于其他转轨国家而言，中国的通胀水平得到了较好的控制。从数据上来看，1978—2016 年，中国年均 CPI 增长率为 5.3%，低于同时期的印度、巴西,亦低于日本和韩国在各自相应高增长时期对应的通货膨胀率(图表4)。如果我们将中国与曾经经历过价格改革的经济体比较,例如俄罗斯、波兰,我们可以发现中国的经济增速在明显高于这些经济体的同时,通胀要显著低于这些经济体。具体来看,中国价格改革之后在 1989 年—1993 年的 CPI 同比增速仅分别为 18.0%、3.1%、3.4%、6.4%、14.7%[1],而俄罗斯在价格改革后 4 年的 CPI 同比增速均超过 100%[2],波兰亦均超过 30%[3]。

	年均 CPI 增速(几何平均)	年均 CPI 增速(代数平均)
美国(1986—2016)	2.60%	2.70%
中国(1978—2017)	4.90%	4.90%
中国(1986—2017)	5.00%	5.30%
日本(1960—1980)	7.30%	7.20%
印度(1986—2016)	7.50%	7.70%
韩国(1967—1990)	11.40%	11.60%
俄罗斯(1986—2016)	38.00%	73.00%
波兰(1988—2000)	58.50%	87.90%
巴西(1986—2016)	99.40%	361.20%

图表 4　典型国家的年均 CPI 增速

注:中国数据来源为国家统计局,其他国家数据来自世界银行 WDI 数据库。

3. 未出现经济负增长,且为世界经济稳定作出贡献

中国在改革开放四十年以来,未发生过真正的经济危机,也比较成功地应对了外部冲击,为世界经济的稳定作出了贡献。改革开放以来,中国实际

---

① 数据来自 Haver 数据库。
② 数据来自 Haver 数据库。
③ 数据来自 Haver 数据库。

GDP 增长率最低值为 1990 年的 3.9%,未出现过经济总量的收缩(图表 5)。而反观日本、韩国、俄罗斯、巴西等国,战后均出现过经济总量的负增长,即使是在 1960—1980 年韩国、日本的高速增长时期,其实际 GDP 同比增速亦出现过负值。

在稳定国内经济的同时,中国亦对世界经济的稳定作出了贡献。中国对世界经济增长的贡献率自改革开放以来稳步提升:1980—1989 年中国对世界经济增长的贡献率为 5.11%,1990—1999 年上升到 12.33%,2000—2009 年上升到 24.83%,2010—2017 年进一步上升到 28.75%。1978—2017 年综合来看,中国对世界经济增长的贡献率达到 18.35%(图表 8)。尤其是在亚洲和全球金融危机期间,中国对全球经济增长的“稳定器”作用尤为凸显。1998 年亚洲金融危机爆发,中国通过积极的财政政策与稳健的货币政策引导国内总需求回升,同时人民币并未与其他国家货币一道进行贬值,对亚洲货币体系的稳定作出了贡献。2008 年美国次贷危机爆发,全球经济均受影响,美国、欧元区、日本等主要经济体均出现负增长,而在此背景下,中国经济在 2009 年逆势复苏,对稳定全球经济作出了重要贡献。

图表 5　中国与全球实际 GDP 增速

数据来源:世界银行 WDI 数据库

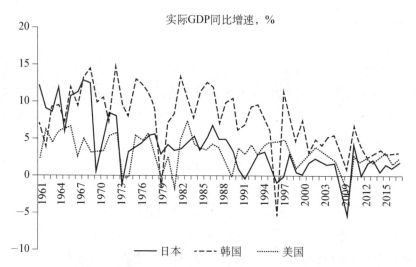

图表 6　美国、韩国、日本实际 GDP 增速（1960—2017）

数据来源：世界银行 WDI 数据库

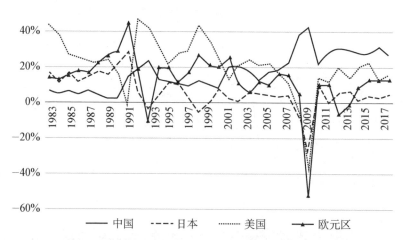

图表 7　美国、欧洲、中国、日本对世界经济增长的贡献（图）

数据来源：世界银行 WDI 数据库

	美国	欧洲	中国	日本
1978—2017	20.38%	13.07%	18.35%	6.27%
1980—1989	26.43%	17.94%	5.11%	16.37%
1990—1999	31.50%	18.24%	12.33%	5.01%
2000—2009	14.26%	8.82%	24.83%	0.92%
2010—2017	16.58%	7.42%	28.75%	3.23%

图表 8　美国、欧洲、中国、日本对世界经济增长的贡献（表）

数据来源：世界银行 WDI 数据库

4. 存在的问题：宏观调控手段经常简单粗暴，对民营企业造成了不公平的伤害

政府在通过"看得见的手"进行宏观调控过程中，往往对民营企业存在不公平对待。主要体现在两方面：

一是压缩重复投资、"去产能"的任务相对更多地落在民营企业身上。典型的案例是钢铁行业：2016 年钢铁行业去产能过程中共有 140 家钢铁企业承担产能压减任务，其中民营企业占到 88.6%。统计数据显示，民营企业占到全部压减钢铁产能的 65%，国有企业仅占 35%[①]。再以钢铁产业的重要聚集地河北省为例，2016 年，河北省 1 600 万吨去产能指标中，有 97% 由民营企业承担[②]。煤炭行业的去产能任务也更多地落在了民营煤矿身上，但情况较为复杂——相对国有煤矿而言，民营煤矿多为中小型煤矿，容易发生安全生产事故，环保指标也落后于国有大型煤矿。2016 年，煤炭行业去产能的重点是年产 30 万吨及以下的中小煤矿，"这些煤矿产量只占全国煤炭产量的 15% 左右，但安全事故却占 50% 以上"，而民营煤矿多为中小煤矿[③]。

---

① 资料来源：中钢网，http://news.steelcn.cn/a/120/20160907/874650DCC8FC2C.html。

② 资料来源：财新网，http://hefan.blog.caixin.com/archives/157890。

③ 资料来源：煤炭化工网，http://www.coalchem.org.cn/dujia/html/800214/177642.html。

　　二是经济过冷期间宏观调控过程中的银行信贷等资源主要流向了国有企业,国有企业相对民营企业受益更多。例如,2009 年应对全球金融危机期间,国有企业从"4 万亿"刺激计划中获益更大,也恢复更快,而民营企业则获益较少,恢复较慢(图表 9)。2015 年的宏观调控中也出现了类似的情况。

图表 9　经济衰退期宏观调控致使国有企业恢复快于民营企业

数据来源:WIND 数据库

二、中国宏观调控的基本历程

自1978年改革开放以来,中国经历了由计划经济体制向市场经济体制的转轨;经历了由封闭经济体向开放经济体的跨越;经历了由短缺经济、到供需基本平衡、再到若干行业出现产能过剩的复杂过程;经历了数亿人口的大规模城镇化;经历了基础设施建设和房地产建设的迅猛发展;经历了1997年亚洲金融危机和2008年全球金融危机等外部冲击……在复杂多变的内外部环境下,中国经济之所以仍然保持了长达四十年较为平稳的高速增长和物价稳定,一个重要原因在于总体上较为成功的宏观调控。

以下部分我们将按照时间顺序对几个典型时期宏观调控的背景、措施和效果加以简要梳理。这些典型时期包括(图表10):1978 1980年改革开放初期的经济过热时期、1985年前后经济过热时期、1988—1989年的经济过热时期、1992年邓小平南巡讲话后的经济过热时期、1998亚洲金融危机爆发后的时期、2003—2007年经济过热时期、2008年全球金融危机爆发后的时期以及2012—2016年经济增速持续下行时期。

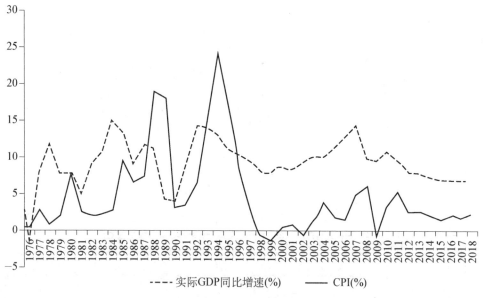

图 10　中国政府宏观调控的基本历程

数据来源：Wind 数据库

1. 1978—1980 年改革开放初期的经济过热时期

（1）宏观经济背景

1978 年末，中国决定实行改革开放战略，并加快现代化建设的进程。"文化大革命"期间长期压抑住的经济发展热情被激发起来，并得到了快速释放，全国经济建设的积极性高涨，国民经济出现恢复性的增长和过热的现象。主要表现如下。

一是经济增长速度明显加快。1978—1980 年实际 GDP 的增速分别达到 11.7％、7.6％和 7.8％。投资和消费需求"双膨胀"，投资和消费领域同时出现了供不应求的状况。

二是固定资产投资规模急剧扩大。一方面,基本建设规模扩大,投资一加再加。在建的大中型项目由 1977 年的 1 400 多个增加到 1978 年的 1 700 多个,一些不需要的产品由于盲目生产而大量积压。为加快经济建设,大规模扩大国外先进设备和装备的进口。在 1978 年 9 月国务院务虚会后短短几个月时间里,从国外引进了耗资 160 亿元的 9 套大型化工项目,以及宝山钢铁厂、100 套综合采煤设备等 22 个耗资 600 亿元的项目。[①] 大规模的设备引进也拉动了国内配套投资需求,加快了全国固定资产投资增长。工业生产呈现较快增长态势,1978 年—1980 年工业增加值实际增速分别为 16.4%、8.7% 和 12.6%(图表 11)。另一方面,消费需求出现膨胀。城镇职工工资调整和福利的提升,带来了居民收入的增加和购买力的提升。1978—1980 年,全社会消费品零售总额分别增长 8.8%、15.5% 和 18.9%。

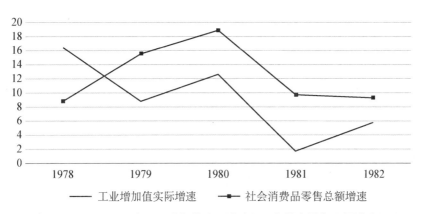

图表 11　1978—1982 年工业增加值实际增速(%)和社会零售总额增速(%)

资料来源:中经网统计数据库

三是物价水平出现大幅上涨。农业和工业比例以及轻、重工业比例失调,使得农产品和轻工业品不能完全满足人民的需要。而居民工资收入水平和购买力大幅提高增加了消费需求,加之长期以来在计划经济中被压抑的物价水平得到释放,物价水平出现大幅上涨。投资和消费的增加导致财政支出的扩张和财政赤字,财政向银行透支导致货币供应呈现出扩大的趋

---

① 魏加宁:《改革开放以来我国宏观调控的历程(一)》,《百年潮》,2008 年第 5 期,第 8—14 页。

势,从而加剧了通胀的压力。国家财政从 1978 年的 10.1 亿元的盈余变成了 1979 年的 206 亿的赤字,赤字率达到 5.2%。1978 年到 1980 年财政收入和支出增速都出现较大幅度下滑;财政收支差额从 1978 年的 10.17 亿元变成了－135.41 亿元和 1980 年的－68.90 亿元(图表 12)。现金(M0)供给增长从 1978 年的 9.7% 急剧上升到 1979 年的 24.4% 和 1980 年的 25.5%;银行信贷余额增长率从 1979 年的 10.2% 提高到 1980 年的 18.3%。[1] 消费者物价指数增速从 1978 年的 0.7% 上升至此阶段最高时 1980 年的 7.5%;1978—1980 年商品零售价格指数增速从 1978 年的 0.7% 上升到此阶段最高时 1980 年的 6%。

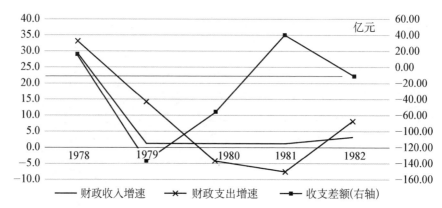

图表 12　1978—1982 年中国财政收入和支出增速(%)以及财政收支差额

资料来源:《新中国六十年统计资料汇编》

(2) 调控措施

为了应对经济过热的局面,1979 年政府相继提出了"调整、改革、整顿、提高"的八字方针和十二条原则进行调控[2]。由于此次经济过热是处于中国市场化改革的前期,宏观调控主要采取"计划经济为主、市场经济为辅"的

---

[1] 魏加宁:《改革开放以来我国宏观调控的历程(一)》,《百年潮》,2008 年第 5 期,第 8—14 页。

[2] 中国共产党新闻网资料:"中央工作会议(1979 年 4 月 5—28 日)"http://dangshi.people.com.cn/ GB/151935/176588/176597/10556250.html,2006 年 4 月 5 日。

方式。

一是压缩固定资产投资,降低投资需求。提出基本建设规模必须同国家的财力物力相适应的要求,避免基本建设的盲目扩大。为此,压缩基本建设规模,停建、缓建了一批不具备条件的建设项目。坚决缩短基本建设战线,使得建设规模同钢材、水泥、木材、设备、资金的供应能力相适应。

二是调整国民经济结构,提升农业和轻工业的供给。调整好农业和工业的结构,集中发展农业,增加对农业的支援和投资。协调好轻重工业间的比例关系,发展轻纺工业,适当增加轻工业生产和建设、降低钢铁重工业的投资比重。加快煤、电、油、运和建筑材料的生产建设,以保证其他工业的生产资料和基础设施的供给。

三是收紧流动性,严格控制银行信贷。1981 年,国务院下发《关于切实加强信贷管理严格控制货币发行的决定》,要求控制货币发行,严格信贷管理和坚持信贷收支平衡。要求各地区、各部门必须严格执行国家批准的信贷计划和货币发行计划且不得突破。各级银行根据信贷政策和资金使用方向审查来决定贷款发放。压缩物资库存和商品库存,减少流动资金占用。切实贯彻以销定产、以销定购的原则,企业在生产和收购没有销路的产品和物资时,银行不予贷款。

(3) 调控效果

到1981 年,此轮经济过热的情况得到基本控制,宏观调控取得了良好的效果。1981 年实际 GDP 增速回落至 5.1%,全社会固定资产投资增速为5.2%。价格水平上涨的态势亦得到明显的控制,1981 年 CPI 增速回落至2.5%,商品零售价格指数增速回落至 2.4%。

但是,尽管基本建设投资中的国家预算内部分基本上得到控制,但是预算外部分却超过计划较多,盲目建设、重复建设的现象还没有完全得到克服。[1]

---

① 汪同三:《改革开放以来历次宏观调控及其经验教训》,《新金融》,2005 年第 7 期,第 9—13 页。

2. 1985 年前后经济过热时期

(1) 宏观经济背景

1982 年中共十二大提出了到 20 世纪末工农业年总产值翻两番的目标。各地方政府竞争性地追求提前翻番和快翻多翻,要求扩大生产投资规模,盲目投资热潮再次出现,并造成社会总需求超过总供给的矛盾。1984 年与 1985 年,中国实际 GDP 增长率保持高速增长,分别达到 15.2% 和 13.4%。此轮宏观经济过热主要表现在以下两方面。

其一,竞争性投资热潮下全国固定资产投资规模急剧扩大。地方政府、企业和银行自主权的扩大释放了投资约束,各地各部门盲目重复投资使得在建项目总规模过大。一方面,1985 年中国实行的"拨改贷"改革扩大了地方政府和企业投资生产的自主权,使得大批建设项目和加工生产项目投入建设。另一方面,央行和专业银行间的资金配置关系由之前的计划分配转变成之后的信贷关系,并规定银行下一年贷款额度是以上年的实际贷款额为基数。该举措一定程度上激励专业银行进行竞争性放贷,从而为投资规模膨胀提供资金来源。1984 和 1985 年中国的全社会固定资产投资完成额分别达到了 1 833 亿元和 2 543 亿元,增速分别达到了 28.2% 和 38.8%(图表 13)。投资支出的大幅增加形成了财政赤字,而信贷缺口的扩大增加了货币的发行,两者均对物价的上涨形成推动力。

其二,工资制度改革短期释放大量消费需求。1984—1985 年国家推进的企业工资制度改革扩大了企业工资制定的自主权。部分机关、团体、企事业单位借此提升工资和福利并在短时间内扩大了社会购买能力。全国城镇单位就业人员平均工资在 1984 年同比增长了 14.8%,1984—1985 年全国居民消费增速分别达到了 12% 和 13.5%(图表 14)。而在计划经济向市场经济转轨时期,产品生产供给能力相对稳定,短时期内消费能力的扩大造成市场供应紧张和消费领域价格上涨。1984—1985 年,全社会零售商品销售总额增速分别达到了 18.5% 和 27.5%,消费者价格指数 CPI 增速由 2.7% 上

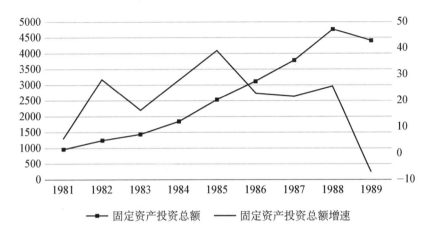

图表 13 1981—1989 年中国固定资产投资总额(亿元)及增速(%)

资料来源:《新中国六十五年统计资料汇编》

升到 9.3%,商品零售价格指数增速从 2.8% 增长到了 8.8%,通胀膨胀态势非常明显。

图表 14 1978—1991 年城镇就业工资增速和居民消费水平增速(%)

资料来源:《新中国六十五年统计资料汇编》

(2) 调控措施

针对宏观经济再次出现投资和消费"双膨胀"的过热状况,政府主要采取的是抑制投资、紧缩信贷、限制购买能力和加强价格监管等行政命令手段来直接地控制和压缩国内总需求,并开始尝试利用调整存款准备金率和存贷款利率等市场化手段进行间接调控。与此同时,不失时机地推进经济体制改革以释放经济活力,也为未来更多地发挥市场调控手段的作用奠定了基础。

一是控制和压缩固定资产投资规模。要求坚持基本建设投资规模必须同国力相适应的原则,严格控制固定资产投资规模,防止盲目追求过高增长速度。1985 年国务院发布了《关于控制固定资产投资规模的通知》,要求固定资产投资规模必须严格控制,在各部门各地区实行行政首长负责制,并在每个季度检查一次固定资产投资规模情况上报国务院。并规定了对基本建设坚决实行"三保三压"的方针,即保计划内建设,压计划外建设;保生产性建设,压非生产性建设;保重点建设,压非重点建设。[①]

二是紧缩银根和控制信贷。要求消除财政赤字、银行信贷差额,实现财政收支和信贷收支的基本平衡。规定用银行贷款安排的基本建设和技术改造项目要严格按照国家计划执行。未经国务院批准不准发放计划外贷款,不准用银行贷款以自筹资金名义擅自扩大投资规模。1985 年 4 月发布了《国务院批转中国人民银行关于控制一九八五年贷款规模的若干规定的通知》,要求控制贷款规模和货币发行,严格将贷款规模控制在 710 亿元左右。各专业银行的基建贷款要按项目进行控制,不得突破国家下达的计划。另外,人民银行还调整部分存款和贷款的利率并开展信贷检查。

三是抑制消费膨胀和加强物价监管。1985 年 2 月国务院发布《关于严格控制社会集团购买力的紧急通知》,限制消费能力的扩张。其一,要求适当集中审批专项控制商品的权限并坚决压缩社会集团购买力的数额,压缩

---

① 《1987 年政府工作报告》,http://www.gov.cn/test/2006-02/16/content_200857.htm,2006 年 02 月 16 日。

比例相比上年达到 20% 左右。其二,对社会集团控制购买的商品目录由原来规定的 31 种重新确定为 17 种。其三,进一步完善对消费基金加强宏观管理的制度和办法,使消费基金的增长同生产的发展和国民收入的增加相适应。另外,加强价格管理和限制乱涨价。1985 年 3 月国务院发出紧急通知,要求各地加强物价管理和监督检查以坚决制止乱涨价之风。

与此同时,大力推进经济体制改革。其中,推进家庭联产承包责任制改革从根本上改变束缚农业生产力发展的旧体制,提高农业生产的效率与供给;深化企业的改革建立和健全了责权利相结合的企业经营机制;推进的金融体制改革加快了金融要素的市场化配置①。改革企业劳动工资制度有助于理顺企业分配关系,有助于推进轻重工业之间的协调发展。推广和完善各种形式的投资包干责任制提高了投资的效率。这期间推进的这些体制改革不仅为中国未来的经济增长释放了活力,而且为政府将来更好地利用市场化手段进行宏观调控打下了基础。

(3) 调控效果

在一系列紧缩性的宏观政策调控下,此轮经济过热的态势得到一定的控制。1986 年中国实际 GDP 增速下降为 8.9%,CPI 增速下降为 6.5%。一方面,基本建设规模扩大的形势得到控制。1986—1987 年固定资产投资完成额增速分别为 22.7% 和 21.5%,相比于 1984 年与 1985 年的 28.2% 和 38.8% 有比较明显的下滑。1986 年全民所有制单位基本建设投资比上年增长 7.3%,大大低于 1985 年 44.6% 的增长速度,但是计划外固定资产投资的增长还没有得到很好控制。另一方面,消费能力过大的局面得以缓解,全社会消费品零售总额增速下降至 15%。另外,信贷扩张的增速也出现下降。金融机构人民币各项贷款增速从 1984 年的 33.1% 下降至 1986 年的 31.4% 和 1987 年的 20.5%。

① 包括发展多种融资工具;有条件地实行金融机构的企业化,从而逐步做到独立经营、自负盈亏;改革银行利率体系,逐步理顺存贷款的利率和实行期限差额利率和浮动利率;改善企业流动资金管理办法,改变银行包企业资金供应的做法。逐步实行外汇、外债的集中统一管理,搞活外汇资金。有步骤地发展不同层次、不同规模的资金融通市场。

3. 1988—1989 年的经济过热时期

(1) 宏观经济背景

1988 年开始中国经济出现了经济过热和通胀的强劲反弹现象。一方面,经济增速和投资增速出现快速反弹。1988 年,GDP 实际增速达到 11.2%,全国工业总产值实际增速达到 20.8%。1988 年全国固定资产投资增速达到 25.4%(图表 15)。另一方面,总体物价水平增速出现两位数的大幅度攀升。1988—1989 年消费者价格指数增速分别达到了 18.8% 和 18% 的高位。造成此轮经济过热的主要原因如下:

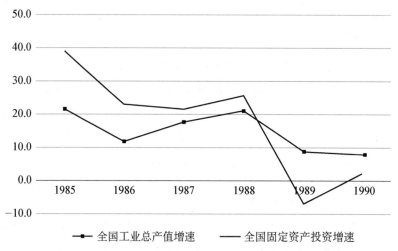

图表 15　全国工业总产值增速(%)和固定资产投资增速(%)

资料来源:《新中国六十年统计资料汇编》

其一,货币信贷的松动缓解了投资资金约束。由于在上一轮经济过热中,基建等固定资产投资增加挤压了大部分信贷资源,在紧缩性信贷政策的作用下企业流动性资金变得紧张,生产活动受到一定的影响。具体表现为工业增加值实际增速从 1985 年的 18％下降至 1986 年的 9.6％。为了防止工业经济增速的继续下滑,央行在 1986 年松动了货币信贷的投放,对后续的投资扩张以及通货膨胀率起了推动作用。

其二,"价格闯关"的推出加剧了物价上涨并强化了通胀预期。在已出现经济过热苗头的情况下,1988 年的"价格闯关"过程中价格和工资改革造成了商品价格的大幅上涨。"价格闯关"改革前同种商品的计划管制价格要明显低于市场自由决定的价格,而价格管制的突然放开与价格并轨推升了一般价格水平的普遍上涨,并形成了强烈的通货膨胀预期。1988 年全国出现了基本消费品和保值物品的"抢购风",市场上的电视机、电冰箱、洗衣机、粮食和棉布等产品供不应求。社会购买力的快速增长短期内超过了商品供应的增长,1988 年全社会消费品零售总额增速达到了 27.8％。商品零售价格大幅飙升,其增速在 1988 年和 1989 年分别达到 18.5％和 17.8％的高位,通货膨胀态势非常明显。

其三,投资需求过度膨胀加剧了原材料供给的瓶颈效应。前期固定资产投资项目过多规模过大的问题在 1986 年得以集中体现,基建投资需求膨胀加剧了能源、原材料和运输的供给能力的瓶颈,并推升生产资料价格不断上涨。而且,前期国家预算外的投资规模膨胀问题没有得到完全有效的控制也对经济过热造成压力。

(2) 调控措施

为了应对预期强烈的通货膨胀和过快增长的固定资产投资,政府在紧缩财政和信贷政策急剧压缩社会总需求的同时积极扩大有效供给,以缓解社会总需求大于总供给的矛盾,实现财政、信贷、物资、外汇的基本平衡。在此轮宏观调控中,政府主要采取的仍然是行政手段,但也兼顾了利率等市场化手段,并在调控中深化经济体制改革,具体的调控措施如下:

一是急剧压缩基本建设规模,整顿经济秩序。为了削减投资项目数量和规模扩大带来的需求膨胀,中央要求坚决压缩、清理和停建固定资产投资,使其同实际的基础供给能力相适应。1988 年开始大幅压缩固定资产投资规模和停止计划外建设项目的审批。在 1988 年 9 月底至 1989 年 2 月底期间全国停建、缓建固定资产投资项目 18 000 个,并压缩了 1988 年后几年的投资额(达到 647 亿元),占全部项目剩余工作量的 12%。[1] 另一方面,大力整顿经济秩序,克服生产、建设、流通、分配领域的严重混乱现象,并进行税收、财务、物价等方面的大检查。

二是严格控制社会集团购买力。为了控制社会集团购买紧俏物资的能力和防止消费需求继续大幅扩大,一方面,用行政命令手段增加专项控制商品的种类,专项控制商品的种类由原来的 19 种扩大到了 32 种;另一方面,严格控制消费基金的过快增长,使其同国民收入的增长相适应。

三是管好信贷闸门并增加储蓄。实行紧缩性的货币政策,严控信贷规模,调整和优化信贷结构。提高银行的储蓄利率,通过开展保值、有奖储蓄等活动,利用经济杠杆的措施手段增加储蓄,降低消费。

四是增加有效供给来缓解必需品的供需失衡矛盾。在压缩社会总需求的同时扩大基本需求产品的供给。认真调整产业结构和产品供给,从资金、物资、外汇和运输等各个方面大力保障粮、棉、油等农副产品的生产和增产,支持人民生活必需的日用工业品的生产和供应[2],从而缓解生活产品的供给相对需求不足的问题。

五是在宏观调控时深化经济体制改革。1989 年十三届五中全会通过了《中共中央关于进一步治理整顿和深化改革的决定》,决定在治理和整顿通胀的同时注重推进和深化经济体制改革。包括建立健全必要的经济法规,逐步推进了计划、投资、物资、金融、外贸等方面的体制改革,初步加强了财政、税收、银行、物价、审计、海关、工商行政等方面的管理等。[3]

(3) 调控效果

本轮调控使得国内的通货膨胀迅速得以抑制,经济增长速度大幅下降,经济过热的态势得到迅速的控制。但由于宏观调控的力度较大,很多措施的实施过程中存在一刀切的现象,造成了 1989—1990 年的经济增速大幅下降。1989 年和 1990 年实际 GDP 增速分别下降为 4.2%和 3.9%,成为改革

---

[1] 李鹏:《坚决贯彻治理整顿和深化改革的方针》,http://www.npc.gov.cn/wxzl/gongbao/1989-03/20/content_1481181.htm,1989 年 3 月 20 日。

[2] 同上。

[3] 同上。

开放以来的最低经济增速。投资规模膨胀的趋势得到控制,1989年固定资产投资完成额为4 410亿元,比1988年减少344亿元,出现了同比减少的态势。

消费过热和通货膨胀的势头得以遏制。全社会消费品零售总额增速从1988年的27.8%下降到1989年的8.9%和1990年的2.5%,消费需求膨胀的情况明显降温,抢购风潮也得以平息。消费者价格指数增速从1988年的18%下降到1989年的3.1%和1990年3.4%的较低水平,通胀趋势也得到明显的遏制。

4. 1992年邓小平南巡讲话后的经济过热时期

(1) 宏观经济背景

1992年邓小平南巡讲话和十四大社会主义市场经济体制确定后,全国掀起一股开发投资的热潮,出现经济过热与严重的通货膨胀。1992年实际GDP增长率上升到14.2%,工业增加值实际同比增速达到21%,消费者价格指数上涨6.4%。1993年实际GDP增长率为13.9%,工业增加值实际同比增速为20%,消费者价格指数上涨突破了两位数,达到14.7%。1994年的实际GDP增速则保持在13%的高位,消费者价格指数上涨则达到24.1%,成为改革开放以来历史性的高点。此轮经济过热的特点表现为以下几个方面。

一是改革激发了地方政府建设投资扩张的热情。1992年初南巡谈话后,地方政府信心大增都想“大干快上”和加快基本建设投资。全国形成了投资建设的热潮,并产生了各地方竞相攀比、追求高速增长的问题。1992年以来固定资产投资开始快速增长,铺开的建设项目过多过大使得后续投资习惯性地增加。1993年全国基本建设大量投入并出现快速增长,全社会固定资产投资完成额名义增速达到61.8%,远高于1991年的23.9%和1992年的44.4%(图表16)。投资的快速增长使得社会总需求大于总供给,并使得原材料和资金等要素供应紧张,固定资产投资价格指数大幅上涨。1992

年固定资产投资价格指数增速为 15.3％,而 1994 年则达到了 26.6％。

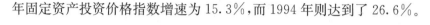

图例:
- ◆ 房地产开发投资
- ■ 全社会固定资产投资完成额名义增速
- — 工业增加值实际增速

图表 16　房地产投资、固定资产投资和工业增加值增速(％)

数据来源:中经网统计数据库

　　二是企业投资热情高涨和重复投资问题凸显。此次投资膨胀的原因来自政府行为和各种不规范的行政干预,地方政府有激励当地企业加快投资的动机。[①] 另一方面,一些企业投资面临的软预算约束也是造成重复投资、过快投资的重要原因。例如,在此期间,我国的纺织行业出现重复投资、市场竞争激烈和库存积压严重的状况。由于棉纺织等轻工业行业往往是一个国家工业化初期的主导产业之一,具有劳动密集、门槛相对较低的特点,对于地方拉动经济增长、缴纳税收和解决就业有重要的作用。全国各地区都在盲目地发展纺织行业,甚至存在一个县搞一个或几个项目的情况,最终造成了纺织业的重复建设和库存积压过剩。然而,即使是在全国纺织品总量处于供大于求的状况,许多企业陷入销售困难、资金紧缺、效益下降、普遍亏损的困境却都不愿意自动退出,甚至还有新的企业不断地投资和加入。

　　三是开发园区和房地产投资热现象涌现。全国各地区兴起了一轮开发

---

① 朱镕基:《朱镕基讲话实录(第一卷)》,第 291 页。

园区建设和房地产投资的热潮,大量的信贷资金都涌向海南等沿海地区的房地产市场以追逐高额利润。1992年的贷款规模虽然控制在计划之内,但数百亿的贷款资金通过集资和拆借,绕过贷款规模的限制流向沿海地区,由短期贷款变成长期贷款①。金融机构的资金通过各种渠道流向房地产市场。1992年全国房地产开发投资增速达到了117.5%,1993年更是达到了165%的历史性高点。大量信贷资金流入到房地产市场而挤占了国家重点建设项目资金,并带来水泥、钢材、电和油等上游原材料价格的大幅上涨,推动了总体价格水平的不断上涨。

四是消费需求急剧膨胀推升价格水平上涨并强化通胀预期。通货膨胀强化了民众的通货膨胀预期,表现为抢股票、抢债券、抢黄金、抢外汇、抢高档商品等现象,一般商品和服务收费也普遍上涨②。全国消费品零售总额同比增速从1992年的16.8%迅速增加到1993年的29.8%和1994年30.5%。加工工业的投资增速明显快于原材料和能源的投资增速,最终造成了投资、消费双膨胀和煤、电、油、运等原材料供给紧张的经济过热局面(图表17)。

图表17　消费品零售总额同比增速(%)

数据来源:中经网统计数据库

---

① 朱镕基:《朱镕基讲话实录(第一卷)》,第278页。

② 同上,第290页。

(2) 调控措施

针对投资规模盲目扩大、房地产市场投机严重以及物价快速上涨的经济过热形势,政府在宏观调控方面实行"适度从紧"的财政政策和"从紧""适度从紧"的货币政策加以应对。财政政策方面,规定财政不再向中央银行透支,通过有选择性地紧缩基本建设项目来控制投资规模。货币政策方面,为了控制信贷的流向而采取了一些直接行政调控的手段。但随着形势变化和经验积累,越来越多地运用利率、存款准备金率和公开市场操作等市场化的货币政策工具进行调控。

1993 年 6 月,中共中央、国务院发布了《关于当前经济情况和加强宏观调控的意见》[1993](6 号),提出了采取 16 条措施以加强宏观调控(图表18)。同年 7 月,朱镕基副总理亲自兼任人民银行行长以治理经济过热。在这 16 条措施当中,以整顿金融秩序为重点,意在打击房地产投机和基本建设项目的重复建设,并抑制社会集团的购买力,最终控制住了经济过热的局面。

一、严格控制货币发行,稳定金融形势。
二、坚决纠正违章拆借资金。
三、灵活运用利率杠杆,大力增加储蓄存款。
四、坚决制止各种乱集资。
五、严格控制信贷总规模。
六、专业银行要保证对储蓄存款的支付。
七、加快金融改革步伐,强化中央银行的金融宏观调控能力。
八、投资体制改革要与金融体制改革相结合。
九、限期完成国库券发行任务。
十、进一步完善有价证券发行和规范市场管理。
十一、改进外汇管理办法,稳定外汇市场价格。
十二、加强房地产市场的宏观管理,促进房地产业的健康发展。
十三、强化税收征管,堵住减免税漏洞。
十四、对在建项目进行审核排队,严格控制新开工项目。
十五、积极稳妥地推进物价改革,抑制物价总水平过快上涨。
十六、严格控制社会集团购买力的过快增长。

图表 18　1993 年宏观调控"16 条措施"

资料来源:1993 年 6 月《中共中央、国务院关于当前经济情况和加强宏观调控的意见》

从 16 条措施内容来看,此次宏观调控有如下特点:

第一,通过整顿金融秩序,减少基本项目建设和房地产投资的资金来源。16 条措施当中有 11 条与整顿金融秩序密切相关,通过严控货币发行、紧缩信贷规模、提高利率、遏制非法集资、限期清理和回收超范围和超期限的拆借资金等举措减少货币供给,严控房地产和基本建设项目的资金来源。

第二,经济手段和行政手段在紧缩信贷的调控中同时发力。其一,强化经济手段的作用,通过市场机制解决问题。例如,利用利率杠杆增加储蓄存款以及提高贷款利率等手段来紧缩银根等。1993 年人民银行两次提高银行存贷款基准利率:一年期存款基准利率从 1993 年 5 月前的 7.56% 上调至 1993 年 7 月后的 10.98%;一年期贷款基准利率则从 1993 年 5 月前的 8.64% 上调至 1993 年 7 月后的 10.98%。其二,采取行政手段解决经济秩序混乱的问题。例如,要求严格监控和考核金融机构的信贷规模;要求银行对不同类型的项目贷款严格按规定进行差异化审批政策;对在建项目严格审批排队;紧急调控各类土地批租项目。其三,为应对通胀和通胀预期,对粮食价格限价以及对 20 种生活必需品实施严格的价格审核等。其四,保持农产品价格平稳,抓好"菜篮子"工程。要求把搞好"菜篮子"工程工作作为省委书记、省长、市委书记和市长最重要职责①,保障城市群众农产品的供应。保证财政对粮食等农产品生产的补贴并严禁挪用,保证农民的利益,激发农民的生产积极性,从而稳定粮食的生产、保障农产品的平稳供应和农产品价格。

另外,对于仅仅运用市场手段难以解决的纺织行业产能过剩问题坚决地采取必要的行政手段加以调控。通过对纺织等行业采取限产压库和停产整顿等行政手段以减少重复投资。加快纺织业的整顿、调整、改造、改组,并将一些工厂转产、兼并和迁移。② 组织力量对每一个纺织项目逐个清理,对已安排的项目要完善报废手续。纺织工业部将限产压锭任务分配至各省区市,再落实到县和基层,银行根据这个指标减少贷款。对于没有按要求完成压锭任务的列入项目,今后不再给予技改贷款。③

---

① 朱镕基:《朱镕基讲话实录(第一卷)》,第 303 页。
② 朱镕基:《朱镕基讲话实录(第一卷)》,第 522—523 页。
③《中国纺织总会在京召开全国纺织行业工作会议》,《纺织导报》,1994 年第 1 期,第 4—5 页。

第三,注意在调控过程中深化改革。1994 年以来出台了包括财税、金融、外汇等一系列的配套改革措施。例如,在财政体制改革方面所进行的分税制改革理顺了中央和地方的财权和事权,加强了中央政府在财政收入中的分配比例,有利于财政政策在宏观调控中更加强有力地实施。财政停止向中央银行透支的体制改革,有利于理顺财政与货币之间的关系,对财政政策实施形成约束。

在金融体制改革方面实现政策性金融和商业性金融的分离,成立了三大政策性银行,并将四大专业银行改制成国有商业银行。银行体制的改革转变了专业银行的经营体制,严肃了金融纪律,强化了中央银行的权威,有利于建立起中央银行的宏观调控体制[①];在外汇管理体制方面则实施了汇率的并轨,确定了有管理的浮动制度改革,有利于建立利率市场形成机制和货币政策的市场化传导机制。中央银行配合财政部发行国债弥补赤字,试办国库券、财政证券、国家长期开发信用银行债券的抵押、买卖业务,为间接调控货币供应量创造了条件。[②]

(3) 调控效果

随着宏观调控十六条措施的实施和落地,全国投资和信贷得到明显控制。1994 年开始全国信贷规模出现了快速紧缩,投资增速和房地产投资增速出现了显著的下滑。投资增速从 1993 年的 61.8％依次下降至 1994 年的 30.4％、1995 年的 17.5％和 1996 年的 14.8％;房地产投资增速从 1993 年的 165％的快速增长逐步回落至 1994 年的 31.8％、1995 年的 23.3％和 1996 年的 2.1％。

由于政策的时滞效应,经济增速和物价水平则是从 1995 年才开始出现下降。1995 年实际 GDP 增速下降为 11％,CPI 增速回落至 17.1％,比 1994 年下降 7 个百分点;而 1996 年的实际 GDP 增速为 9.9％,CPI 增速已经下降为 8.3％。经过三年的宏观调控,中国市场经济制度确定以来的首次经济过热的局面得以控制,并很好地实现了经济的"软着陆"。

---

① 朱镕基:《朱镕基讲话实录(第一卷)》,第 283 页。
② 同上,第 283 页。

5. 1998 年亚洲金融危机爆发后的宏观调控时期

(1) 宏观经济背景

受亚洲金融危机的影响,1998 年以来我国的经济增速和物价水平出现明显下滑,并出现了改革开放以来的第一次通货紧缩。1998 年与 1999 年,实际 GDP 增速"破八",从 1996 年接近于 10% 的增速分别回落至 7.8% 和 7.7%(图表 19);工业增加值实际同比增速分别降低至 8.9% 和 8.6%;消费者价格指数出现负增长,分别为 -0.8% 和 -1.4%,经济过冷和通货紧缩的现象十分明显。此轮经济过冷结果的产生有其必然性:一方面,亚洲金融危机下出口减少带来了外部需求下降的冲击;另一方面,前期国内投资过度带来了后期产能相对于需求的过剩。经济过冷的具体情况表现如下:

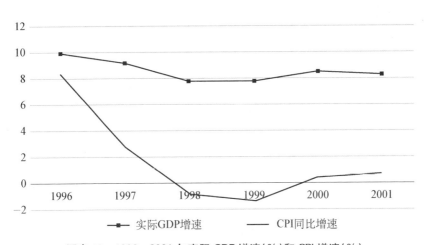

图表 19　1996—2001 年实际 GDP 增速(%)和 CPI 增速(%)

数据来源:中经网统计数据库

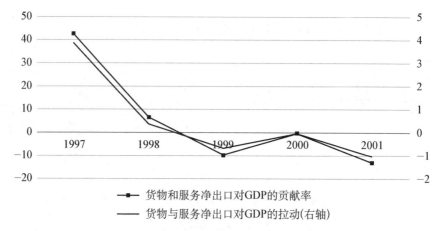

图表 20 货物与服务净出口对 GDP 的拉动与贡献率(%)

数据来源：中经网统计数据库

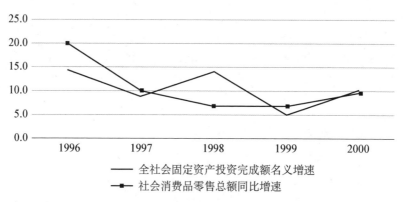

图表 21 固定资产投资与消费品零售总额同比增速(%)

数据来源：中经网统计数据库

　　一是亚洲金融危机使得中国的出口需求下降明显。1997 年货物与服务净出口额对 GDP 的贡献率达到了 42.6%,而 1998 年贡献率陡降至 6.6%,1999 年甚至变成了－9.8%。1996 年货物与服务净出口对 GDP 的拉动达到了 3.9 个百分点,1998 年大幅降至 0.4%,而 1999 年该值为－0.7%,也就是净出口拖累经济增长 0.7 个百分点(图表 20)。

二是前期重复投资和产能过剩使得该时期国内有效需求明显不足。一方面,国内固定资产投资需求增速出现了显著下滑。固定资产投资完成额名义增速从 1996 年的 14.5％下降至 1997 年的 8.8％,在 1998 年短暂回升至 13.9％后,于 1999 年又下降至 5.1％(图表 21)。另一方面,国内消费需求也呈现出持续明显下滑的态势。全社会零售商品销售总额增速从 1996 年的 20.1％下跌至 1997 年的 10.2％,1998 年和 1999 年的 6.8％。作为最终需求和直接需求,消费增速下滑的主要原因是民众对住房、教育、医疗改革目标不了解,预防性储蓄的动机加强。同时,企业效益不好和下岗工人的增加降低了居民的收入和消费能力。净出口、国内投资和消费三大需求增速的持续下滑加剧了国内供大于求的局面,库存积压、产能过剩和价格水平持续下降的态势非常明显。

(2) 调控措施

此轮经济增速下滑和通货紧缩主要是来自需求方面的冲击。为此,政府实施总需求管理手段进行宏观调控,采取积极的财政政策与稳健的货币政策刺激有效需求以平衡总供求之间的矛盾。与此同时采取行政的手段,利用"政府之手"帮助"市场之手"在短期时间内加快落后企业和产能退出,减少社会福利损失。另外,政府还不失时机地推进了兼顾短期调控和长期发展的经济体制改革。主要的调控措施如下:

其一,采取积极的财政政策通过乘数效应拉动经济的增长。通过适度扩大财政赤字增发国债来用于基础设施投资资金的需求。1998 年和 1999 年中国的财政赤字分别增加到 1 500 亿和 1 800 亿。其中,1998 年和 1999 年分别发行国债 1 000 亿和 1 100 亿。国债筹资主要用于基础设施建设的投资而不是用于工业生产投资的重复建设,以防加剧供需矛盾。这一时期发行国债筹措的资金主要用于高速公路建设、农村电网改造、粮库建设、城市基础设施建设、水利工程建设和技术改造利息补贴这六类基础设施建设项目。另一方面,通过调整税率的方式减税促进经济增长。通过对固定资产投资方向调节税按现行税率减半征收,并从 2000 年 1 月 1 日起暂停征收。通过出口退税的方式来鼓励和促进出口和税收优惠的方式来吸引外商到国内进行投资。1999年1月和7月我国两次提高出口退税率,综合退税率达到15.51%。

其二,采取稳健的货币政策通过增加货币供应量和信贷投放来刺激经济增长。一是降低存贷款基准利率。从1998年3月到1999年6月央行四次降低存贷款基准利率。其中,一年期贷款基准利率由8.64%下调到5.85%;一年期存款基准利率从5.67%下降至2.25%。二是降低存款存准金率。从1998年3月至1999年11月央行两次大幅下调存款准备金率,存准率由1998年调整前的13%下调至1999年的6%,累计下调7个百分点。其中,1998年3月21日将法定准备金账户与备付金账户合二为一并一次下调存准率5个百分点,为历史上存准率最大的降幅。与此同时下调再贴现率和再贷款利率。三是取消对国有银行贷款限额限制,提高专业银行的贷款货币供给能力。

其三,以政府之手帮助市场之手,加快落后企业退出和市场出清。前期经济过热时,重复投资带来产能过剩、结构失调和企业效益低下。在遇到外需和内需下降冲击影响的情况下,有效需求相对于总供给严重不足造成了通货紧缩和经济增速下滑。完全依靠市场机制实现市场出清需要经历长时间的痛苦过程,并造成社会福利的损失。为此,政府通过行政的方式压缩重复建设和支持企业技术改造两方面来改善供给状况,帮助企业退出和扶植企业转型升级,从而快速地纠正市场失灵和加快市场出清。

一方面,制止低水平重复生产建设而减少低端的供给。综合运用准入审批、银行贷款审批、土地审批、城市规划审批、环境评价审批等行政手段淘汰落后企业以减少滞销产品的产能。1999年8月颁布的《工商投资领域制止重复建设目录》以行政命令的形式要求各级政府主管部门、土地、城规、环保、消防等部门不得审批低水平重复建设等项目(图表22),对于违背的要追究有关人员的责任。与此同时,对亏损企业和重复建设企业采取封闭贷款的方式迫使其关停并转。要求相关部门和银行配合开展全国大检查,对于库存积压的工厂停止银行贷款让其无法生产从而帮助其关停退出。

禁止投资目录	涉及审批部门	审批要求
(1) 根据国家有关法律法规明令禁止内容确定的项目；	各级政府投资主管部门	不予审批
	各银行、金融机构	不予贷款
(2) 低水平重复建设严重,造成当前生产能力过剩,需总量控制的项目；	土地管理部门	不予办理手续
(3) 工艺技术落后,已有先进、成熟工艺和技术替代的项目；	城市规划部门	不予办理手续
	环境保护部门	不予办理手续
(4) 污染环境、浪费资源严重的项目。	消防部门	不予办理手续
	海关等部门	不予办理手续
具体包括17个行业、201项内容		

图表22　行政命令制止工商投资领域重复建设的要求

资料来源：1999 年 8 月国家经济贸易委员会制定的《工商投资领域制止重复建设目录(第一批)》

另一方面,引导企业技术改造,提升供给质量。以市场为导向引导企业加大技术改造投入力度和技术进步。例如,1999 年 7 月决定新增 600 亿国债发行并拿出 150 亿用于企业技术改造贷款的贴息,大约带动 2000 亿左右的技术改造贷款投资。[①] 对国家鼓励发展的投资项目和外商投资项目免征关税和进口增值税。例如,1999 年 7 月起,对符合国家产业政策的技术改造项目的国产设备投资按 40％的比例抵免企业所得税。

其四,抓住契机推进经济体制改革。例如,在 1998 年开始推进的住房商品化和城镇住房制度改革,既有助于短期内增加需求的宏观调控目标,又在长期内释放经济增长的活力。再如,政府进一步深化国有企业改革,提升纺织、煤炭、石油和石化、冶金等行业的经营效率和效益,减少无效供给、减轻供需之间的矛盾。又如,于 1999 年开始实行高等学校"扩招"改革(图表23)缓解了当时紧迫的就业压力,更重要的是促进了人力资本的提升,为中国经济的长期发展增强了禀赋。上述经济体制改革进一步完善了市场机制并提高了宏观调控水平,还为未来经济发展增强了内在活力。

---

① 朱镕基：《朱镕基讲话实录(第三卷)》,第 294 页。

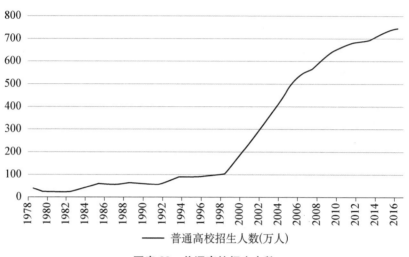

图表 23　普通高校招生人数

数据来源：Wind 数据库

(3) 调控效果

此次宏观调控成功地应对了亚洲金融危机所带来的外部不利冲击，并取得了较为良好的效果。1998 年和 1999 年的实际 GDP 增长率分别为 7.8％和 7.7％，虽然没有达到 8％，但这是在国际金融危机导致的外需急剧下降和 1998 年洪水灾害的情况下取得的，效果来之不易。一方面，宏观经济政策对经济起到了重要的拉动作用。例如，据估计，政府所采取的积极的财政政策在 1998 年和 1999 年分别拉动经济增长 1.5 个和 2 个百分点。[1] 另一方面，2000 年和 2001 年实际 GDP 增速分别达到了 8.5％和 8.3％，经济增速开始进入回升通道，也说明了宏观调控对后续的经济的稳定和回升起到了重要作用。

政府帮助企业退出和淘汰落后产能的宏观调控取得良好的效果。截至 1999 年底，共关闭小煤矿约 3.1 万个，压缩产能约 2.8 亿吨，2000 年煤炭行

---

[1]　朱镕基：《朱镕基讲话实录(第三卷)》，第 409 页。

业基本恢复供需平衡。市场产品供求状况得到改善、企业经营效益和质量明显改善。许多行业扭亏为盈,规模以上工业企业的利润总额增速从 1998 年的-14.8%上升至 1999 年的 56.9%和 2000 年的 92%(图表 24)。仓库积压产品数量下降,规模以上工业企业产品销售率明显提升,从 1998 年的96.52%上升到 1999 年的 97.15%和 2000 年的 97.63%。企业经营不善和效益下降导致对银行负债高企的情况有所缓解,规模以上工业企业的资产负债率从 1998 年的 63.74%下降至 1999 年的 61.83%和 2000 年的 60.81%。

更重要的是,这一时期的宏观调控还促成了基础设施的快速建设和发展,为日后中国经济的发展奠定了基础。以高速公路为例,1997 年亚洲金融危机之前,全国高速公路里程只有 4 700 公里,到 2002 年初已经增加到了2.4 万公里[①]。农村电网改造工程也大大提升了农村居民的生活水平和生产能力,并间接扩大了农村消费。

年份	规模以上工业企业产品销售率	规模以上工业企业资产负债率	规模以上工业企业利润总额增速
1998	96.52%	63.74%	−14.38%
1999	97.15%	61.83%	56.93%
2000	97.67%	60.81%	92.00%

图表 24　规模以上工业企业的效益变化
数据来源:中经网统计数据库

6. 2003—2007 年的经济过热时期

(1) 宏观经济状况

2003 年中国经济开启新一轮复苏,并逐渐出现经济繁荣迹象。其主要表现为固定资产投资增长速度过快、货币信贷投放量过多和外贸顺差过大

---

① 朱镕基:《朱镕基讲话实录(第四卷)》,第 446 页。

增长等,并造成国内总需求大于总供给的失衡状态。2003—2007 年,我国实际 GDP 增速保持在两位数的水平并持续上升,从 2003 年的 10% 上升到 2005 年的 11.4% 和 2006 年的 12.7%,并在 2007 年达到了 14.2% 的高点(图表 25)。经济增速过快和通货膨胀态势比较明显。

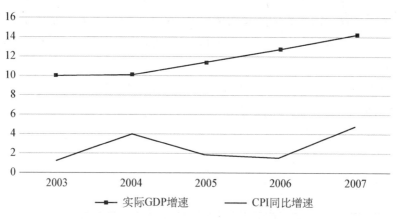

图表 25 2003—2007 年实际 GDP 增速和 CPI 增速(%)

数据来源:中经网统计数据库

一方面,国内固定资产增长速度过快,盲目投资、低水平重复建设的现象再次出现。其中,钢铁、电解铝、水泥等行业的投资过热现象非常明显,处于上游的煤、电、油、运等生产资料供应和基础设施利用变得紧张。2003—2007 年间固定资产投资完成额平均增速达到了 25.8%;2004—2007 年间制造业固定资产投资完成额平均增速达到了 32%;房地产投资完成额平均增速为 25.5%;各类投资增速均处于历史上的较高水平。同时,工业增加值实际增速也从 2005 年的 11.6% 上升至 2007 年的 14.9%。

经历长期繁荣使得企业对经济前景的判断过于盲目乐观,存在"抢占先机博弈"(Rush to the Top)而带来了重复投资问题。表现为国有企业和私营企业都存在盲目投资冲动,两者的固定资产投资增速均呈现出大幅上升,民营企业的过度投资行为显得更为突出。例如,2007 年固定资产总投资为 117 464.47 亿元,比上年增长了 25.81%。其中,国有控股企业的固定资产投资为 52 229.39 亿元,比上年增长 16.52%;而私人控股企业的固定资产投资为 46 405.13 亿元,比上年增长了 39.03%。私营企业投资增速要明显高于国有控股企业的增速。[1] 在重复投资和产能过剩集中的制造业和采矿业,私人控股企业的投资增速均高于国有控股企业的投资增速。而从细分行业来看,在制造业中的非金属矿物制品业、有色金属冶炼和压延加工业、金属制品业以及采矿业中的煤炭开采和洗选业、石油和天然气开采业以及有色金属矿采选业,私人控股企业的投资增速也都要高于国有控股企业的投资增速(图表 26)。

行业	国企控股企业		私人控股企业	
	固定资产投资(亿元)	增速(%)	固定资产投资(亿元)	增速(%)
总投资	52 229.39	16.52	46 405.13	39.03
制造业	7 264.14	26.46	20 338.23	46.29
黑色金属冶炼和压延加工业	1 632.71	23.60	737.08	17.22
非金属矿物制品业	285.67	21.87	2073.44	60.49
有色金属冶炼和压延加工业	422.98	13.88	630.19	48.57
金属制品业	96	29.36	1 181.18	54.01
采矿业	3 456.9	18.30	1 378.29	44.35
煤炭开采和洗选业	1 044.15	10.92	536.25	43.55
石油和天然气开采业	2 132.89	20.38	40.26	103.33
有色金属矿采选业	108.11	30.54	295.14	77.77
非金属矿采选业	54.44	78.84	212.71	46.45
黑色金属矿采选业	115.02	22.10	285.85	16.42

图表 26　2007 年国有企业控股和私人控股企业投资增速比较

资料来源:根据中经网统计数据库整理

---

[1] 2007 年私营企业的固定投资完成额增速也高于国有企业。2007 年全社会固定投资完成额为 137 324 亿元,同比增速达到了 24.84%。其中,国有企业固定资产完成额为 38 706 亿元,同比增速为 17.42%;而私营企业的固定资产投资完成额为 27 056 亿元,增速则达到了 40.42%。(根据中经网数据库数据计算而得)

可见,在经济繁荣阶段私营企业的过度投资行为显得更为突出,这是国企"软约束预算"(Kornai,1986、1998)以及地方政府官员"晋升锦标赛"(周黎安,2004、2007)等理论所不能解释的。事实上,对于单个企业而言,其所获得的市场信息是不完全的,这使得企业的生产行为天然就具有一定的盲目性。在经济繁荣时,多数企业过度看好未来而重复投资,而造成整个行业的产能过快扩张并加速经济走向产能过剩。

另一方面,加入 WTO 后外需的急剧增长对中国经济的拉动效应非常明显。尤其是 2005 年以来,中国对外净出口量呈现出大幅上升的趋势,这也是造成国内总需求大于总供给的重要原因之一。2005—2007 年货物和服务净出口对我国 GDP 的贡献率分别达到了 12.5%、15.1% 和 10.6% 的历史性高位;从外需对经济的拉动效果来看,2005—2007 年净出口对中国经济增长率分别贡献了 1.4、1.9 和 1.5 个百分点。

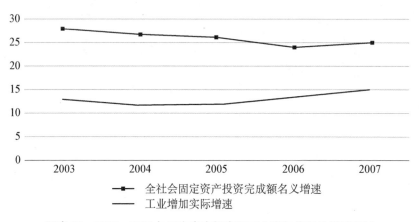

图表 27　2003—2007 年固定资产投资和工业增加值同比增速(%)

数据来源:中经网统计数据库

另外,外汇占款带来的货币增发推升了价格水平的上涨。2003—2007年中国贸易盈余不断增加带来外汇占款和国内货币供给增加,而货币增发在长期内对物价水平上升带来压力。自 2001 年加入 WTO 以来,我国金融机构人民币外汇占款在 M2 中的比例就呈现出大幅上升的趋势,并在 2008年国际金融危机发生时达到了历史的顶峰。对应于 2003—2007 年区间,金

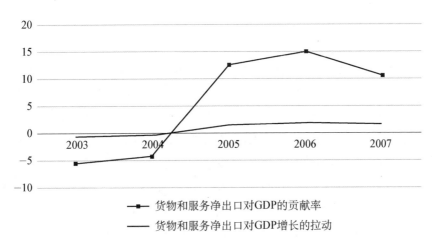

图表 28　2003—2007 年货物与服务进出口对 GDP 的拉动与贡献率(%)

数据来源：中经网统计数据库

融机构人民币外汇占款在 M2 中的比例从 2003 年的 15.8%上升到 2007 年的 31.8%,上升幅度达到了一倍多。2004—2007 年各年的 M2 同比增速分别处于较高水平的 14.7%、17.6%、17%和 16.7%,货币供给快速增长对经济过热和通货膨胀有着重要的影响(图表 29)。

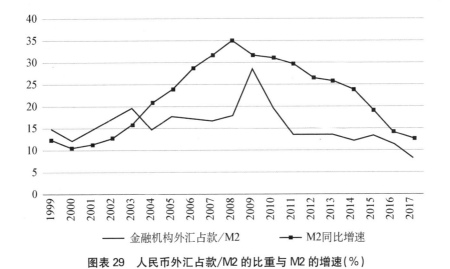

图表 29　人民币外汇占款/M2 的比重与 M2 的增速(%)

数据来源：中经网统计数据库

（2）调控措施

为了应对 2003—2007 年经济过度繁荣的状况，政府综合施策，采取市场化的需求管理手段和严厉的行政手段加以应对，并在调控过程当中不断加快推进经济体制改革。在此轮调控当中，市场化的总需求管理措施出台频率明显加快、幅度明显加大。例如，央行所采取的调整利率、公开市场操作和法定存准率等市场化货币政策手段应用明显增多；财政政策则表现为减少债券发行、缩减投资支出和调整支出结构，并将支出更多地投向民生等乘数效应相对较小的领域。在短期内效果不理想的情况下，政府果断地采取了贷款审批、土地审批、技术标准、环保标准等行政手段给经济快速降温。与此同时，不断深化和推进经济体制当中重点领域和关键环节的改革，注重处理好政府和市场、经济增长和社会发展之间的关系。

① 采取稳健的财政政策与从紧的货币政策应对经济过热和通货膨胀

一方面，实行稳健财政政策并优化投资结构。一是缩减国债发行量。2003—2007 年连续调减长期建设国债发行量，累计减少发行国债 1 000 亿元。二是调整财政支出结构。减少投资拉动效应大的项目投入，同时增加对三农、科技的投入增加社会保障等公共服务方面支出。2003—2007 年中央财政用于"三农"的支出五年累计 1.6 万亿元，大幅增加了社会保障投入和扩大教育方面的支出。三是税收方面取消退税优惠。取消或降低高耗能、高排放和资源性产品的出口退税，降低出口拉动带来的压力。另一方面，实行从紧的财政政策防止信贷过快增长。一是多次调高法定存款准备金率以减少货币供应。2003 年 9 月人民银行提高法定存款准备金率 1 个百分点，在 2004 年一季度银行信贷没有明显收缩的情况下，2004 年 4 月再次提高法定存款准备金率 0.5 个百分点；针对经济过热的情况，2006 年继续采取紧缩性的货币政策，3 次提高存款准备金率；2007 年更是 10 次提高法定存款准备金率，大型金融机构的法定存款准备金率从 2003 年调整前的 6% 达到了 2007 年 12 月调整后的 14.5%。二是提高存贷款基准利率以提升资金成本。2004—2007 年人民银行 8 次提高存贷款基准利率。一年期存款基准利率从 2004 年 10 月调整前的 1.98% 提高到 2007 年 12 月调整后的 4.14%；一年期贷款基准利率从 2004 年 10 月调整前的 5.31% 提高至 2007 年 12 月的

7.47%。此轮存款准备金率、利率的调控频率之密集、力度之猛烈实属罕见。三是利用公开市场操作，通过发行央票和启动正回购回收市场过剩的流动性。

②综合运用各种行政手段加快落后企业退出和减少重复投资

为了制止钢铁、水泥、氧化铝等行业的过度投资、低水平重复建设和违规建设所带来投资过热与产能过剩，政府综合采用信贷、土地、环保等方面的行政手段严控盲目准入和重复建设从而加快市场出清。

一是严控信贷流向并监管督查。国家相关部门连续发文要求提高钢铁等行业的资本金比例，加强信贷监管，严控信贷流向房地产、钢铁、电解铝、水泥等投资过热行业，并由银监会进行信贷流向的专项检查。

二是收紧土地供给审批政策。通过控制新增建设用地管住基本建设与工业投资的土地闸门。2004年4月国务院常务会议研究整顿土地市场治理工作，要求地方部门在一个半月内清理在建、拟建固定资产投资项目，并要求严厉查处铁本事件以及相关责任人。此后国务院和国土资源部连续数次发文严把土地闸门(图表30)，停止不符合国家产业政策和市场准入条件的钢铁、水泥、电解铝等项目的土地供应，并对地方政府违法用地问责，集中查处"以租代征"、违反土地利用总体规划扩大工业用地规模、"未批先用"等三类重大违法违纪案件，并进行清理和整治。

时间	会议或文件	调控要求
2004年4月28日	国务院常务会议	① 研究整顿土地市场治理工作； ② 要求严厉查处铁本事件以及相关责任人。
2004年4月29日	《国务院办公厅关于深入开展土地市场治理整顿严格土地管理的紧急通知》	① 决定用半年左右时间集中整顿土地市场； ② 清理检查去年以来的土地审批情况，重点是新上项目的用地情况，整顿违反国家产业政策、超规划、超计划、越权和分拆批地等问题。
2006年5月30日	《国土资源部关于当前进一步从严土地管理的紧急通知》	① 要求不得违反土地利用总体规划和年度计划用地； ② 加大查处土地违法违规案件的力度。重点查处违反规划、突破计划、违法批地用地的典型案件。

（续　表）

时间	会议或文件	调控要求
2004 年 10 月 21 日	《国务院关于深化改革严格土地管理的决定》	① 加强建设项目用地预审管理。没有预审意见或预审未通过的不得核准或批准该建设项目；② 严禁规避法定审批权限将单个建设项目用地拆分审批。
2006 年 8 月 31 日	《国务院关于加强土地调控有关问题的通知》	对辖区内发生土地违法违规案件造成严重后果的以及对土地违法违规行为不制止、不组织查处的，追究有关地方人民政府负责人的领导责任。
2007 年 9 月 2 日	国土资源部决定	集中查处三类重大违法违纪案件包括"以租代征"行为的整治；违反土地利用总体规划扩大工业用地规模行为的整治；"未批先用"行为的清理和整治。

图表 30　2003—2007 年中国宏观调控之土地审批调控

资料来源：据 ACCEPT 相关文件整理

三是提高环保标准政策限制落后产能重复建设。一方面，环境保护部门对新建、改建、扩建项目严格执行环境影响评价、"三同时"和污染物排放总量控制制度。另一方面，加强环境执法监督力度。2007 年 6 月 3 日，国务院印发国家发改委会同有关部门制定的《节能减排综合性工作方案》，加强节能减排管理、加大监督检查执法力度。

四是提高企业进入的技术门槛。为了防止不具有技术优势的企业继续进入过剩产能行业、重复投资，相关部门制定了技术标准，严格市场准入条件。

③ 大力推进财税金融体制改革

在对经济进行调控的过程当中，政府抓住时机推进了国有商业银行股份制改造并成功上市、上市公司股权分置改革、利率市场化和汇率形成机制改革，并进行了增值税改革试点以及内外资企业所得税统一等改革。这些改革措施为未来的经济发展增添了新的活力，并为财政政策的实施与货币政策更好的传导创造了更好的条件。

(3) 调控效果

2003—2007 年的宏观调控注重政策的前瞻性和不同政策搭配的有效

性,从而取得较为良好的效果。一是前瞻性地把握经济变化趋势,实现调控政策的及时灵活的转变。将财政政策与货币政策的基调及时地进行了从宽到严的转换。例如,面对经济过热的迹象,2004 年中央经济工作会议及时决定将积极的财政政策与稳健的货币政策调整到"双稳健"的财政货币政策。二是实现市场手段和行政手段政策的有效组合搭配。在财政与货币政策发力的同时,利用土地闸门、项目审批、环保政策等行政手段严格限制落后产能投资需求,快速有效地压缩投资增长。调控具体效果如下:

其一,保持经济的较快增长并维持物价平稳的态势。2003—2007 年经济增速保持在 10%—14.2% 的快速增长区间,消费者价格指数增速保持在 1.2%—4.8% 之间,物价总体平稳且没有出现恶性通货膨胀。投资过热的势头基本得到控制,全社会固定资产投资完成实际额和名义额同比增速都呈现出下降的态势(图表 31)。

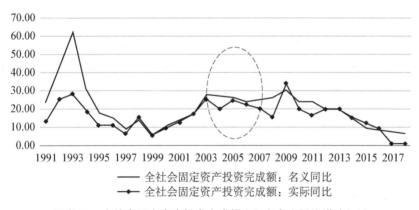

图表 31　全社会固定资产投资完成额实际和名义同比增速(%)

数据来源:WIND 数据库

其二,企业的经营状况得以改善。规模以上工业企业的产品销售率得到一定的提升,从 2003 年的 98.02% 上升至 2007 年的 98.14%;规模以上工业企业利润总额增速在经历下降后得以回升至 2007 年的 39.23%。

其三,过剩产能得以明显减少。2003—2007 年的宏观调控抑制了过剩行业的产量增加并缓和了供给需求之间的矛盾。主要过剩行业产品产量增速得到遏制,表现出稳步下降的趋势。粗钢产量同比增速从 2004 年的 27.24% 下降到 2007 年的 16.73%;水泥产量同比增速从 2003 年的 18.91% 下降到 10.06%;原煤产量的同比增速从 18.39% 下降至 7.39%;平板玻璃产量同比增速从 33.66% 下降到 15.77%。与此同时,淘汰一大批落后企业和产能。2003—2007 年全国关停小火电 2 157 万千瓦、小煤矿 1.12 万处,淘汰落后炼铁产能 4 659 万吨、炼钢产能 3 747 万吨、水泥产能 8 700 万吨。[①]

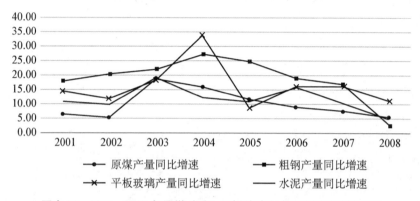

图表 32 2001—2008 年原煤、粗钢、平板玻璃和水泥产量的增速(%)

数据来源:中经网统计数据库

7. 2008 年全球金融危机之后的宏观调控时期

(1) 宏观经济背景

自 2008 年以来,国际金融危机对中国经济负面冲击的效应逐渐显现。中国经济也从 2007 年的过热状况转换至 2008 年第三季度以来的下滑趋势。其中,外部需求所呈现出来的急剧下降趋势对中国经济增速下滑有重要作

---

① 温家宝:《温家宝在十一届人大会上所作政府工作报告(全文)》,http://www.gov.cn/2008lh/content_923918.htm,2008 年 3 月 19 日。

用。中国对外净出口同比增速在 2008 年 5 月还达到 40.1% 的高水平,此后逐步下降并在 2008 年 11 月出现负增长。在 2009 年 1 月,对外净出口同比增速下挫至−43.06% 的低谷。外部需求冲击下的中国宏观经济减速和过冷特征非常明显。

一是外部需求对中国经济增长贡献和拉动作用由正转负。货物与服务净出口对 GDP 的贡献率从 2007 年的 10.6% 大幅下挫至 2008 年的 2.6%,并在 2009 年变为−42.6%。货物与服务出口对经济增长的拉动作用从 2008 年的 0.25% 下降为 2009 年的−4%,外需对中国经济增长的拖累效应非常明显。

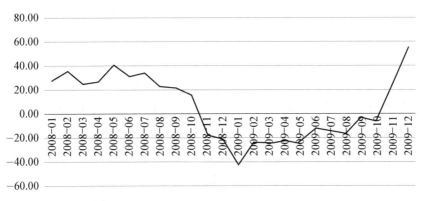

图表 33　2008—2009 年中国净出口同比增速(%)

数据来源:中经网统计数据库

二是国内工业企业生产增长呈现出颓势。工业增加值的实际同比增速从 2008 年 6 月的 16% 下降至 2008 年 12 月的 5.4%,而在 2009 年 1 月该值为−2.4%,出现了负的增长。

三是价格领域通货紧缩非常明显。消费者价格指数同比增速从 2008 年 2 月的 8.7% 快速回落至 2008 年 12 月的 1.2%,并在 2009 年 2 月出现负增长。消费者价格指数同比负增长的态势一直保持到 2009 年 9 月,这期间通货紧缩的态势非常明显。

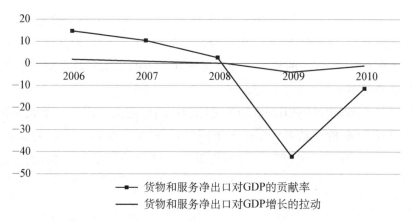

图表34 2006—2010 年货物和服务净出口对 GDP 的拉动和贡献率(%)

数据来源：中经网统计数据库

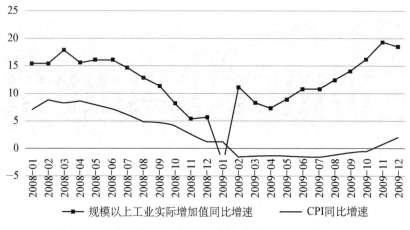

图表35 规模以上工业企业工业增加值增速和 CPI 增速(%)

数据来源：中经网统计数据库

(2) 调控措施

为了应对突发的国际金融危机带来的对中国经济不利冲击,政府及时调整宏观政策的总基调。根据经济形势的变化和对调控政策的反应效果,将 2008 年年初的"双防"(防止经济过热、防止明显的通胀)总基调转变为年中的"一保一控"(保增长、控物价)总基调,然后又转变为 2008 年第四季度的

"一保一扩一调"(保增长、扩内需、调结构)总基调。在宏观调控政策的具体实施和应对方面来看,一是采取了积极的财政政策与适度宽松的货币政策;二是制定和实施产业振兴计划;三是加快推进重点领域和关键环节的改革。

① 实行积极的财政政策和适度宽松的货币政策

实行积极的财政政策。2008年11月的国务院常务会议通过了扩大内需和促进经济增长,计划实施总额为4万亿的一揽子投资计划,并大规模增加政府支出和实行结构性减税。在增加铁路、公路、轨道、机场、水利等基础设施投资的同时,对灾后重建、保障性住房、农村民生工程和社会事业等领域加大投资,并将中央投入资金补贴家电下乡以促进农村消费的增长。

实施适度宽松的货币政策。一方面,连续多次下调存贷款基准利率。自2008年9月至2008年12月,央行三个月内连续四次下调存贷款基准利率。一年期贷款基准利率从7.47%下降至5.31%;一年期存款基准利率从4.14%下降至2.25%。另一方面,连续多次降低法定存款准备金率。2008年9月至2008年12月连续三次下调大型金融机构法定存款准备金率,大型金融机构法定存准率从17.5%下调至15.5%;连续四次下调中小型金融机构法定存款准备金率,中小型金融机构法定存准率从17.5%下降至13.5%。另外,取消商业银行信贷额度控制,释放流动性以刺激经济。

② 制定和实施十大产业振兴计划。一方面,制定了包括钢铁、汽车、造船、石化、轻工、纺织、有色金属、装备制造、电子信息以及物流等十大重点产业调整振兴规划,并拉动上下游链的产业的增长和振兴经济。另一方面,将产业振兴与推进科技创新相结合,鼓励企业加快技术改造。在2009年安排了200亿元技改专项资金支持4 441个技改项目。

③ 加快推进重点领域和关键环节改革。将应对国际金融危机作为深化改革的契机,加大了改革力度。2009年全面实行增值税转型改革并顺利推进成品油价格和税费改革;推进国家开发银行商业化转型和农业银行股份制改革;启动实施跨境贸易人民币结算试点;推出创业板为自主创新及其他成长型创业企业开辟了新的融资渠道;开展地方政府机构改革和事业单位分类改革试点。① 这些重点领域和关键环节的改革有力地促进了经济社会

---

① 温家宝:《温家宝在十一届人大会上所作政府工作报告(全文)》。

发展,并对提振市场信心和扩大内需发挥了积极作用。

(3) 调控效果

为应对突发国际金融危机不利影响,此次宏观调控具有力度较大、节奏较快和效果明显的特征。中国经济在短期内对冲了危机带来的不利影响而实现了强劲反弹,在全球率先走出危机并为世界经济的复苏作出贡献。2008 年和 2009 年的中国实际 GDP 分别达到了 9.7% 和 9.4% 的高速增长;工业增加值实际增速分别达到 10% 和 9.1%,制造业固定资产投资增速分别达到了 27.4% 和 24.5% 的较高水平。

重点行业兼并重组取得新进展。国家下大力气抑制部分行业产能过剩。2009 年关停小火电机组 2 617 万千瓦,淘汰落后的炼钢产能 1 691 万吨、炼铁产能 2 113 万吨、水泥产能 7 416 万吨、焦炭产能 1 809 万吨。[①] 但是,此次大规模的刺激也带来了一定的负面影响。例如,钢铁等过剩产能的行业重复投资行为又被激发,并导致 2010—2011 年的经济过热和通货膨胀。

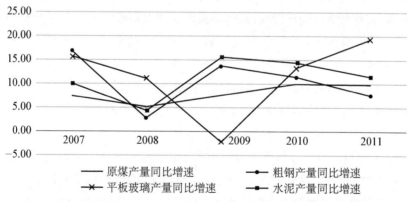

图表 36　2007—2011 年原煤、粗钢、平板玻璃和水泥产量的同比增速(%)

数据来源:中经网统计数据库

[①] 温家宝:《温家宝在十一届人大会上所作政府工作报告(全文)》。

2010—2011 年中国出现了经济增速和通货膨胀率快速上升的情况。2010 和 2011 年实际 GDP 增速分别达到了 10.6％和 9.5％；消费者价格指数增速分别达到了 3.3％和 5.4％，尤其是以农产品为代表的食品价格上涨势头很猛；全社会固定资产投资完成额同比增速分别达到 23.83％和 23.76％的较高值。为了遏制物价的过快上涨的势头并防止经济过热，政府将稳定总体物价水平作为宏观调控的首要任务，同时要求经济保持较快增长，在宏观调控中注重政策的审慎灵活性、适度性、针对性和前瞻性。

其一，及时地转变货币政策的方向，将货币政策从适度宽松的基调转变成稳健的基调，并注重通胀预期管理。综合运用法定存款准备金率、存贷款基准利率、公开市场操作等市场化货币政策工具紧缩货币供给，抑制通胀。从 2010 年 1 月至 2011 年 11 月央行连续 12 次上调大型金融机构的法定存款准备金率，大型金融机构的法定存准率从 15.5％上调至 21.5％；从 2010 年 11 月至 2011 年 11 月央行连续 9 次上调中小型金融机构的法定存款准备金率，中小型金融机构的法定存准率从 13.5％上调至 18％。从 2010 年 10 月到 2011 年 7 月多次上调存贷款基准利率、一年期存贷款基准利率，分别是从 2.5％提高到 3.5％、从 5.56％提高到 6.56％。

其二，继续实施积极的财政政策，注重发挥财政政策在稳定增长和调结构方面的作用。在压缩政府一般性支出的同时，加强地方债务管理，防止盲目建设上项目，并优化财政支出结构。强调财政货币政策与投资、土地、贸易等政策的协调，形成经济手段为主、行政手段为辅的调控措施。

其三，加快结构调整，加大改革力度。积极推动经济发展方式转变，注重增长质量和效益。通过确保农产品有效供给、降低流通成本和加强价格监管等手段来抑制通货膨胀。与此同时，积极地推进财税、金融、投资体制和资源环境等领域改革。

在紧缩性政策的宏观调控下，价格过快增长的趋势最终得以控制。消费价格指数 CPI 和工业生产者出厂价格指数 PPI 的涨幅从 2011 年 8 月份起逐月回落。

8. 2012—2016 年经济增速下行期的宏观调控时期

(1) 宏观经济背景

2012 年以来中国经济开始步入"新常态",经济潜在增长率出现持续下滑,实际经济增长也开始由高速增长平台向中高速增长平台转换。中国实际 GDP 增速从 2011 年的 9.5% 逐步回落,2012—2016 年各年分别是 7.9%、7.8%、7.3%、6.9% 和 6.7%,经济增长的动力明显减弱。工业增加值实际增速从 2011 年的 10.9% 一路下滑至 2015 年和 2016 年的 6%,下降趋势非常明显(图表 37)。

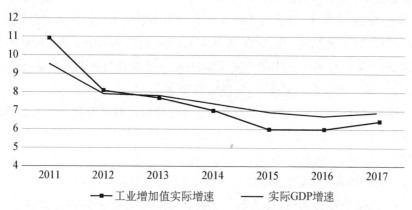

图表 37　2011—2017 年实际 GDP 和工业增加值同比增速(%)

数据来源:中经网统计数据库

一是出口对经济的拉动作用明显减弱。随着中国劳动力成本的上升和人口红利的逐渐消失,劳动密集型产品的低成本出口优势也随之消减,出口对中国经济拉动的效应也呈现出下降的趋势。2012—2016 年间,货物与服务净出口对中国 GDP 的贡献率在 −9.6%—4.3% 之间徘徊。2012—2016 年货物与服务净出口对 GDP 的拉动率在 0% 附近徘徊,净出口对经济的拉动作用已经显得相当疲惫。

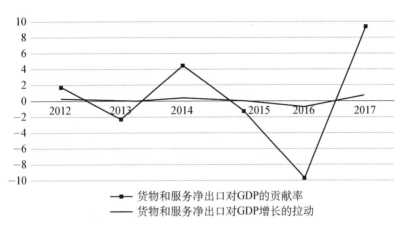

图表 38　货物与服务净出口对 GDP 的拉动和贡献率(％)

数据来源：中经网统计数据库

　　二是固定资产投资增速出现全面大幅下滑。全社会固定资产投资完成额增速从 2012 年的 20.2％一路大幅下滑至 2017 年的 5.7％。其中,制造业固定资产投资完成额增速从 2012 年的 21.3％下降至 2017 年的 3.1％;房地产固定资产投资完成额增速从 2012 年的 21.4％下降至 2017 年的 2.7％。可见各类投资增速之低和下滑幅度之大。

　　三是工业行业供大于求的状况十分突出。其中,钢铁、煤炭、电解铝、水泥和化工等行业的产能过剩问题十分严重。2012 年底,我国钢铁、水泥、电解铝、平板玻璃、船舶产能利用率分别仅为 72％、73.7％、71.9％、73.1％和75％,明显低于国际标准和一般水平。严重的产能过剩使得钢铁、电解铝、船舶等行业利润大幅下滑,企业普遍经营困难。但是,这些产能严重过剩行业仍有一批在建、拟建项目而使得产能过剩呈加剧之势。[①]

　　四是消费和生产领域的价格水平出现了结构性通货紧缩。工业领域因为供大于求而出现了通货紧缩的现象。在经济减速的情况下,上游工业行

---

① 国务院:《国务院关于化解产能严重过剩矛盾的指导意见(国发〔2013〕41 号)》,http://www.gov.cn/zwgk/2013-10/15/content_2507143.htm,2013 年 10 月 15 日。

业产能过剩的矛盾更为凸显,并直接反映到工业品出厂价格水平下降上。2012 年 3 月—2016 年 8 月工业生产者出厂价格指数 PPI 持续 54 个月负增长,说明工业领域价格长期处于通缩状况。消费领域的价格指数 CPI 同比增速虽然没有出现负增长,但 CPI 增速曾经一度在 1%附近徘徊,说明通胀减速的特征非常明显,如若继续下跌则存在通缩风险。

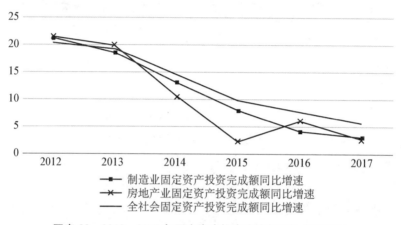

图表 39   2012—2017 年固定资产投资完成额同比增速(%)

数据来源:中经网统计数据库

(2) 调控措施

面对经济和投资增速不断下滑的趋势,政府不搞"大水漫灌"式强刺激,而是适应经济发展新常态,通过供给侧结构性改革和需求侧区间调控相结合方式进行宏观经济管理。当经济运行在合理区间时,专注于供给侧结构性改革;当经济有突破区间下限的风险时,利用财政政策和货币政策的定向调控和精准调控将经济保持在合理区间,为结构性改革赢得时间和空间。与此同时,采取市场与行政相结合的手段帮助过剩行业、落后企业的退出,加快市场出清。

① 实施积极的财政政策和稳健的货币政策

实施积极的财政政策。一方面,适当地增加财政赤字和国债规模,将2012—2017 年财政赤字率控制 3%的上限内,在 2012—2017 年间分别拟安排 8 000 亿元、1.2 万亿元、1.35 万亿元、1.62 万亿元、2.18 万亿元和 2.38 万亿元的较大规模的财政赤字。另一方面,优化财政支出结构并加大补短板和惠民生财政支出的力度,财政支出重点向基本民生和重点项目倾斜并发行地方政府置换债券。另外,在税收方面全面实行营改增和减税降费,加大减轻小微企业的税费力度并清理各种收费。

实施稳健的货币政策。一方面,管好货币供应的闸门,保持广义货币供应量增速的下降。2012 年以来,广义货币供应量 M2 的增速从 2011 年的 13.6% 下降至 2014 年的 12.2% 和 2017 年的 8.1%。另一方面,创新货币政策调控的方式,实施精准调控。采取定向降准和专项再贷款等结构性的货币政策,加强对小微企业、三农等重点领域和薄弱环节的信贷支持。

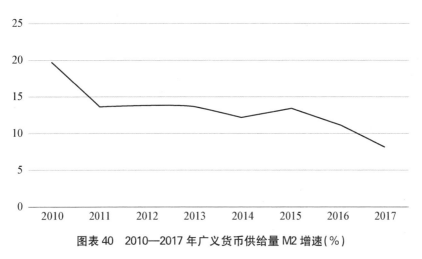

图表 40　2010—2017 年广义货币供给量 M2 增速(%)

数据来源:中经网统计数据库

② 推进供给侧结构性改革,加快经济结构优化升级。通过积极推进去产能、去库存、去杠杆、降成本、补短板为主要任务的供给侧结构性改革,增加有效供给,减少无效产能。并通过持续深化的"放管服"方面改革和加快转变政府职能,为经济提供成长的活力。供给侧结构性改革将当前与长远相结合,在保持经济较为平稳发展的同时抓住时机,下力气消除制约和影响经济社会长远发展的突出矛盾和深层次体制机制障碍。

③ 采取"政府之手"帮助"市场之手"的方式去产能,应对企业间"消耗战

博弈"(War of Attrition)。当经济过冷和产能过剩时,即使是面临过度竞争和行业普遍亏损,企业也不愿退出,而是进行"消耗战博弈"。企业普遍相信只要坚持存活下来,待经济复苏后自己就是最终的胜利者。因此,在市场机制失灵的情况下,如果完全依靠市场机制实现市场出清,时间过长,会造成社会资源浪费和福利损失。为此,政府在宏观调控中采取一定的行政手段,用"政府之手"帮助"市场之手"来强制企业退出就显得非常必要。此轮宏观调控强调充分发挥市场机制作用和更好发挥政府引导作用,加强对地方政府与企业的约束与激励,帮助企业退出,并防止落后企业的进入,从而化解过剩产能。在此过程中,中央政府、地方政府和企业主体同时发力,其主要职责分别如下(图表41):

主体	总体职责	具体任务
中央政府和各部委	在帮助落后企业和产能退出中起总的决策、统领和调控作用。	① 制定落后企业和行业产能退出的标准,并明确和下达去产能的总任务;包括:制定落后产能的技术、环保、能耗等行业标准,对不达标的企业进行强制关停,同时引导企业预期,阻止生产规模较小、落后的小企业继续进入。 ② 将落后企业和产能退出的任务纳入到地方政府政绩考核机制当中,形成激励与惩罚问责机制; ③ 派出相关的稽查组到地方进行督查、考核与问责; ④ 给予落实退出的地方政府和企业以资金奖补和就业等政策方面的支持。
生产企业	承担化解过剩产能的主体责任	① 根据市场的价格信号,自负盈亏和自发退出市场; ② 根据相关标准被强制地关停并转而退出。
地方政府	对该地区落后生产企业和产能的退出负有相应落实责任	① 落实中央下达的去产能的目标和任务; ② 不能因为地方的 GDP 政绩和税收考虑而对落后企业和产能进行保护或无所作为; ③ 根据具体情况制定详细的落实方案并组织实施,强制关停与退出。

图表41 "政府之手"帮助"市场之手"加快市场出清时各主体职责和任务
资料来源:ACCEPT 根据相关文件资料整理

(3) 调控效果

经济新常态以来,政府采取供给侧结构性改革和区间调控的需求政策相结合的方式进行宏观经济调控,并利用"政府之手"帮助"市场之手"加快企业退出和加快市场出清而取得良好的效果。2012—2016 年经济增速保持在年 6.5% 以上的合理区间;就业形势表现良好,2013—2017 年城镇新增就业 6 600 万人以上;总体物价水平起底回升,2016 年 8 月工业生产者出厂价格指数结束了连续 54 个月负增长的态势,说明工业产能过剩问题得到了缓解;消费领域通缩风险消除,消费者价格指数 CPI 增速上升至 2% 以上,说明消费领域的供需状况基本达到了均衡。

过剩行业的重复投资得到遏制,投资增速出现下降趋势。全社会固定资产投资完成额增速从 2012 年的 20.3% 下降到 2017 年的 7.8%;国有企业投资完成额增速从 16.6% 下降至 2017 年的 7.8%,在 2016 年还出现了同比增速为 -7.6% 的负增长。

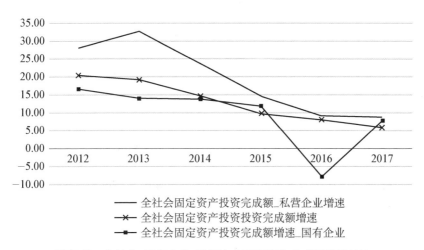

图表 42　全社会、国有企业、私营企业固定资产完成额增速(%)

数据来源:中经网统计数据库

企业经营业绩得到明显改善。工业企业盈利能力得到提高,规模以上企业利润同比增速从 2014 年和 2015 年的负增长转变为 2016 年和 2017 年的正增长,分别增长 8.7% 和 4.2%。工业企业的杠杆率稳步下降,规模以上工业资产负债率从 2012 年的 58% 下降到 2016 年的 55.9% 和 2017 年的 56%。

市场与行政手段相结合的调控方式,对加快落后企业和僵尸企业的退出和加快市场出清起到了重要的作用。从钢铁和煤炭的行业数据来看,2013—2017 年全国钢铁退出产能 1.7 亿吨以上、煤炭退出产能 8 亿吨,安置分流职工 110 多万人。2018 年钢铁行业的产能利用率已达 80%,而 2014 年为 73.6%,2015 年为 71.2%。目前钢价基本回归合理区间,钢铁企业盈利水平稳步提升。2017 年煤炭行业产能利用率提高 8.7 个百分点,达 68.2%;煤矿数量从 2015 年 1.08 万处减少到 2017 年 7 000 处左右,2017 全国规模以上煤炭企业利润同比增速 290.5%。可见,钢铁和煤炭等行业在此次去产能和帮助企业退出的宏观调控当中取得良好的效果。

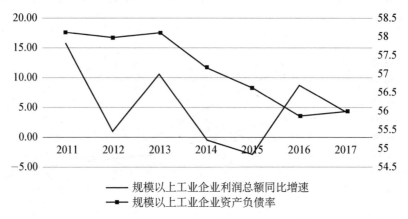

图 43　2011—2017 年规模以上工业企业利润增速(%)和资产负债率(%)

数据来源:中经网统计数据库

专栏 1: 20 世纪 90 年代中国纺织行业的"消耗战"与宏观调控应对

　　20 世纪 90 年代末,中国政府为应对纺织行业市场过热,积极进行调控、压缩过剩产能、淘汰落后生产、保持供需平衡、加快市场出清的经验值得经济学界重视、提炼和吸收。

　　改革开放以来,纺织业由于其较快的资金周转速度、较小的市场风险、较低的设备要求和较高的就业吸纳量,成为彼时经济在资金不足、技术落后情况下的重要投资产业。1985 年到 1993 年,纺织工业累计实现利税 1 030 亿元,创汇 1 100 亿美元,一度占到全国出口总额的 29.2%。①

1992 年邓小平南巡讲话和十四大社会主义市场经济体制的确立,提振了企业的信心,各地企业竞相对纺织业进行投资,扩大产能,以期在市场竞争中抢占先机,呈现"抢占先机博弈"(Rush to the Top)。国有纺织企业所面临的软预算约束也加剧了企业的过度投资现象,使得产能过快累积,低水平重复建设频现,库存积压严重,行业供大于求,从而拖累了纺织工业的行业利润,甚至出现行业亏损。1992 年纺织业行业利润仅为 13 亿元,1993 年纺织业甚至亏损 5 亿元②。自 1992 年起,政府开始着手对纺织业进行压锭改造,要求每年压缩 100 万锭陈旧落后锭。1993 年,在棉花价格上调、纺织业成本迅速增加的背景下,政府出台《关于解决棉纺织行业存在问题的意见》,要求继续执行压锭改造政策,到 1996 年累计压缩 500 万锭。

然而,伴随着压锭改造的推进,市场出现了"消耗战博弈"(War of Attrition)。由于纺织企业普遍预期到产能减少之后最终留下的企业将成为最大的受益者,于是纷纷持观望态度,采取"消耗"战略,宁愿亏损也不愿意退出或者减少产能,甚至出现部分企业"假压锭"以骗取财政补贴的情况。企业之间的微观博弈导致并加剧了宏观经济的波动,数据显示,1991 年全国棉纺锭数量为 4 192 万锭,到 1996 年全国棉纺锭数量仍为 4 171 万锭,仅减少 21 万锭③。1995 年和 1996 年纺织业分别亏损 41 亿元和 71 亿元。④

亚洲金融危机的冲击进一步加重了产能过剩与有效需求不足的矛盾。1997 年,中共十五大提出:要用三年左右的时间,通过改革、改组、改造和加强管理,使大多数国有大中型亏损企业摆脱困境,力争到 2000 年底大多数国有大中型骨干企业初步建立现代企业制度。此后,纺织行业不仅成为宏观

---

① 国务院:《国务院批转国家经贸委、国家计委、中国纺织总会关于解决棉纺织业存在问题意见的通知》,http://www. gov. cn/zhengce/content/2015-12/03/content_10378. htm,2015 年 12 月 03 日。

② 数据来源于 1993 年《中国纺织工业年鉴》、1994 年《中国纺织工业年鉴》。

③《棉纺锭为何压不下去?》,《人民日报》1997 年 12 月 4 日,第 2 版。

④ 数据来源于 1996 年《中国纺织工业年鉴》、1997 年《中国纺织工业年鉴》。

调控去产能的重点,同时也成为推进国有企业改革的突破口。1997 年 11 月,朱镕基在上海考察纺织行业时指出,要把亏损严重的纺织行业的压锭、减员、增效作为国有企业改革和解困的突破口。[①] 1998 年初,国务院发布《国务院关于纺织工业深化改革调整结构解困扭亏工作有关问题的通知》,要求:从 1998 年起,用 3 年左右时间压缩淘汰落后棉纺锭 1 000 万锭,分流安置下岗职工 120 万人,到 2000 年实现全行业扭亏为盈,为实现纺织工业的产业升级和振兴奠定基础。在纺织业深化改革、调整结构、解困扭亏的工作中,要求全面贯彻"实行鼓励兼并、规范破产、下岗分流、减员增效和再就业工程"的方针,以压缩淘汰落后棉纺锭为手段,以国有纺织工业企业集中的城市的企业结构调整为重点,妥善分流安置下岗职工,坚定不移地走"压锭、减员、调整、增效"的路子。

从此轮宏观调控的措施来看,政府以行政命令为主,以市场手段为辅,同时利用调控的契机推进体制改革,尤其是国有企业现代企业制度的建立。此轮调控主要有以下几个特点[②]。

首先,以行政手段坚决压缩淘汰落后棉纺锭。国务院要求,"九五"期间各地区、各部门及所有企业都不得以任何理由新增棉纺锭,不得以任何理由转移落后棉纺锭。对棉纺细纱机等纺织机械生产、销售严格实行"生产许可证"和"准购证"制度,坚决制止无证生产和在国内销售棉纺细纱机,对无证生产棉纺细纱机的企业给予经济制裁,同时追究企业负责人的责任,同时按有关规定严格限制进口棉纺细纱机。

其次,淘汰落后产能的成本由中央政府、地方政府、企业、金融机构共同分担。每压一万锭给予 300 万元补贴,提供 200 万元贴息贷款,补贴由中央和地方财政各分担 50%,贴息贷款由地方财政承担。同时,在压锭限产的过程中有针对性地解决企业债务问题。1998 年国家核销银行呆坏账准备金重点向纺织业倾斜,要求各地在安排 1998 年计划时,纺织业核销规模应不低于 1997 年的水平。1999 年改进核销银行呆坏账准备金的办法,进一步支持企

---

① 中国纺织报:《中国纺织工业改革开放 30 年标志性事件》,转引自纺织网,http://www. info. texnet. com. cn/detail-219724-2. html,2008 - 12 - 26。

② 国务院:《国务院关于纺织工业深化改革调整结构解困扭亏工作有关问题的通知》,http://www. zaobao. com. sg/yl/tx001_171201. html,1998 年 2 月 27 日。

业退出。

最后,社会保障兜底,做好下岗工人再就业工作。妥善安置棉纺织业下岗职工,要求解决好下岗职工的分流问题,1998 年颁布《全国企业兼并破产和职工再就业计划》,积极引导下岗职工再就业。

到 1999 年底,纺织行业作为国企三年脱困的行业突破口,累计压缩落后棉纺锭 906 万锭,全年实现利润 8 亿元,提前一年基本实现三年压锭目标,结束了行业多年的亏损局面。2000 年,纺织行业全面完成压缩淘汰落后棉纺锭、分流安置下岗职工的任务。[①] 其中,沿海地区于 1998 年已基本完成压锭目标,共计压缩淘汰落后棉纺锭 480 万锭、分流安置下岗职工 60 万人、减少亏损 30 亿元;其他地区于 1999 年基本完成压缩淘汰落后棉纺锭 520 万锭的目标。[②] 从纺织业的企业数和就业人数来看,90 年代末纺织业的企业数量和就业人数都出现了明显的下降,尤其是 1997—1999 年间。从纺织业的固定资产投资存量来看,1998—2000 年间固定资产投资存量有所减少,固定资产投资增量小于资产折旧,过度投资、产能盲目扩张的现象得到遏制。

纺织业企业单位数(家)

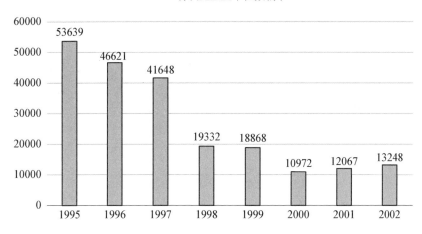

① 中国国家纺织工业局:《提高市场竞争力,迎接入世新挑战,中国纺织工业继续加快结构调整步伐》,2000 年 3 月 21 日。
② 兴业证券固定收益研究:《历史总是惊人的相似:1998 年国企改革与供给侧改革能带给我们什么启示》,https://www.sohu.com/a/164468644_117959,2017 年 8 月 14 日。

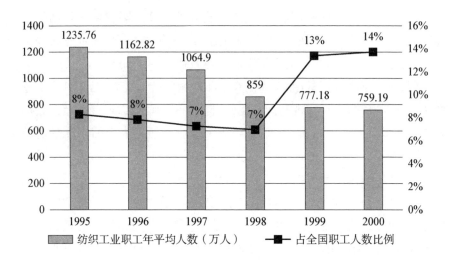

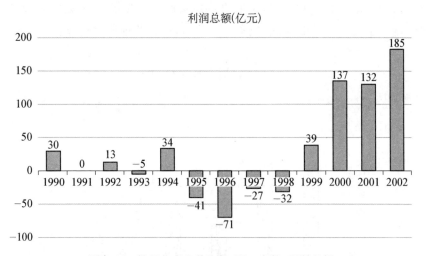

图表44 纺织业企业单位数、职工人数、利润总额

数据来源：历年《中国统计年鉴》、《中国纺织工业年鉴》。

三、中国宏观调控的经济学总结

回顾梳理1978年改革开放以来中国政府宏观调控的历程可以为我们理解和反思宏观经济学理论提供难得的机会。通过前文分析,我们发现目前主流经济学教科书和经济学研究中对经济周期和宏观调控的认识都存在不足,而改革开放后中国政府宏观调控的经历和经验可以对这些不足形成有益补充。我们认为,在经济学基础原理层面,可以将过去四十年中国政府在宏观调控方面的经济学原理凝练地总结为如下两点:

1. 企业之间的微观博弈导致并加剧了宏观周期波动

微观企业决策者之间的博弈会导致和加剧宏观经济周期,放大经济波动,造成福利损失。具体而言,微观企业主体在市场进入过程中的"抢占先机博弈"和在市场退出过程中的"消耗战博弈"导致并加剧了经济周期性波动,造成宏观经济在过"冷"和过"热"之间反复摇摆(图表45):

(1) 在经济上行周期,微观企业主体纷纷积极进入市场,增加投资,扩大产能,希望在市场竞争中抢占先机。尽管就任何某一单个企业来看,其行为

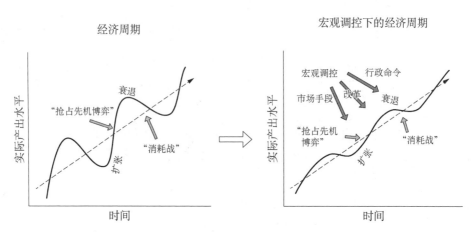

图表 45　经济周期与宏观调控示意图

资料来源：ACCEPT 绘制。

决策都是理性的，但在宏观层面却形成了坏的均衡。本文称之为"抢占先机博弈"（Rush to the Top）。"抢占先机博弈"一方面容易导致短期内经济过"热"，使得宏观经济面临通货膨胀压力，另一方面也导致产能迅速积累，为后续经济下行周期的过度竞争、产能过剩和通货紧缩埋下伏笔。

（2）在经济下行周期，微观企业主体采取消耗战略，即便面临亏损也迟迟不愿主动退出市场，相信竞争对手会破产、自己只要坚持下去就能成为最后的胜利者。尽管从任何某一单个企业来讲，其行为决策可能是理性的；但在宏观层面也同样形成了坏的均衡。本文称之为"消耗战博弈"（War of Attrition）。"消耗战博弈"导致市场产能严重过剩，恶性竞争加剧，企业盈利能力下滑，亏损面扩大，宏观经济面临通货紧缩压力。微观理论中对"消耗战博弈"曾经有所研究（Fudenberg & Tirole, 1986；Bulow & Klemperer, 1999），遗憾的是并未引起宏观经济学家们的重视。

中国经济在 1998 年亚洲金融危机之后、2008 年美国次贷危机之后以及 2014—2015 年期间的表现为经济下行周期提供了典型案例；而中国经济在 1985—1986 年、1988—1989 年、1993—1994 年以及 2003—2007 年等时期的表现为经济上行周期提供了典型案例（图表 46）。总体而言，发展中国家的经济冷热波动相较于发达国家而言更为剧烈；而中国作为一个由计划经济向市场经济转轨的发展中国家，一些体制性因素还可能加剧宏观经济的周期性波动。其一，由于国有经济主体面临"软预算约束"（Kornai，1986、1998），因而，一方面在经济周期上行时往往有过度投资的倾向，从而加剧了经济过"热"，另一方面在经济周期下行、面临产能过剩和亏损时，不愿主动退出市场，延缓了产能出清的时间（Li & Liang，1998；Qian & Roland，1999）。其二，地方政府之间的竞争和地方官员的"晋升锦标赛"是中国经济发展的一大特点（周黎安，2004、2007）。地方官员和地方政府出于 GDP 和税收的考虑，也往往倾向于增加投资、保护当地落后产能，这些做法也会加剧经济周期性波动。

但需要强调的是，上述体制性因素并非导致宏观经济周期性波动的根本性原因，根本原因仍在于市场经济中普遍存在因素——微观企业主体的个体理性下的"抢占先机博弈"和"消耗战博弈"引发总体福利损失，导致宏观经济陷入坏均衡。中国经济过去的经历表明，参与"抢占先机博弈"和"消耗战博弈"的不仅有国有企业，而且也包含大量的民营企业。例如，造成2014 年和 2015 年水泥、钢铁、煤炭、平板玻璃、光伏等行业严重产能过剩的因素中，不乏大量民营企业。事实上，即便在公认的市场化程度较高的经济体中，"抢占先机博弈"和"消耗战博弈"导致经济周期性波动、社会总体福利损失的情况也普遍存在：1995—2001 年期间"互联网泡沫"的兴起与破灭为"抢占先机博弈"提供了典型案例，而美国航空业的长期过度竞争和资源消耗则同时包含着"抢占先机博弈"和"消耗战博弈"（详见专栏 2）。

2. 政府需要运用市场、改革、行政命令三种手段去稳定宏观经济

政府"看得见的手"应当帮助市场"看不见的手"，通过宏观调控平滑周期波动，改善经济总福利，从而规避"微观个体理性导致总体福利损失"。当经济过"热"时，政府应当通过宏观调控限制过度投资和重复建设，控制基础设施建设规模，遏制通货膨胀；当经济过"冷"时，政府应该通过宏观调控加快落后产能退出，促进市场出清，同时扩大基础设施建设，刺激总需求，帮助经济走出通缩。

回首过去四十年，中国经济之所以能够实现长期较为平稳的高速经济

增长,成功地由低收入经济体跨越为中高收入经济体,主要法宝之一就在于政府通过宏观调控手段屡次成功地应对了经济过"冷"和经济过"热"的挑战,避免了经济大幅震荡。

中国政府在宏观调控中采取了"三箭齐发"的策略——综合运用市场手段、行政命令、体制改革三种方法,共同作用,在宏观经济过"热"时帮市场降温,在宏观经济过"冷"时帮市场升温,从而既在短期实现宏观经济平稳发展,又在长期促进资源更优化地配置、改善社会福利。具体而言,可以简要总结如下(图表46)。

市场手段:(1)运用存贷款基准利率调整、法定存款准备金率调整等货币政策工具,间接影响微观企业的投融资行为和微观家庭的储蓄消费决策;(2)运用税率调整(企业所得税率、出口退税率、增值税、车辆购置税优惠)、财政支出补贴消费(家电下乡补贴)、财政支出补贴企业设备升级等财政支出工具,扩大或紧缩总需求。

	宏观经济表现	微观机制	宏观调控的主要措施	典型时期
经济上行周期	● 投资者情绪乐观,产能快速扩张; ● 重复建设严重; ● 通货膨胀; ● 产能过快扩张可能加速经济走向产能过剩。	微观企业主体在市场进入阶段的"抢占先机博弈"(Rush to the Top)	● 限制产能盲目扩张,避免重复建设; ● 控制基础设施建设规模; ● 收紧货币政策和财政政策; ● 遏制通货膨胀; ● 提高名义利率,保护储户利益,确保金融稳定。	● 1984—1985年 ● 1988—1989年 ● 1993—1994年 ● 2003—2007年
经济下行周期	● 产能过剩; ● 通货紧缩; ● 企业盈利能力下滑,亏损面扩大; ● 落后产能迟迟不愿意退出,导致市场难以出清。	微观企业主体在市场退出阶段的"消耗战博弈"(War of Attrition)	● 加快落后产能退出,促进市场出清; ● 积极的财政政策,扩张性的货币政策; ● 扩大基建,提振总需求,帮助经济走出通缩; ● 深化改革,释放活力,培育市场,扩大内需。	● 1998—1999年 ● 2008—2009年 ● 2012—2016年

图表46 中国政府宏观调控的经济学原理

资料来源:ACCEPT整理

行政命令：(1)在经济过"热"时期，严格控制新增投资项目审批，防止重复建设。典型的案例如：1990 年代针对电视机、洗衣机、电冰箱等行业的过度进入问题，采取行政命令手段严格控制新上项目[1]。(2)在经济过"冷"期，通过行政命令方式，强制落后产能退出市场。典型的案例有 1990 年代针对纺织业的"压锭限产"，以及 2015 年之后针对钢铁、水泥、电解铝、平板玻璃等行业直接设置具体的量化目标，强制性去产能[2]。例如，2016 年 2 月国务院印发《关于钢铁行业化解过剩产能实现脱困发展的意见》，明确提出从 2016年开始用 5 年时间压减粗钢产能 1 亿—1.5 亿吨的目标，对环保、能耗、质量、安全、技术达不到标准的企业要求强制退出(图表 47)，该指标从中央层面下达，层层向下分解到各个省、市、县。(3)在经济过"冷"期，政府扩大基础设施建设，直接或间接地扩大总需求。一个典型的案例是：为了应对亚洲金融危机的冲击，1998 年中央政府增发 1 000 亿元国债，并配套 1 000 亿元贷款，专门用来扩大基础设施建设，包括农村电网改造、水利工程建设、高速公路建设、粮库建设、城市基础设施建设，技术改造利息补贴等。(4)在经济过"热"时期，减少土地审批、严格信贷审批，以行政命令手段对重点城市的房地产市场进行"限购"。

体制改革：即巧妙地利用经济过"冷"或经济过"热"的契机推动经济体制改革，释放经济活力。亚洲金融危机爆发之后通过改革手段实现宏观调控目的的案例尤为典型：(1)亚洲金融危机之后趁机推动住房体制改革，由原先的福利分房转变为市场化购房，既起到了短期宏观调控的作用，也为市场化改革和长期经济增长注入了新动力。(2)1999 年启动"高校扩招"，一方面扩大了内需，缓解了短期的就业压力，另一方面也为经济长期发展积累了丰富的人力资源储备。(3)趁机加快 WTO 谈判进程，在 2001 年成功加入了WTO，扩大了经济开放程度。(4)成立四家资产管理公司，剥离四大国有商业银行不良资产，开启商业银行股份制改革的序幕。再比如，趁 1993—1994年经济过"热"的契机，及时顺势推动了"分税制"改革，深刻改变了中国财政税收体制的基本框架。总而言之，中国政府宏观调控的一个经验是：巧妙地

---

[1] 朱镕基：《朱镕基讲话实录(第二卷)》，第 374、498 页。

[2] 国务院：《关于钢铁行业化解过剩产能实现脱困发展的意见(国发〔2016〕6 号)》，http://www.gov.cn/zhengce/content/2016-02/04/content_5039353.htm，2016 年 2 月 4 日。

利用宏观调控的契机推动体制改革,一方面把改革作为宏观调控的手段,平抑经济波动;另一方面通过改革为长期经济发展释放新活力、注入新动力。

最后需要补充强调的是,单纯依靠市场"看不见的手"消化经济周期波动的代价是昂贵的。有一种观点认为,"看不见的手"的力量最终会实现市场出清。这在理论上当然是正确的,但在现实中,单纯依靠市场的力量实现市场出清往往会经历漫长的过程、造成巨大的社会资源浪费。美国航空业从 1980 年代到 2010 年代经历了长达三十多年的时间才基本完成这一过程。而对于发展中国家而言,如此漫长的等待期和巨大的资源浪费是难以承受的。如果单纯等待市场"看不见的手"发挥作用,对发达国家而言,上述"抢占先机博弈"和"消耗战博弈"造成的或许仅仅是周而复始的经济波动或偶尔发生的经济危机,但对于发展中国家而言,则可能是经济发展过程的中断甚至停滞,是社会动乱和"中等收入陷阱"。很多拉丁美洲国家和撒哈拉以南非洲国家的经历无不证明了这一点。

总体原则:严格执行环保、能耗、质量、安全、技术等法律法规和产业政策, 达不到标准要求的钢铁产能要依法依规退出。	
分项指标	措　施
环保方面	对污染物排放达不到《钢铁工业水污染物排放标准》、《钢铁烧结、球团工业大气污染物排放标准》、《炼铁工业大气污染物排放标准》、《炼钢工业大气污染物排放标准》、《轧钢工业大气污染物排放标准》等要求的钢铁产能,实施按日连续处罚;情节严重的,报经有批准权的人民政府批准,责令停业、关闭。
能耗方面	对达不到《粗钢生产主要工序单位产品能源消耗限额》等强制性标准要求的钢铁产能,应在 6 个月内进行整改,确需延长整改期限的可提出不超过 3 个月的延期申请,逾期未整改或未达到整改要求的,依法停产退出。
质量方面	对钢材产品质量达不到强制性标准要求的,依法查处并责令停产整改,在 6 个月内未整改或未达到整改要求的,依法关停退出。
安全方面	对未达到企业安全生产标准化三级、安全条件达不到《炼铁安全规程》、《炼钢安全规程》、《工业企业煤气安全规程》等标准要求的钢铁产能,要立即停产整改,在 6 个月内未整改或整改后仍不合格的,依法关停退出。
技术方面	按照《产业结构调整指导目录(2011 年本)(修正)》的有关规定,立即关停并拆除 400 立方米及以下炼铁高炉、30 吨及以下炼钢转炉、30 吨及以下炼钢电炉等落后生产设备。对生产地条钢的企业,要立即关停,拆除设备,并依法处罚。

图表 47　钢铁行业行政命令去产能规则

资料来源:国务院《关于钢铁行业化解过剩产能实现脱困发展的意见》,2016 年 2 月

专栏 2：航空公司的"帝国梦"与美国民用航空业的过度竞争

1978 年,美国《航空放松管制法案》(The Airline Deregulation Act)出台,放松了美国政府对航空票价、航线和市场准入的管制。民用航空委员会的监管权力被逐步取消。航空公司逐渐可以自由地进入和退出航空业,并制定自己的航线和票价。

放松管制的最初的确收到了预期的效果,从 1976 年到 1990 年,乘客实际支付的票价的平均值按实际通货膨胀调整后下降了 30%[①]。1979 年至 1988 年间,美国航空(American Airlines)服务的国内机场数量从 50 个增加到 173 个,美国联合航空(United Airlines)从 80 个增加到 169 个。[②]

随着新的企业大量进入市场,现有航空公司不愿放弃已有的地位,通过多种方式扩大规模,提高运力,以期获得规模经济,限制竞争对手发展,希望能够赢得"抢占先机博弈",从而实现航空"帝国梦"。企业之间微观博弈的均衡导致并加剧了宏观经济的波动。航空业的"抢占先机博弈"使得企业盲目扩张产能,运力迅速累积,行业过度竞争,出现恶性价格战、非正当订座服务等不正当竞争现象。

80 年代以来,航空公司为了占领市场,逐步建立起中心辐射(hub-spoke)的特殊航线网络。相对于"点点直达"(fully connected)的航线布局,中心辐射航线网络可以更灵活地调整价格。研究表明,当有新进入者试图进入运营中心辐射(hub-and-spoke)网络航线的市场时,现有公司会有进行价格战的动机(Hendricks,Piccione 和 Tan,1997)。[③]

不正当竞争还体现在很多方面。在当时航空业的竞争性环境下,拥有

[①] Alfred Kahn, "Airline Deregulation", http://www. econlib. org/library/Enc1/AirlineDeregulation. html。

[②] 同上。

[③] Hendricks,K. ,M. Piccione and G. Tan, "Entry and Exit in Hub-Spoke Networks," RAND Journal of Economics,Vol. 28(1997),291 - 303. Joseph S. Nye, "Nuclear Learning and US-Soviet Security Regimes," International Organization,Vol. 41(Summer 1987),p. 4.

订座服务、航空运输服务等整合多个产品的公司,可以通过技术工具控制交叉产品外部性的方向,从而对无法整合产品的竞争对手公司造成不利影响。举个例子,在网络订座系统发展的早期,拥有该系统的航空公司有意将其航班置于其他对手航班之前。由于代理成本的存在,即使帮旅客订票的旅行社知道排在最前面的航班不一定是最优的航班,也没有动机去进行比较和筛选。Fisher 和 Neels(1997)估计此类排序偏差仅在 1984 年就造成了 5 800 万美元的影响。[①]

面临航空业的激烈竞争,航空企业采取消耗战略,即便亏损也不愿意主动退出市场,而是寄希望于对手先退出或破产。企业之间的"消耗战博弈"同样在宏观层面上加剧了经济的波动,航空业产能过剩,全行业亏损严重。1980—2008 年的 28 年间,航空业亏损年份长达 14 年。[②] 在过于激烈的竞争下,许多航空公司破产或被兼并,如 1980 年泛美航空(Pan American)兼并了国家航空(National Airline),1985 年人民航空(People Express)收购边疆航空(Frontier Airline),1986 年西北航空(Northwest Airlines)兼并共和航空(Republic Airlines)等。大型航空公司的数量从放松管制前的 11 家减少到 1996 年的 8 家,三家主要的航空公司国内市场份额从 1981 年的 31%上升到 55%[③]。生存下来的航空公司也大都经历了历时长久的严重亏损,甚至破产。全美航空(U.S. Airways)曾于 2002、2004 年两次申请破产保护,联合航空于 2002 年申请破产保护,达美航空(Delta Airlines)和西北航空于 2005 年申请破产保护。

随着 2005 年美国航空与美国西部航空(Western Airlines)合并,2008 年达美航空收购西北航空,2010 年美国联合航空与大陆航空(Continental Airlines)合并,2012 年西南航空收购穿越航空(AirTran Airways),2013 年美国航空与全美航空合并,美国航空业逐步形成寡头垄断格局,其长达三十

---

① Fisher, F. and K. Neels, "Estimating the Effects of Display Bias in Computer Reservations Systems," in Microeconomics: Essays in Theory and Applications edited by Maarten-Pieter Schinkel, Massachusetts: Cambridge University Press(1997),450-483.

② 招商证券:《无形供给侧改革,9 年长牛 10 倍股——美国航空大牛市深度思考》,http://www.sohu.com/a/225427353_313170,2018 年 3 月 12 日。

③ 肯尼斯·巴顿:《运输经济学》,冯宗宪译,商务印书馆,2002 年。

多年时间的过度竞争格局终于宣告结束。相较于 1979—2010 年美国航空业净亏损 518 亿美元,2011—2016 年美国航空业合计盈利 594 亿美元,基本弥补了过去三十年的亏损。①

　　从美国航空业的发展历史我们可以看到,只依靠市场力量来应对经济周期波动的代价是昂贵的。美国航空业自 70 年代末放松管制起至 2008 年金融危机,经历了三十多年的时间才完成这一过程,这期间产能过剩和过度竞争造成了行业的长期亏损和不正当竞争,其经验和教训值得我们借鉴和吸取。

---

① 大成国际资产管理:《2018 年航空业有没有投资机会?》,https://stock. qq. com/a/20180424/036885. htm, 2018 年 4 月 24 日。

四、深化改革的方向

当前,宏观调控领域的改革有如下四个重要的突破口:

第一,加强宏观调控手段的市场化和法治化,避免宏观调控对民营企业造成不公平待遇。随着市场经济体制的不断完善,宏观调控应当尽可能地减少直接运用行政命令、一对一窗口指导等方式干预微观企业经营;而应更多地采用市场化和法治化手段,做到透明公开,通过机制设计、立法司法等方式确保宏观调控中各类经济主体的公平待遇。具体到当前情况下,"去产能"过程中应当尽可能地引导企业按照市场规则进行兼并重组或破产清算,避免用行政命令的方式"一刀切"地强制关停企业。

第二,建立高效的政策反馈机制,提高宏观调控的前瞻性、时效性、针对性和灵活性,避免过度调控和滞后调控。宏观调控中把握好"时"和"度"至关重要。要加强宏观经济形势跟踪监测和分析预判,建立高效的政策上下反馈机制和部门间反馈机制,根据宏观经济形势的变化和政策效果及时地、灵活地调整相关政策措施,做到适时适度。具体到当前,应当密切关注"去杠杆"过程中的一些不当做法对宏观经济造成的负面冲击,适时适度地调整相关政策措施:一方面,要精准退出低效僵尸企业,鼓励商业银行落实处置不良资产;另一方面,要保证健康企业和地方政府的合理融资需求,防止金融条件全面收紧。

第三,更加注重财政政策的逆周期调控作用,防止顺周期财政政策放大宏观经济波动。长期以来,我国的税收征管和财政收支呈现出较强的"顺周期"特点,这与宏观调控的逆周期要求是相违背的,财政政策不仅无法起到逆周期调节的作用,反而容易在一定程度上放大宏观经济波动——宏观经济好的时候,税收征管较松,财政支出扩大,导致宏观经济进一步走向过热;宏观经济差的时候,税收征管趋严,财政支出收紧,导致宏观经济进一步走向过冷。具体到当前,加强财政政策逆周期性的重点之一是将减税降费落到实处,在经济增速下行期帮助企业降成本、渡过难关;重点之二是确保地方政府合理基础设施建设项目的融资需求,防止基建投资增速下滑加剧宏观经济下行压力。

第四,深化财税体制改革,赋予地方政府合理的财权事权,充分调动地方政府发展经济的积极性。地方政府发展经济的积极性是改革开放四十年来中国经济成功的重要法宝之一。地方政府之所以在企业进入、重点市场培育、对外开放、宏观调控等各个领域均发挥着不容忽视的作用,其背后的一个关键原因就在于财税激励。历史经验表明,财权过度集中于中央政府不利于调动地方政府的积极性。另外,随着近年来经济结构的不断演进和新兴业态的层出不穷,政府收入来源结构、居民和企业对于公共产品的需求也在发生快速变化;这意味着政府间纵向财权事权关系也有必要进行相应调整,从而适应经济社会的新环境和新需求。当前,应及时调整和理顺中央地方财权事权关系,避免财权事权过于集中,充分调动地方政府的积极性,促进经济高质量发展。

参考文献

第一部分

Oi，J．（1992）．Fiscal Reform and the Economic Foundations of Local State Corporatism in China．World Politics，Vol. 45（1），pp. 99 - 126.

百家号：《2017 亚马逊要建第二总部，美国这些城市为招徕它，几乎快疯掉了!》，https：//baijiahao. baidu. com/s? id ＝ 15814212178448125-15&wfr＝spider&for＝pc。

邓小平：《邓小平文选（第三卷）》，人民出版社，1993 年。

豆瓣网：《钱颖一：理解现代经济学》，https：//www. douban. com/note/369127038/。

海外网：《中国税收结构的改革方向未来去向何方》，http：//tax. rednet. cn/c/2017/06/16/4325716. htm。

和讯新闻网：《沈阳铁西复兴》，http：//news. hexun. com/2009-07-14/119593001. html。

金陵财经：《中国企业税负到底有多高，竟超过其它新兴经济》，http：//

www. sohu. com/a/127616650_496464。

人民网:《中国民营经济发展进入新的历史阶段》,http://theory. people.
　　com. cn/n1/2017/0331/c40531-29182845. html。

商务部,1993:《国务院关于加快发展中西部地区乡镇企业的决定》,http://
　　www. mofcom. gov. cn/article/b/bf/200207/20020700031377. shtml。

搜狐网,2017:《中美税制结构及税负比较》,http://www. sohu. com/a/
　　124772907_126158。

武汉晚报:《招商引资密诀是什么? 13 个区委书记、区长讲招商故事》,
　　http://hb. people. com. cn/n2/2017/0217/c194063-29727829. html。

习近平:《像吉利这样的企业不扶持还扶持谁》,http://people. com. cn/GB/
　　jinji/222/2174/2956/20030108/904079. html。

新浪财经:《乡镇企业的前世今生》,http://finance. sina. com. cn/g/
　　20070424/13483534098. shtml。

央视国际:《乡镇企业的"前世今生"》,http://www. cctv. com/program/
　　cbn/20070424/102108_3. shtml。

伊宁市新闻网:《我市招商引资结硕果》,http://www. sohu. com/a/
　　257487807_183787。

中国铁岭网:《借力招商引资,构筑开放格局》,http://www. tlqh. gov. cn/
　　tlqhq/xwzx59/tlxw/480400/index. html。

中国网:《中共中央、国务院转发农牧渔业部和部党组关于开创社队企业新
　　局面的报告的通知》,http://www. china. com. cn/guoqing/2012-09/
　　12/content_26747631. htm。

中国新闻网:《这 5 年,外国企业家最爱问李克强总理这些问题》,http://
　　www. chinanews. com/gn/2017/06-28/8263865. shtml。

中国政府网:《李克强在全国深化"放管服"改革转变政府职能电视电话会议
　　上 的 讲 话 》,http://www. gov. cn/xinwen/2018-07/12/content_
　　5305966. htm。

周黎安:《晋升博弈中政府官员的激励与合作——兼论我国地方保护主义和
　　重复建设问题长期存在的原因》,《经济研究》2004 年第 6 期。

周叔莲,郭克莎:《中国城乡经济及社会协调发展研究》,北京:经济管理出

版社,1996 年。

第二部分

包宗华:《从新加坡和德国的经验看调控房价的重要性》,《中国房地信息》,
　　2005 年第 7 期。

鲍东海:《美国如何防止滥用拆迁特权》,《中国房地信息》,2004 年第 2 期。

曾宪明:《工业化、城市化中的土地问题——以巴西为例》,《生产力研究》,
　　2001 年第 1 期。

关柯:《现代住宅经济》,中国建筑工业出版社,2002 年。

韩俊、崔传义、赵阳:《巴西城市化过程中贫民窟问题及对我国的启示》,《中
　　国发展观察》,2005 年第 6 期。

何芳、滕秀秀:《德国住宅租赁管制与租金体系编制的借鉴与启示》,《价格理
　　论与实践》,2017 年第 3 期。

郎聪:《土地储备评价研究》,Doctoral dissertation,同济大学,2007 年。

李俊夫、李玮、李志刚、薛德升:《新加坡保障性住房政策研究及借鉴》,《国际
　　城市规划》,2012 年第 4 期。

李瑞林、王春艳:《巴西城市化的问题及其对中国的启示——兼与中国城市
　　化相比较》,《延边大学学报(社会科学版)》,2006 年第 2 期。

柳岸林:《新加坡集约用地举措及其发展趋势》,《国土资源科技管理》,2005 年
　　第 4 期。

石坚、徐利群:《对美国城市规划体系的探讨:以圣地亚哥县为例》,《国外城
　　市规划》,2004 年第 4 期。

孙施文:《美国的城市规划体系》,《城市规划》,1999 年,第 44 - 47 页。

唐纳德·特朗普、托尼·施瓦茨:《特朗普自传——从商人到参选总统》,尹
　　瑞珉译,中国青年出版社,2016 年。

汪建强:《德国房价调控经验及对我国的启示》,《价格理论与实践》,2012 年
　　第 2 期。

王甜、姜瑶、隋承泉:《德国城市规划与建设》,《城市发展研究》,2009 年第

6 期。

王晓川:《德国城市规划公众参与制度陈述及案例》,《北京规划建设》,2005
年第 6 期。

谢宝富:《新加坡组屋政策的成功之道与题外之意——兼谈对中国保障房政
策的启示》,《中国行政管理》,2015 年第 5 期。

易娱竹:《租房:大多数德国人的选择——德国完善的住房租赁制度》,《中
华建设》,2015 年第 6 期。

张汉东:《新加坡的组屋制度》,《浙江经济》,2018 年第 1 期。

叶传杰:《长效调控,我们怎样师法'新德模式'?》,https://www.sohu.
com/a/157172867_617246,2017 年 7 月 14 日。

中国报告网:《2018—2023 年中国房地产行业市场现状规模分析与投资发
展趋势研究报告》,http://market.chinabaogao.com/fangchan/
10162a4N2017.html,2017 年 10 月 16 日。

中金公司:《房地产—土地并不稀缺,中国建设用地供给潜力分析》,2010 年
1 月 12 日。

维基百科:https://en.wikipedia.org/wiki/List_of_countries_by_home_
ownership_rate

Aaron Terrazas:"Viewed from Beijing, Even Silicon Valley Housing Looks
Affordable", https://www.zillow.com/research/china-united-states-
housing-costs-14795/, Apr. 12,2017.

Global Property Guide. https://www.globalpropertyguide.com/Europe?
ref=breadcrumb.

Paul Tostevin,"The 10 most valuable real estate markets in the world",
https://www.savills.com/blog/article/219340/international-property/the-
10-most-valuable-real-estate-markets-in-the-world.aspx.

Zillow Research,"Total Value of All U. S. Homes:MYM31. 8 Trillion.
How Big Is That?", https://www.zillow.com/research/total-value-
homes-31-8-trillion-17763/, Dec. 28,2017.

第三部分

Stijn Claessens, M. Ayhan Kose, "Financial Crises: Explanations, Types, and Implications," International Monetary Fund Working Paper No. 13 – 28(2013).

Carmen M. Reinhart, Kenneth S. Rogoff, This Time is Different: Eight Centuries of Financial Folly (Princeton, New Jercy. Princeton University Press, 2009).

Barry Eichengreen, Michael Bordo, "Crises Now and Then: What Lessons From the Last Era of Financial Globalization?" NBER Working Paper No. 8716(2003).

Jeffery A. Frankel, Andrew K. Rose, "Currency Crashes in Emerging Markets: An Empirical Treatment," Journal of International Economics, Vol. 41(3 – 4,1996), pp. 351 – 366.

Milton Friedman, Anna Schwartz, A Monetary History of the United States (Princeton, New Jercy: Princeton University Press, 1963).

John C. Bluedorn, et al., Do Asset Price Drops Foreshadow Recessions? (2013), p. 4

Anna J. Schwartz, "Real and Pseudo-financial Crises," in Anna J. Schwartz, Money in Historical Perspective (Chicago, Illinois: University of Chicago Press, 1987), pp. 271 – 288.

Robert Z. Aliber, Charles P. Kindleberger, Manias, Panics, and Crashes: A History of Financial Crises (UK: Palgrave Macmillan, 2015).

Robert J. Barro, José F. Ursúa, "Stock-market crashes and depressions," NBER Working Paper No. w14760(2009).

Wang Yaping, Wu Liansheng, Yang Yunhong, "Does the Stock Market Affect Firm Investment in China? A price Informativeness Perspective," Journal of Banking & Finance, Vol. 33(1,2009), pp.

53 - 62.

Jiang Wei，Wan Hualin，Zhao Shan，"Reputation Concerns of Independent Directors：Evidence from Individual Director Voting," Review of Financial Studies，Vol 29(3,2006)，pp. 655 - 696.

Nate Raymond，"Insider traders in U. S. face longer prison terms"，https：//www. reuters. com/article/us-insidertrading-prison-insight/insider-traders-in-u-s-face-longer-prison-terms-reuters-analysis-shows-idUSKBN0GX0A820140902,2014 年 9 月 2 日。

齐鲁周刊：《央行交班》,http：//www. sohu. com/a/226397600_351293, 2018 年 3 月 26 日。

刘鸿儒：《回顾我国金融体制改革的历程》,《百年潮》,2009 年第 5 期。

郑建库：《中外政策性银行治理模式的比较》,《银行家》2017 年第 4 期。

王好强：《政策性银行转型路在何方?》,《金融时报》,2013 年 12 月 23 日。

李义奇：《聊聊当年的不良贷款》,http://opinion. jrj. com. cn/2018/06/29162224747085. shtml, 2018 年 6 月 29 日蒙格斯报告。

周小川：《大型商业银行改革的回顾与展望》,《西部金融》,2012 年第 5 期。

李扬,王国刚：《中国金融改革开放 30 年研究》,北京：经济管理出版社, 2008 年。

龚浩成、尉文渊：《口述历史：上海证券交易所如何创建》,http://finance. jrj. com. cn/2018/06/27063224731717. shtml, 2018 年 6 月 27 日。

谢百三：《证券市场的国际比较》,北京：清华大学出版社,2003 年。

刘鸿儒：《变革：中国金融体制发展六十年》,北京：中国金融出版社, 2009 年。

吴晓灵：《中国金融体制改革 30 年回顾与展望》,北京：人民日报出版社, 2008 年。

马勇、陈雨露：《金融发展中的政府与市场关系："国家禀赋"与有效边界》,《财贸经济》,2014 年第 3 期。

张博华：《沈太福集资案》,http://finance. nen. com. cn/system/2016/06/08/019159589. shtml, 2016 年 6 月 8 日。

陶喜年：《吴英案全记录：亿万富姐罪与罚》,http://finance. ifeng. com/a/

20181022/16537140_0. shtml，2018 年 10 月 22 日。

第四部分

Chang，G. G.，2001，The Coming Chinese Collapse，Random House.

BBC News，2011，Samuel Slater：American hero or British traitor?
https://www. bbc. com/news/uk-england-derbyshire-15002318 [2018 - 12 - 01]

Holmes T J，Mcgrattan E R，Prescott E C. Quid Pro Quo：Technology Capital Transfers for Market Access in China * [J]. Staff Report，2013,82(3)：págs. 1154 - 1193.

Huang Y，Huang，P Y，Kirby W.，2009，Selling China：Foreign Direct Investment During the Reform Era. Cambridge University Press。

Hughes J，Cain L P，2011，American Economic History，Pearson.

Liu，Q.，Lu，Ru.，Zhang，C.，2017，"Entrepreneurship and spillovers from multinationals"：Evidence from Chinese private firms，China Economic Review，Volume 29，PP 95 - 106.

Maddison，A.，2007. The world economy volume 1：A millennial perspective，Academic Foundation，PP. 95,96,97,100.

Oxford Economics and US-China Business Council，2017，Understanding the US-China Trade Relationship，https://www. uschina. org/reports/understanding-us-china-trade-relationship [2018 - 11 - 15]

Sarah Rose，2010：For All the Tea in China：How England Stole the World's Favorite Drink and Changed History，Penguin.

Smith，Adam. "An Inquiry into the Nation and Cause of the Wealth of Nation. " Glasgow Edition，Book IV (1776).

World Intellectual Property Organization，2017，Patent Cooperation Treaty Yearly Review 2018，http://www. wipo. int/edocs/pubdocs/en/wipo_pub_901_2018. pdf [2018 - 11 - 20]

陈德铭：《改革开放见证中国坚持融入、深刻影响全球价值链的四十年》，《国际贸易问题》,2018 年 01 期。

邓小平:《邓小平文选(第二卷)》,人民出版社,1994 年。

伐柴:《历史进程里的中国半导体产业》,格隆汇转载"伐柴商心事"文章,
https://m. gelonghui. com/p/178262 [2018 - 11 - 15]

傅强、袁卫东:《1998:柯达十亿美元"豪赌"中国》,新浪网转载《第一财经日
报》,https://finance. sina. com. cn/roll/20081215/02105634054. shtml
[2018 - 11 - 14]

谷牧:《谷牧回忆录》,中央文献出版社,2009 年。

中国统计局:《中国统计年鉴 1981》,中国统计出版社,1982 年。

郭新双、郭红玉:《"1914 年德国道路"的特征与启示——德国处理"政府—
产业"关系的历史经验》,《人民论坛·学术前沿》2018 年第 10 期。

何勇:《沈阳机床买船出海记》,《人民日报》2007 年 6 月 27 日第 06 版,
http://media. 163. com/05/0526/11/1KM5FS4P00141E37. html
[2018 - 10 - 26]。

江泽民:《江泽民文选(第一卷)》,人民出版社,2006 年。

江泽民:《江泽民文选(第三卷)》,人民出版社,2006 年。

李稻葵、李雨纱、张驰:《中国经济的伟大实践何以产生重要的经济学贡
献?——基于经济史与经济思想史的分析与思考》,《经济学报》,2018
年第 5 期。

李艳和柳士昌:《全球价值链背景下外资开放与产业升级——一个基于准自
然实验的经验研究》,《中国软科学》2018 年第 8 期。

刘杨:《中国第一家汽车合资企业成立始末》,《中国经济周刊》2013 年第 37
期,http://paper. people. com. cn/zgjjzk/html/2013-09/23/content _
1303907. htm [2018 - 11 - 20]

马颂德、胡雪琴:《"863 计划"经费申请 2 亿批了 100 亿》,《中国经济周刊》,
2009 年第 02 期。

全国人民代表大会:《中共中央关于制定国民经济和社会发展"九五"计划和
2010 年远景目标的建议》,http://www. npc. gov. cn/wxzl/gongbao/
2001-01/02/content_5003506. htm [2018 - 11 - 13]。

人民网:《中国要永远做一个学习大国》,http://politics. people. com. cn/n/

2014/0524/c1024-25058742. html[2018－11－25]。

沈阳市统计局:《沈阳统计年鉴(2000)》。

苏庆菊:《中华与国产宝马共线生产奠定质量基础》,"搜狐汽车"转载《北京晨报》,http://auto. sohu. com/2003/12/16/01/article216960166. shtml [2018－11－13]。

汪东亚、于艳:《内地官员海外培训全记录》,《凤凰周刊》杂志,http://news. ifeng. com/shendu/fhzk/detail_2011_09/08/9041977_0. shtml [2018－11－13]

汪建东:《"洋胶卷"角逐中国市场》,《当代经济》,1998 年第 5 期。

习近平:《决胜全面建成小康社会,夺取新时代中国特色社会主义伟大胜利》,http://cpc. people. com. cn/n1/2017/1028/c64094-29613660. html[2018－11－25]。

新华网:《改革开放四十年百名杰出民营企业家名单发布》,http://www. xinhuanet. com//finance/2018-10/24/c_129978412. htm [2018－11－14]

新浪教育:《全国出国培训备选人员外语考试工作大会召开》,http://edu. sina. com. cn/yyks/2011-09-21/1657313513. shtml [2018－11－13]

邢厚媛:《中国外商投资报告(2017)》,http://images. mofcom. gov. cn/wzs/201804/20180416161221341. pdf [2018－11－13]

徐东青:《曹明芳:吹尽黄沙始到金》,《江阴实业家》,上海人民出版社,2017 年。

杨仪:《奔走万山——说说李兴的那些事儿》,江苏人民出版社,2014 年。

于万夫、朱建华:《沧桑正道——李兴与澄星崛起的世纪传奇》,人民日报(海外版),2008 年 10 月 28 日,第 08 版。

张会清、翟孝强:《中国参与全球价值链的特征与启示》,《数量经济技术经济研究》,2018 年第 1 期。

中国经济网:《2018"世界 500 强"榜单:6 家中国车企再次上榜》,新华网转载,http://www. xinhuanet. com/2018-07/21/c_1123157964. htm [2018－11－20]

中华人民共和国新闻办公室:《中国与世界贸易组织》白皮书,http://www.

mofcom. gov. cn/article/i/jyjl/l/201808/20180802773208. shtml［2018 -
11 - 14］

中华人民共和国新闻办公室：《关于中美经贸摩擦的事实与中方立场》，
http：//www. xinhuanet. com/politics/2018-09/24/c_1123475272. htm
［2018 - 11 - 14］

中华人民共和国商务部：《专题一，纺织品贸易一体化与中国的纺织品出
口》，http：//zhs. mofcom. gov. cn/aarticle/Nocategory/200504/
20050400081560. html［2018 - 11 - 20］

中华人民共和国商务部：《中国对外投资合作发展报告 2017》，http：//fec.
mofcom. gov. cn/article/tzhzcj/tzhz/upload/zgdwtzhzfzbg2017. pdf
［2018 - 11 - 15］

朱琳：《我国外资企业税收政策的历史考察与理论分析》，西南财经大学硕士
学位论文，2008 年。

朱镕基：《朱镕基文选（第一卷）》，人民出版社，2001 年。

朱镕基：《朱镕基文选（第二卷）》，人民出版社，2001 年。

朱镕基：《朱镕基文选（第四卷）》，人民出版社，2001 年。

第五部分

Bulow J. I. , Klemperer Paul. （1999）. The generalized war of attrition.
American Economic Review, 89(1), 175 - 189.

Fudenberg, D. , & Tirole, J.. （1986）. A theory of exit in duopoly.
Econometrica, 54(4),943 - 960.

Kornai, J. （1986）. The Soft Budget Constraint. Kyklos, 39(1),3 - 30.

Kornai, J. （1998）. The Place of the Soft Budget Constraint Syndrome in
Economic Theory. Journal of Comparative Economics, 26(1), 11 - 17.

Li, D. D. , & Liang, M. （1998）. Causes of the Soft Budget Constraint：
Evidence on Three Explanations. Journal of Comparative Economics,
26(1),104 - 116.

Qian，Y.，& Roland，G.（1999）. Federalism and the Soft Budget Constraint. The American Economic Review，88(5)，1143 - 1162.

Alfred Kahn，"Airline Deregulation"，http://www. econlib. org/library/Encl/AirlineDeregulation. html。

Hendricks，K.，M. Piccione and G. Tan，"Entry and Exit in Hub-Spoke Networks," RAND Journal of Economics，Vol. 28(1997)，291 - 303.

Joseph S. Nye，"Nuclear Learning and US-Soviet Security Regimes," International Organization，Vol. 41（Summer 1987），p. 4.

Fisher，F. and K. Neels，"Estimating the Effects of Display Bias in Computer Reservations Systems," in Microeconomics：Essays in Theory and Applications edited by Maarten-Pieter Schinkel，Massachusetts：Cambridge University Press(1997)，450 - 483.

麦迪森(Angus Maddison)：《世界经济 200 年回顾》，李德伟、盖建玲译，改革出版社，1997。

汪同三：《改革开放以来历次宏观调控及其经验教训》，《新金融》，2005 年第 7 期。

中国纺织总会在京召开全国纺织行业工作会议：《纺织导报》，1994 年第 1 期。

周黎安：《晋升博弈中政府官员的激励与合作——兼论我国地方保护主义和重复建设问题长期存在的原因》，《经济研究》，2004 年第 6 期。

周黎安：《中国地方官员的晋升锦标赛模式研究》，《经济研究》，2007 年第 7 期。

朱镕基：《朱镕基讲话实录(一、二、三、四卷)》，人民出版社，2011 年。

肯尼斯·巴顿：《运输经济学》，冯宗宪译，商务印书馆，2002 年。

大成国际资产管理：《2018 年航空业有没有投资机会?》，https：//stock. qq. com/a/20180424/036885. htm，2018 年 4 月 24 日。

招商证券：《无形供给侧改革，9 年长牛 10 倍股——美国航空大牛市深度思考》，http://www. sohu. com/a/225427353_313170，2018 年 3 月 12 日。

国务院：《关于钢铁行业化解过剩产能实现脱困发展的意见(国发〔2016〕6 号)》，http://www. gov. cn/zhengce/content/2016-02/04/content_5039353. htm。

国务院：《国务院关于纺织工业深化改革调整结构解困扭亏工作有关问题的

通知》,http://www.zaobao.com.sg/yl/tx001_171201.html,1998 年2 月 27 日。

中国国家纺织工业局:《提高市场竞争力,迎接入世新挑战,中国纺织工业继续加快结构调整步伐》,2000 年 3 月 21 日。

兴业证券固定收益研究:《历史总是惊人的相似:1998 年国企改革与供给侧改革能带给我们什么启示》,https://www.sohu.com/a/164468644_117959,2017 年 8 月 14 日。

国务院:《国务院批转国家经贸委、国家计委、中国纺织总会关于解决棉纺织业存在问题意见的通知》,http://www.gov.cn/zhengce/content/2015-12/03/content_10378.htm。

《棉纺锭为何压不下去?》,《人民日报》1997 年 12 月 4 日,第 2 版。

魏加宁:《改革开放以来我国宏观调控的历程(一)》,《百年潮》,2008 年第5 期。

中国共产党新闻网资料:《中央工作会议(1979 年 4 月 5 - 28 日)》http://dangshi.people.com.cn/GB/151935/176588/176597/10556250.html,2006 年 4 月 5 日。

汪同三:《改革开放以来历次宏观调控及其经验教训》,《新金融》,2005 年第7 期。

《1987 年政府工作报告》,http://www.gov.cn/test/2006-02-16/content_200857.htm。

李鹏:《坚决贯彻治理整顿和深化改革的方针》,http://www.npc.gov.cn/wxzl/gongbao/1989-03/20/content_1481181.htm。

纺织导报:《中国纺织总会在京召开全国纺织行业工作会议》,《纺织导报》,1994 年第 1 期。

温家宝:《温家宝在十一届人大会上所作政府工作报告(全文)》,http://www.gov.cn/2008lh/content_923918.htm,2008 年 3 月 19 日。

国务院:《国务院批转国家经贸委、国家计委、中国纺织总会关于解决棉纺织业存在问题意见的通知》,http://www.gov.cn/zhengce/content/2015-12/03/content_10378.htm。

《棉纺锭为何压不下去?》,《人民日报》1997 年 12 月 4 日,第 2 版。

国务院：《国务院关于纺织工业深化改革调整结构解困扭亏工作有关问题的通知》，http://www.zaobao.com.sg/yl/tx001_171201.html，1998 年 2 月 27 日。

中国国家纺织工业局：《提高市场竞争力，迎接入世新挑战，中国纺织工业继续加快结构调整步伐》，2000 年 3 月 21 日。

兴业证券固定收益研究：《历史总是惊人的相似：1998 年国企改革与供给侧改革能带给我们什么启示》，https://www.sohu.com/a/164468644_117959，2017 年 8 月 14 日。

国务院：《关于钢铁行业化解过剩产能实现脱困发展的意见（国发〔2016〕6号）》，http://www.gov.cn/zhengce/content/2016-02-04/content_5039353.htm。

图书在版编目(CIP)数据

中国的经验：改革开放四十年的经济学总结/李稻葵等著.
—上海：上海三联书店，2020.11 重印
ISBN 978 - 7 - 5426 - 6947 - 6

Ⅰ.①中⋯　Ⅱ.①李⋯　Ⅲ.①中国经济－经济改革－研究
Ⅳ.①F12

中国版本图书馆 CIP 数据核字(2020)第 005239 号

中国的经验：改革开放四十年的经济学总结

著　　者 / 李稻葵　等

责任编辑 / 徐建新 37967738@qq.com
装帧设计 / 末了工作室
监　　制 / 姚　军
责任校对 / 张大伟　王凌霄　林志鸿

出版发行 / 上海三联书店
　　　　　(200030)中国上海市漕溪北路 331 号 A 座 6 楼
邮购电话 / 021 - 22895540
印　　刷 / 上海展强印刷有限公司

版　　次 / 2020 年 5 月第 1 版
印　　次 / 2020 年 11 月第 2 次印刷
开　　本 / 710×1000　1/16
字　　数 / 290 千字
印　　张 / 19.25
书　　号 / ISBN 978 - 7 - 5426 - 6947 - 6/F・799
定　　价 / 88.00 元

敬启读者，如发现本书有印装质量问题，请与印刷厂联系 021 - 66366565